놀이지도

*머리말

놀이 이론가와 심리학자는 '놀이' 라는 속성이 현대 사회에서 영유아의 정신 건강 요소 중 가장 큰 위치를 차지한다고 주장한다. 이는 놀이가 영유아의 생활이며, 전인적 발달에 중요한 핵심 요소이기 때문이다. 그러나 많은 영유아가 부모나 교육 현장의 조기 교육 열풍으로 점차 인간 고유의 속성인 놀이성을 상실해 가고 있으며, 이로 인해 영유아의 정신 건강에도 적신호가 켜졌다. 그래서 최근에는 영유아 놀이의 중요성이 더욱 강조되고 있을 뿐만 아니라 교육 현장과 부모의 각성의 목소리도 높아져 영유아의 놀이를 인정하고 지원하는 방법에 대한 관심도 높아지고 있다.

이에 저자들은 유아 교육의 현장 경험과 강단에서 직접 가르치면서 느낀 바를 바탕으로 교사와 부모가 영유아기 놀이의 중요성을 인지할 수 있도록 돕고, 놀이를 통해 영유아의 발달을 최상의 수준으로 끌어올릴 수 있는 효율적이고 실질적인 정보를 제공하고자 노력했다. 그 노력의 결과로 『놀이지도』가 결실을 맺게 되었다.

이 책은 크게 두 부분으로 나눠 1부는 놀이지도 이론편(1~7장), 2부는 놀이지도 실제편(8~13장)으로 구성했다. 1장에서는 놀이의 정의 · 기능 · 특성과 놀이 이론을 다뤄 놀이에 대한 전반적인 이해를 돕고자 했다. 2장에서는 인지적 · 사회적 놀이 유형과 놀이에 영향을 미치는 개인적 · 가정환경적 · 교육환경적 · 문화환경적 요인에 대해 살펴보았다. 3장에서는 놀이와 영유아의 신체 · 인지 · 사회성 · 정서 · 언어 · 창의성 발달의 관계와 영아기 및 유아기 놀이의 특징을 연령별로 세분하여 설명했다. 4장은 놀이에서 교사의 역할, 놀이지도의 전략, 놀이 지원 방법에 초점을 두었으며 그에 대한 간략한 예시도 함께 실었다. 5장은 놀이관찰에 대한 내용으로, 여기에서도 이론과 함께 놀이관찰에 기초한 평가의 실제를 구체적으로 제시했다. 6장에서는 영유아의 놀이가 확장될 수 있는 실내 및 실외 환경의 구성 방법과 발달적으로 적합한 놀잇감을 소개했다. 7장에서는 교육 현장에서 부적응을 보이는 영유아를 돕거나 혹은 영유아의 부적응 행동을 예방하고자 놀이 치료, 치료놀이, 미술 치료와 같은 치료적 놀이의 이론과 실제 기법을 다루었다.

2부는 교육 현장에서 실질적으로 활용할 수 있는 가치 있는 놀이 활동, 즉 쌓기놀이, 역할놀이, 조작놀이, 물놀이와 모래놀이, 실외놀이, 전통놀이를 살펴보았다. 각 놀이 활동마다 기본 개념과 함께 모든 영유아에게 적용할 수 있는 여러 가지 흥미 있는 실제 활동을 개발하여 수록했다.

이 책은 이론편인 1~7장에 '우리의 놀이'를 소개하여 재미있고 활용 가능한 놀이들을 재현할 수 있는 기회를 제공하고 있다. '우리의 놀이'의 목적은 영유아의 놀이를 지도하는 교사와 부모가 직접 놀이에 참여함으로써 재미와 즐거움을 만끽하고 이를 통해 인간 고유의 놀이성을 회복하는 데 있다. 왜냐하면 영유아와 함께하는 그들이 놀이를 즐기지 않고서는 영유아의 놀이를 올바르게 계획하거나 확장할 수 없으며, 적절하게 개입할 수도 없기 때문이다. 실제편인 8~13장의 실제 활동은 각 놀이마다 활동 방법이 도입, 전개, 마무리 및 평가로 구분되어 누구나 쉽게 활동 과정을 이해하고 활용할 수 있을 것이다. 전통놀이를 다룬 13장에서는 실제 활동마다 그 유래를 소개하여 놀이에 대한 이해를 돕고 읽는 재미도 더했다. 이런 점들이 다른 놀이지도 책과 구별되는 특징이다.

끝으로 생생한 현장감을 살릴 수 있도록 영유아의 놀이 장면과 직접 제작한 놀잇감 사진을 제공한 경기도 K 직장 어린이집과 아주대학교 평생교육원 5기 예비 보육교사들에게 감사를 전한다. 좋은 책을 만들기 위해 물심양면으로 도와주신 파워북 사장님과 김재원 실장님께도 진심으로 감사드린다.

저자 일동

*차례

Part 1 놀이지도 이론편

CHAPTER 1 놀이에 대한 이해

1. 놀이의 정의 16
   1) 놀이와 일 17
   2) 놀이와 탐색 18
   3) 놀이의 정의 19
2. 놀이의 기능 20
3. 놀이의 특성 23
   1) 내적 동기화 23
   2) 긍정적 정서 24
   3) 자발적 선택 25
   4) 과정 지향성 25
   5) 비사실성 25
   6) 능동적 참여 26
   7) 내부에서 부여된 규칙성 27
4. 놀이 이론 27
   1) 고전적 놀이 이론 27
   2) 현대적 놀이 이론 30

CHAPTER 2 놀이 유형과 놀이에 영향을 미치는 요인

1. 놀이 유형 40

1) 인지적 놀이 유형 40
2) 사회적 놀이 유형 49

2. 놀이에 영향을 미치는 요인 53
1) 개인적 요인 53
2) 가정환경적 요인 56
3) 교육환경적 요인 58
4) 문화환경적 요인 60

CHAPTER 3 놀이와 발달

1. 놀이와 발달 영역의 관계 64
1) 놀이와 신체 발달 65
2) 놀이와 인지 발달 66
3) 놀이와 사회성 발달 67
4) 놀이와 정서 발달 68
5) 놀이와 언어 발달 69
6) 놀이와 창의성 발달 70

2. 연령별 놀이의 특징 72
1) 영아기 놀이의 특징 73
2) 유아기 놀이의 특징 75

CHAPTER 4 놀이지도 시 교사의 지원

1. 놀이지도의 의의 84

2. 놀이에서 교사의 역할 86

3. 놀이지도의 전략 87
1) 놀이 자원의 준비 87
2) 놀이 관찰 89

4. 놀이 지원 방법 89
1) Johnson, Christie와 Yawkey의 교사 지원 방법 90
2) Wolfgang, Mackender와 Wolfgang의 교사지원연속 모형 93
3) Wood, McMahon과 Cranstoun의 교사 지원 방법 96

CHAPTER 5 놀이관찰

1. 놀이관찰의 의의 104
   1) 관찰의 절차 105
   2) 관찰의 종류 107
2. 놀이관찰에 기초한 평가의 실제 109
   1) 영유아 평가의 개념 109
   2) 영유아 평가의 목적 110
   3) 영유아 평가의 과정 110
   4) 관찰법에 의한 영유아 평가 방법 111

CHAPTER 6 놀이 환경과 놀잇감

1. 실내 환경과 놀잇감 126
   1) 언어 영역 128
   2) 역할놀이 영역 130
   3) 미술 영역 133
   4) 음률 영역 135
   5) 수 · 조작 영역 136
   6) 블록 영역 138
   7) 과학 영역 140
2. 실외 환경과 놀잇감 143
   1) 대근육 활동을 위한 영역 143
   2) 물놀이와 모래놀이 영역 144
   3) 동식물 기르기 영역 145
   4) 조용한 영역 146

CHAPTER 7 치료적 놀이

1. 놀이 치료 151
   1) 개념 151
   2) 치료적 원리와 요인 152
   3) 치료의 실제 155

2. 치료놀이 158
1) 개념 158
2) 치료적 원리와 요인 160
3) 치료의 실제 163
3. 미술 치료 166
1) 개념 166
2) 치료적 원리와 요인 168
3) 치료의 실제 170

Part 2 놀이지도 실제편

CHAPTER 8 쌓기놀이

1. 쌓기놀이의 교육적 가치 176
2. 쌓기놀이의 발달 특징 178
1) 연령별 발달 특징 178
2) 놀잇감의 종류 178
3. 교사의 역할과 지도 시 유의점 180
1) 교사의 역할 180
2) 지도 시 유의점 181
4. 실제 활동 182
1) 내 키만큼 블록 쌓기 182
2) 우리 집 만들기 184
3) 징검다리 만들기 185
4) 스펀지 헝겊 블록 쌓기 186
5) 기차 만들기 188
6) 개미집 구성하기 189
7) 대문 만들기 191
8) 미용실 구성하기 192
9) 방송국 세트 구성하기 194
10) 탑 만들기 195

11) 용 만들기 197
12) 교통안전 표지판을 이용한 찻길 만들기 198
13) 부모가 근무하는 회사 구성하기 199

CHAPTER 9 역할놀이

1. 역할놀이의 교육적 가치 204
2. 역할놀이의 발달 특징 206
1) 연령별 발달 특징 206
2) 놀잇감의 종류 207
3. 교사의 역할과 지도 시 유의점 207
1) 교사의 역할 207
2) 지도 시 유의점 208
4. 실제 활동 209
1) 엄마아빠놀이 209
2) 아기돌보기놀이 211
3) 결혼식놀이 212
4) 신호등놀이 213
5) 수영장놀이 215
6) 음식점놀이 216
7) 꽃가게놀이 217
8) 미용실놀이 219
9) 가게놀이 220
10) 병원놀이 222
11) 교통경찰놀이 223
12) 택배놀이 225
13) 세탁소놀이 226
14) 소방서놀이 228
15) 기상캐스터놀이 229

CHAPTER 10 조작놀이

1. 조작놀이의 교육적 가치 232

2. 조작놀이의 발달 특징 234
1) 연령별 발달 특징 234
2) 놀잇감의 종류 234
3. 교사의 역할과 지도 시 유의점 238
1) 교사의 역할 238
2) 지도 시 유의점 239
4. 실제 활동 240
1) 칙칙폭폭 기차놀이 240
2) 모양 상자 끼우기 241
3) 뚜껑을 열어요 242
4) 바느질놀이 243
5) 낚시놀이 245
6) 우리 동네 퍼즐 247
7) 가족이 사용하는 물건 짝짓기 248
8) 도미노놀이 249
9) 해달별 패턴놀이 250
10) 항공교통과 육상교통 252
11) 고유 음식 상차리기 253
12) 곡식옮기기놀이 254
13) 곤충 그림 패턴판 256

CHAPTER 11 물놀이와 모래놀이

1. 물놀이 · 모래놀이의 교육적 가치 260
2. 물놀이 · 모래놀이의 발달 특징 262
1) 연령별 발달 특징 262
2) 놀잇감의 종류 262
3. 교사의 역할과 지도 시 유의점 264
1) 교사의 역할 264
2) 지도 시 유의점 266
4. 실제 활동 266
1) 모래로 케이크 만들기 266

2) 자동차놀이 268
3) 화단에 물을 줘요! 269
4) 모래담기놀이 271
5) 두꺼비집 만들기 272
6) 마요네즈통 물총놀이 274
7) 호수 만들기 275
8) 물실로폰놀이 277
9) 물장구치기 278
10) 내가 만든 온도계 279
11) 물에 배 띄우기 281

CHAPTER 12 실외놀이

1. 실외놀이의 교육적 가치 284

2. 실외놀이의 발달 특징 286
1) 연령별 운동 능력의 발달 특징 286
2) 놀잇감의 종류 292

3. 교사의 역할과 지도 시 유의점 292
1) 교사의 역할 292
2) 지도 시 유의점 293

4. 실제 활동 297
1) 물을 채워 주세요! 297
2) 트럭으로 모래 운반하기 298
3) 토끼 기르기 299
4) 콩벌레 찾기 300
5) 퐁당퐁당 돌을 던지자 301
6) 내가 도형이라면? 303
7) 깡통볼링놀이 304
8) 굴러라 바퀴통! 305
9) 풍선 안고 달리는 캥거루 307
10) 비행기를 날리자 308
11) 그림자 만들기 309
12) 성화봉송놀이 311

13) 무궁화 꽃이 피었습니다 312
14) 꽃찾기놀이 314

CHAPTER 13 전통놀이

1. 전통놀이의 교육적 가치 318

2. 한국 전통놀이의 특징 320
1) 일반적 특징 320
2) 연령별 발달 특징 322
3) 놀잇감의 종류 323

3. 교사의 역할과 지도 시 유의점 323
1) 교사의 역할 323
2) 지도 시 유의점 324

4. 실제 활동 325
1) 풀각시놀이 325
2) 투호 327
3) 닭살이 328
4) 꼬리잡기 330
5) 팽이치기 332
6) 딱지치기 333
7) 땅따먹기 335
8) 공기놀이 337
9) 윷놀이 339
10) 연날리기 341

■ **참고문헌** 343

■ **찾아보기** 351

Part 1

놀이지도 이론편

Chapter 1

놀이에 대한 이해

1 | 놀이의 정의
2 | 놀이의 기능
3 | 놀이의 특성
4 | 놀이 이론

CHAPTER 01

놀이에 대한 이해

놀이는 영유아의 생활이며 본능이자 생존 기술이다. 그래서 영유아는 대부분의 시간을 놀이를 하면서 보내며, 이를 통해 자신만의 독특한 개성과 전인적 발달을 이루며 성장한다. 이러한 사실만 보아도 놀이가 영유아의 삶에서 매우 중요한 자리를 차지하고 있다는 것을 알 수 있다. 그러므로 영유아의 놀이를 지도하기 위해서는 무엇보다 놀이가 영유아에게 어떤 의미와 가치를 지니는가에 대한 전반적인 이해가 요구된다. 본 장에서는 놀이의 정의, 기능, 특성과 놀이 이론에 대해 알아봄으로써 놀이에 대한 기초적 이해를 돕고자 한다.

1. 놀이의 정의

놀이play는 추상적이고 유동적이며 복합적인 다양한 의미가 있기 때문에 정확한 정의를 내리기가 쉽지 않다. 놀이를 하나의 행동 범주로 개념화할 때 당면하는 문제는 놀이가 다른 행동, 즉 놀이와 유사한 행동으로 자주 언급되는 일work 또는 탐색exploration과 엄밀하게 구분되는가 하는 점이다. 그러므로 놀이와 관련된 용어를 살펴보면 놀이를 정의하는 데 많은 참고가 될 뿐만 아니라 더 나아가 놀이를 이해하는 데에도 도움이 될 것이다.

1) 놀이와 일

놀이 연구자들은 놀이의 정확한 개념 정의를 위해 놀이와 일을 비교하여 설명하고 있다. 이귀숙 등(2009)은 일에 대해 "사람이 일상생활에서 체력을 소모하여 하는 모든 활동"으로 규정하고 있다. 이러한 정의를 브리태니커 백과사전The Encyclopaedia Britannica에 명시되어 있는 놀이의 정의와 비교하면, 이 사전에서는 놀이를 "인간의 모든 신체적 · 정신적 활동 가운데 생존과 관련된 활동을 제외한 것"으로 정의하고 있어 놀이와 일이 개념 정의에서 차이를 보이고 있음을 알 수 있다.

좀 더 구체적으로 살펴보면 놀이와 일은 인간의 활동과 관련되어 있다는 점에서는 같다. 그러나 일은 생계를 유지하고 어떤 목적을 달성하기 위해 필수적으로 요구되지만 놀이는 자유롭게 선택되고 지극히 자발적으로 참여한다는 점, 일은 생산 및 결과와 관련된 반면 놀이는 과정 중심적이며 그 자체가 목적이라는 점, 일은 외부로부터 부과되는 강요된 규칙을 따르지만 놀이는 참여자가 자발적으로 규칙을 만든다는 점, 일은 현실 세계에서만 이루어지지만 놀이는 현실 세계를 초월할 수 있다는 점, 일은 때때로 기쁨을 주기는 해도 일 자체에는 고통이 따르는 반면 놀이는 대체로 재미있고 즐겁다는 점에서 차이를 보인다.

놀이와 일을 다르게 보는 관점은 유아와 아동을 대상으로 조사한 연구 결과에서도 나타났다. Wing(1995)은 유아와 초등학교 1, 2학년 아동이 나름대로 확고한 기준을 가지고 놀이와 일을 구분하고 있다고 보고했다. 즉 교사가 기대와 평가를 거의 하지 않으면 놀이, 교사의 기대와 의도가 많고 결과를 평가하면 일, 자유롭게 놀잇감을 탐색하면 놀이, 교사가 지시하고 계획한 활동을 하면 일, 과정 중심적이면 놀이, 결과 중심적이면 일, 언제나 즐거우면 놀이, 때때로 즐거우면 일 등과 같이 나름의 기준에 따라 일과 놀이를 분명하게 구분한다는 것이다. 놀이와 일의 개념을 질적으로 분석한 남현숙(1992)은 놀이를 내적으로 동기화되고 즐거운 활동으로, 일은 생활을 위해 필요한 활동이며 보상을 받는 활동으로 정의했다.

이상의 연구 결과를 통해 놀이와 일은 유사하지만 각기 다른 특성을 지닌 개념임을 알 수 있다.

2) 놀이와 탐색

놀이와 탐색은 유사한 개념으로 간주되어 왔다. 즉 놀이와 탐색은 외적으로 부여된 목표에 의한 지시적 행동이라기보다는 본능적으로 동기화된 행동이라는 점에서는 유사하다는 것이다. 그러나 이 두 가지는 분명히 다르다는 주장도 있다. Hutt(1971)은 탐색은 '이 물건의 속성은 무엇일까?' 라는 궁금증을 풀기 위한 행동인 반면, 놀이는 '이 물건으로 무엇을 할 수 있을까?' 라는 의문과 연관되는 행동이라고 정의하면서 놀이와 탐색을 완전히 별개의 행동으로 구분하고 있다.

이러한 Hutt의 정의에서 발견할 수 있는 놀이와 탐색의 또 다른 차이점은 바로 발생 시기다. 발생 시기에 따라 놀이와 탐색이 어떻게 다른지 두 가지 측면에서 살펴보면 첫째, 놀이와 탐색이 발생하는 시기를 영유아가 새로운 사물을 접하는 과정 측면에서 볼 때 일반적으로 영유아는 사물을 처음 접하면 가장 먼저 탐색을 한다는 것이다. 다시 말해 탐색 활동을 하는 영유아는 새로운 사물이 주어졌을 때 그 사물의 특성이 무엇일까를 생각하며 다양한 속성에 대해 알고자 노력하면서 먼저 사물과의 관계를 형성한다. 그리고 그 특성과 속성을 파악하여 사물과 익숙해지면 그다음에 놀이를 하게 된다. 이를 통해 탐색은 놀이 전에 발생한다는 것을 알 수 있다.

둘째, 놀이와 탐색이 발생하는 시기를 연령에 따른 놀이 발달 과정 측면에서 볼 때 탐색은 처음 두 해 동안에 일어나는 지배적인 활동으로 영아는 대부분의 시간을 탐색에 참여하며 보낸다는 것이다. 그러나 좀 더 성장한 유아는 걸음마기의 영아가 반 정도의 시간을 탐색으로 보내는 것에 비해 많은 시간을 탐색보다는 상징놀이에 사용한다. 이는 영유아가 성장하고 발달하면서 탐색은 줄어들고 놀이는 증가한다(김미숙 외 역, 2006)는 사실을 반영하는 것으로, 시기적으로 볼 때 탐색은 놀이 이전에 나타나는 행동임을 알 수 있다.

또 다른 관점에서 놀이와 탐색을 별개의 행동으로 볼 수밖에 없는 이유를 찾아보면, 영유아가 탐색을 할 때는 현실 세계에 있는 그 사물 그대로를 사용하지만 놀이에서는 그 물건이 사용되고 있는 일상적인 현실을 무시하고 자신이 원하는 방식대로 물건을 사용한다는 점이다.

이상에서 살펴본 바와 같이 놀이와 탐색은 유사한 것처럼 보이지만 엄밀히 말하면 본질적으로 다른 특성을 지닌 개념이라고 할 수 있다.

3) 놀이의 정의

놀이는 영유아기의 필수 요소다. 왜냐하면 영유아의 생활이 대부분 놀이이며, 놀이는 영유아의 발달적 측면에도 매우 중요한 영향을 미치기 때문이다. 즉 놀이는 영유아의 인지, 언어, 의사소통 기술, 정서, 사회적 기술, 의사결정 기술, 문제 해결 능력 등을 촉진하는 유일한 매개체다. 또 대인 관계를 탐색하고 발견하며, 성인 역할을 실험하고, 자신의 감정을 이해하기 위한 좋은 매개체이기도 하다. 이와 같은 놀이의 중요성을 고려할 때 놀이에 대한 명확한 정의는 무엇보다 절실히 필요하다.

그러나 놀이 연구자로 잘 알려진 Frost는 놀이에 대해 "Platon부터 Piaget에 이르기까지 연구되어 왔지만 놀이를 과학적으로 명확하게 정의하기는 불가능하다."라고 했으며(신은수 외, 2011, 재인용), 어떤 학자는 "놀이보다 더 잘못 정의되고, 걷잡을 수 없으며, 논쟁적이고, 유행을 타지 않는 것으로 입증되어 온 행동적 개념은 없다."라고 진술했다(김미숙 외 역, 2006).

표 1-1 놀이의 정의

연구자	정의
Froebel(1912)	놀이는 영유아 발달의 가장 높은 형태다. 놀이는 영유아의 사고와 감정의 자발적 표현이며, 이는 영유아의 정신세계에 반드시 필요하다. 영유아는 스스로의 자유로운 놀이를 통해 미래의 자신의 모습을 드러내기 때문에 어른들은 영유아의 놀이를 소중하게 생각하고 이를 권장할 필요가 있다.
Dewey(1913)	놀이 활동은 결과를 가져오기보다는 그 자체로 끝이다.
Axline(1947)	놀이는 자기표현을 위한 가장 자연스러운 수단이다.
Huizinga(1955)	놀이는 어느 정도 고정된 시간과 공간의 한계 안에서 수행되는 일종의 자발적 활동 또는 작업으로, 그 안에는 참여자가 자유롭게 받아들이기는 했으나 절대적으로 따라야 하는 규칙이 있고, 놀이 그 자체로서의 내재적 목적이 있으며, 모종의 긴장감과 즐거움, 그리고 '일상적인 삶'과는 '다른 활동'이라는 참여자의 자각이 수반된다.
Garvey(1990)	놀이는 즐겁고 재미있으며, 외적인 목적 없이 내적인 동기로 일어나고, 자연 발생적이며 자발적·능동적 참여로 이루어지는 것이다.
Sayeed & Guerin (2000)	놀이는 현실적 요구와 사회적 기대에 부응하기 위한 즐거운 상상이다.

그럼에도 불구하고 놀이의 명확한 개념 정의를 시도해야 하는 이유는, 놀이를 분명하게 정의할 때 놀이와 관련된 다양한 분야를 향상시킬 수 있기 때문이다. 표 1-1 에는 놀이 연구자들의 다양한 놀이에 대한 정의가 제시되어 있다. 이를 종합하면 결론적으로 놀이는 '자발적이고, 능동적이고, 과정 지향적이고, 즐거움을 만족시키는 내적으로 동기화된 강력한 활동'으로 정의할 수 있다.

2. 놀이의 기능

많은 연구자가 놀이의 기능에 대해 제시했다. 권영례(2006)는 자발적으로 놀이에 참여하고 놀이 활동을 즐기는 동안 다양한 기능을 숙련하게 된다고 설명했다. Woltmann은 놀이가 영유아를 방해하고 갈등에 휩싸이게 하며 혼란스럽게 하는 '행동화' 상황들에 대한 표현의 기회를 제공하고, 특히 어휘력이 부족한 영유아의 감정과 태도를 표현하기에 이상적인 역할을 한다(유미숙 외 역, 1999, 재인용)고 주장했다. Brewer(2006)는 놀이가 영아기, 유아기, 성인기의 발달을 통합하고 신체적, 정의적, 사회적, 지적 측면의 통합적인 발달을 이끌어 주는 기초가 된다고 강조했으며, Ginsburg(2007)는 놀이를 통해 영유아가 성인의 역할을 실험하고 연습한다고 주장했다.

이렇듯 놀이는 영유아에게 숙달감, 자기표현과 감정표현, 성장과 전인적 발달, 그리고 유능한 성인으로서의 역할을 연습하게 하는 등의 중요한 기능을 지니고 있다. 놀이의 기능을 좀 더 구체적으로 제시하면 다음과 같다.

(1) 자신과 주변 세계를 이해하고 적응하는 기회를 제공한다.

놀이는 영유아가 주변 세계를 이해하도록 도와주는 매개체 구실을 한다. 영유아는 놀이를 통해 최초로 주변 세계와 접촉할 수 있는 기회를 얻게 되는데, 이러한 과정에서 즐거움을 느끼고 세상과 관련된 지식, 기능, 태도 등을 배운다. 이 같은 경험은 영유아가 자기가 속한 다양한 사회적 문화를 자연스럽게 받아들이도록 하여 주변 세계에 효과적으로 적응할 수 있는 능력을 갖게 한다.

(2) 존재의 의미를 경험할 기회를 제공한다.

유희의 인간을 뜻하는 호모 루덴스Homo ludens라는 용어는 Huizinga에 의해 창출된 개념으로, 인간이 동물과 다른 본질은 놀이를 하는 것이라고 보는 인간관을 의미한다. 결국 놀이는 인간 본연의 욕구이자 권리라는 것이다. 영유아는 대부분의 시간을 놀이로 보내게 되는데, 이는 놀이가 영유아에게는 일상생활의 큰 즐거움이자 재미이기 때문이다. 나아가 놀이를 하면서 자신이 속한 세상과 연결되는 경험을 하고 짜릿한 흥분과 모험심도 느낀다. 그래서 영유아는 계속 놀이를 하게 되며 놀이를 통해 지속적으로 자극을 받고 즐겁게 지내면서 존재의 의미를 경험한다. 다시 말하면 살아 있는 모든 유기체는 활동에서 자극을 받고 어떻게든 목적 면에서 관련되기를 원하는데, 이러한 욕구가 놀이를 통해 충족될 수 있다는 것이다. 그러므로 영유아는 놀이를 통해 자극 받은 상태로 남고, 지루하지 않으며, 존재의 의미를 경험한다(김춘경, 2004).

(3) 자기표현과 감정표현 능력이 발달할 기회를 제공한다.

영유아는 놀이를 통해 자유롭게 자기표현을 한다. 자기표현은 자기탐색의 요소를 포함하는데 영유아는 놀이를 하는 동안 자신이 어떤 놀이를 더 좋아하고 싫어하는지, 특히 더 즐거운 놀이가 무엇인지, 자신이 다른 친구와 어떤 점이 다른지, 자신이 누구인지 등에 대해 자유롭게 표현할 수 있는 기회를 얻는다.

이와 같이 영유아는 놀이를 통해 자신의 독특한 성향, 선호, 사고, 경험, 행동을 탐색하고 표현한다. 또 놀이를 하면서 다양한 감정을 표현하게 되는데, 종종 놀이 활동에서 허용되지 않았던 부정적인 감정도 표출한다. 특히 나이가 어린 영유아는 언어 능력이 부족하기 때문에 표현할 수 없는 복잡한 감정과 욕구를 놀이를 통해 드러내고 발산한다.

(4) 숙달감과 이를 토대로 한 유능감이 발달할 기회를 제공한다.

영유아가 신체, 운동, 인지적 기능을 통해 스스로 어떤 일을 해결할 수 있게 될 때 최초로 숙달감이 형성된다. 이는 전 생애에 걸쳐 수행하는 모든 일과 활동에 대한 유능감에 특히 지속적으로 영향을 미친다. 이런 면에서 볼 때 유능감의 발달을 위해서는 먼저 영유아의 숙달감 획득과 발달이 매우 중요한 요소임을 알 수 있다.

영유아는 일상생활에서 놀이를 통해 매일 새로운 숙달감을 발달시키려고 노력한다. 블록으로 무엇인가를 만들고 퍼즐 조각을 맞춰 완성하는 등 다양한 놀이를 통해 신체와 운동적 숙달감을 발달시킨다. 물론 신체와 운동 외에 사회적 기술의 숙달감도 놀이를 통해 획득되고 발달한다. 이러한 숙달감은 영유아가 자신이 하고 싶은 놀이나 활동을 직접 선택하여 그 놀이나 활동을 반복하는 과정에서 자기향상을 실감할 때 획득되고 발달한다. 그리고 이를 통해 궁극적으로 영유아가 생활의 어려움에 대처할 수 있는 유능감이 발달한다. 그러나 새로운 신체적 · 사회적 기술을 성취하는 놀이를 경험할 기회가 없으면 대부분 놀이 활동을 계속하고자 하는 동기가 유발되지 않아 결국은 유능감이 발달할 수 없게 된다.

(5) 창의적 문제 해결 능력을 경험할 수 있는 기회를 제공한다.

영유아는 놀이를 하면서 창의적 문제 해결 능력을 발달시킨다. 이는 놀이가 사회적 평가나 실패에 대한 부담을 주지 않기 때문에 여러 가지 문제를 자유롭게 경험할 수 있는 기회를 제공하기 때문이다. 자세히 설명하면 영유아는 놀이 중에 새로운 사물을 접했을 때 먼저 속성을 탐색하고 탐색이 끝나면 좀 더 적극적인 방법으로 다양한 실험을 시도하는데, 이러한 실험 과정에서 겪는 수많은 시행착오를 통해 융통성이 생겨 주어진 문제를 효과적으로 해결할 수 있게 되는 것이다. 따라서 영유아는 놀면서 새로운 문제 해결 기술을 얻고, 이 기술을 다시 놀이 상황에 적용함으로써 창의적 문제 해결 능력을 발달시킨다.

(6) 대인 관계를 형성하고 사회적 기술을 배울 수 있는 기회를 제공한다.

놀이는 대인 관계를 형성하는 강력한 힘이 있다. 영유아는 놀이를 통해 연령, 계층, 성별이 다른 다양한 친구와 이웃을 만나게 된다. 낯선 상황과 낯선 또래 친구 또는 이웃과의 첫 만남은 어색한 분위기를 만들지만 놀이가 시작되면 점차 몰입하고 즐기면서 좀 더 자연스러워지고, 이내 놀이에 참여한 영유아는 모두 친밀한 관계인 놀이 친구로 발전한다. 그렇기 때문에 놀이는 영유아가 대인 관계를 형성하고 확장시키는 데 도움을 주고 자신을 사회적 존재로 인식하는 데 기여한다.

놀이는 영유아의 사회적 기술도 발달시킨다. 영유아는 다른 사람과의 놀이를 통해 세상에 존재하는 다양한 관계의 규칙, 즉 가족 관계, 친구 관계, 문화적 · 환경적 태도와 관련된 규칙을 배우고 연습한다. 이러한 규칙의 학습은 사회적 기술을 배우는 것과 관련된다. 예를 들어 놀이에서는 모든 놀이 참여자가 수용하고 인정하는 방법으로 규칙을 정하고 협상해야 하며 자신의 주장도 펼쳐야 한다. 그런데 누군가가 독단적으로 놀이를 이끌려 하거나 놀이 상황을 바꾸려 하면 참여자 간에 갈등이 발생한다.

이와 같은 갈등 경험을 통해 영유아는 어떻게 해야 친구가 자기와 놀아 주는지, 계속 함께 놀려면 어떻게 해야 하는지를 알게 된다. 그러므로 놀이 속에서 발생한 갈등은 영유아가 사회적 기술을 학습할 수 있는 좋은 통로가 되기도 한다. 즉 영유아는 놀이를 통해 자기중심성에서 벗어나 다른 사람의 입장이나 생각을 받아들일 수 있는 계기가 생기며 집단생활에 필요한 태도와 사회적 기술인 협동, 경쟁, 배려, 나눔, 양보 등에 대해 배우게 된다.

3. 놀이의 특성

놀이는 앞서 정의한 바와 같이 '자발적이고, 능동적이고, 과정 지향적이고, 즐거움을 만족시키는 내적으로 동기화된 강력한 활동'이다. 이 정의 속에 놀이의 중요한 특성이 함축되어 있다. 놀이의 특성을 규정할 때는 영유아의 관점에서 파악하는 것이 가장 중요하다. 많은 놀이 연구자(김광웅 외, 2004 ; 김미숙 외 역, 2006 ; 신은수 외, 2011 ; 이숙재, 2004 ; 하정연 외, 2008)가 주장하는 놀이의 특성을 종합하면 다음과 같이 일곱 가지로 제시할 수 있다.

1) 내적 동기화

영유아의 놀이는 내적으로 동기화된 자연스럽고 자발적인 행동이다. 내적으로 동기화되었다는 것은 영유아가 보상이나 경쟁과 같은 외적 요인 없이 욕구, 흥미, 호기심 등의 내적 요인에 의해 놀이를 한다는 의미다. 즉 영유아는 놀고 싶은 마음이 생겨서 혹은 자신이 원하기 때문에 놀이를 한다. 이렇게 내적으로 동기화된 놀이는 자신을 위해서, 또 자신이 좋아서 하는 활동이기 때문에 놀이 그 자체가 쾌감, 만족감, 성취감을 주는 등 보상으로 작용하며, 이러한 요소가 영유아로 하여금 자발적으로 참여하게 만들고 더 몰입하도록 이끈다.

종종 성인이 영유아의 놀이를 돕고 지원하지만 놀이를 하도록 만들 수는 없다. 놀이의 동기는 영유아에게서 나오며 놀이를 요구하고 선택하는 것도 영유아이기 때문이다. 다시 말해 놀이를 하고자 하는 욕구는 전적으로 영유아에게서 비롯되는 것이므로 놀이는 자발적이어야 한다. 그러므로 성인은 영유아에게 외적 보상을 미끼로 놀이를 유도하거나 강제로 놀도록 압력을 주어서는 안 된다. 놀이는 내적 동기에서 우러난 활동이기 때문에 자유롭게 놀도록 놔두면 영유아는 즐거움과 함께 내적 목적의 성취로 인한 만족감은 물론 스스로 해냈다는 순수한 기쁨을 느끼게 된다.

2) 긍정적 정서

영유아의 놀이 행태를 관찰해 보면 놀이 중에 미소를 짓기도 하고, 박수를 치거나 깔깔대면서 웃기도 하며, 즐거운 나머지 소리를 지르기도 한다. 이러한 모습은 놀이 과정이 끝난 다음에도 이어진다. 이를 통해 놀이가 기쁨과 즐거움 같은 긍정적 정서를 산출하며, 영유아가 진정으로 놀이를 즐긴다는 것을 알 수 있다.

놀이에서 얻는 기쁨과 즐거움은 다소 무리한 활동을 유발하거나, 놀이에 대한 약간의 두려움을 일으키기도 한다. 그러나 이러한 현상 역시 영유아가 스스로 하고 있는 놀이 활동을 즐기는 과정 중의 하나다. 예를 들어 처음으로 미끄럼틀 타기를 시도하기 위해 높은 곳으로 올라갈 때는 무섭고 두렵지만 위에서 미끄러져 내려올 때 짜릿하고 신 나는 경험을 하고 나면 여전히 높은 곳에 대한 두려움은 있을지라도 반복해서 미끄럼틀을 오르내리는 놀이를 한다.

이와 같이 두려운 상황에서도 놀이를 계속하는 것은 그 놀이를 통해 느끼는 즐거움 때문이다. 결국 놀이를 하면서 때로는 부정적 정서가 표현되기도 하지만 영유아는 그럴 때조차도 여전히 놀이 활동을 가치 있게 여기는 것이다.

3) 자발적 선택

놀이는 영유아가 자발적으로 자유롭게 선택해야 한다. 자발적 선택은 놀이의 특성에서 매우 중요한 요소다. 만약 영유아에게 놀이를 강요한다면 그것은 더 이상 놀이로서의 활동이 아니다. 교사가 영유아에게 놀이 활동을 정해 주면 영유아는 스스로 선택한 활동만을 놀이로 생각하고 다른 사람이 지시한 활동은 일로 인지하기 때문이다(Perlmutter, 1995 ; Wing, 1995).

자발적 선택이라는 것은 환경을 자유롭게 탐색한다는 의미를 내포하고 있다. 자유롭게 탐색한다는 것은 영유아가 외부의 간섭 없이 자기 마음대로 해본다는 뜻이다. 그러므로 교사나 성인의 권위적인 지시에 따라 하는 것은 자유로운 탐색으로 보기 어렵고 더 본질적인 의미에서 자발적 선택이라고 보기 어렵기 때문에 영유아에게는 놀이가 아니다. 따라서 자발적 선택은 놀이인지 아닌지를 결정하는 기본적이면서 중요한 특성이다.

4) 과정 지향성

놀이를 할 때 영유아는 현재 참여하고 있는 놀이 활동 그 자체에 관심의 초점을 두기 때문에 놀이 후 나타난 결과보다는 놀이 과정에서 만족감을 얻는다. 이렇게 영유아는 놀이를 할 때 어떤 목표를 달성해야 한다는 부담과 압박이 없기 때문에 다양한 활동을 자유롭게 할 수 있다. 즉 놀이의 과정 지향적인 특성은 목표 지향적 행동보다 가변적이고 변통적인 경향이 있어 영유아는 소꿉놀이를 하다가도 즉흥적으로 다른 놀이를 하고 싶은 욕구가 생기면 하던 것을 마무리하지 않고도 다른 병원놀이나 가게놀이 등으로 언제든지 자유롭게 바꿀 수 있는 것이다. 이와 같은 놀이의 과정 지향성이 바로 일과 구별되는 특성이다.

5) 비사실성

놀이는 비사실적이다. 비사실적이라는 것은 놀이에 가작화 요소가 많이 들어 있다는 뜻이다. 다시 말해 영유아는 놀이 속에서 '~인 척as~if'을 잘한다. '~인 척'은

'실제 자신 혹은 실제 사물이 아닌 것처럼' 행동하는 것을 말하는데, 이러한 특성은 상징놀이에서 많이 나타난다.

상징놀이에서 영유아는 일상적인 행동, 상황이나 사물에 대해 다른 사람이 정한 실제의 의미를 적용하는 대신에 현실에서 벗어나 자기 나름의 새로운 의미를 부여한다. 예를 들면 현실 속의 막대기를 총이라 부르며 쏘는 척을 하거나, 칼이라 하면서 칼싸움놀이를 하기도 한다. 혹은 빗자루를 다리 사이에 끼고 "난 마법사야. 지금 마술 빗자루를 타고 날아다니고 있어."라고 말하면서 방 안을 돌아다니거나 하늘을 나는 시늉을 하기도 하며, 의자에 앉아 "어디로 모실까요?" 하면서 택시나 버스를 운전하는 척하는 등 일상적인 행동, 상황, 사물에 자신만의 의미를 부여하여 현실을 벗어난 놀이를 수행한다.

이와 같이 놀이 세계와 비놀이 세계에서의 영유아 행동은 많이 다르다. 실제에 대한 가상성은 영유아가 지금-여기의 현실적인 구속이나 제약에서 벗어나 새로운 가능성을 경험하게 한다. 그리고 비사실성은 상징놀이에서만 독특하게 나타나는 것이 아니라 사회극놀이, 조작놀이, 블록놀이, 신체놀이, 게임 등 그 어떤 놀이에서도 적용될 수 있는 특성이다.

6) 능동적 참여

놀이는 능동적인 것이다. 능동적이라는 것은 다른 것에 이끌리지 않고 스스로 일으키거나 움직인다는 뜻이다. 따라서 단순히 켜져 있는 텔레비전을 보는 것과 같은 수동적 활동은 놀이가 아니다. 놀이 집단에 속하긴 하지만 주변에 앉아 친구가 놀고 있는 것을 바라보고만 있거나 놀이 영역 근처에서 맴돌고 있는 영유아 역시 놀이를 하고 있는 것이 아니다. 영유아의 참여가 수동적이라면 그 활동은 놀이라고 할 수 없다. 반면 소꿉놀이나 점토를 탐색하는 등의 활동에 스스로 참여하고 그러한 환경과의 상호작용에 몰두하면 놀이를 한다고 말할 수 있다. 이처럼 놀이는 영유아로 하여금 놀이에 능동적으로 참여하고 완전히 빠져들게 만든다. 능동적인 참여도 그만큼 놀이의 중요한 특성이다.

7) 내부에서 부여된 규칙성

놀이는 외적 규제를 받지 않으며 외부 규칙으로부터 자유롭다. 그러나 영유아의 놀이에도 일정한 규칙은 있다. 이 규칙은 외부에서 부과된 것이 아니라 놀이가 더 원활하고 즐겁게 이루어질 수 있도록 놀이를 하면서 영유아가 스스로 만들었다는 점이 특징이다. 놀이에 필요한 규칙은 대부분 놀이 참여자가 함께 정하고 또 상황을 고려하여 함께 바꾸기도 한다. 즉 놀이 참여자인 영유아가 서로 어떤 놀이를 하고, 누가 무슨 역할을 하며, 어떻게 혹은 무슨 말을 할 것인가 등에 대한 규칙을 정하고 이 과정에서 받아들일 수 없는 규칙은 바꾸기도 한다는 것이다.

4. 놀이 이론

오래전부터 심리학자들은 영유아 발달에서 놀이의 가치, 중요성, 기능과 관련된 문제에 대답하기 위해 다양한 놀이 이론을 제시했는데, 특히 1970년 이후에 많은 연구가 이루어졌다. 영유아의 놀이 이론은 크게 19세기와 20세기 초에 나온 고전적 놀이 이론과 1920년대 이후부터 최근까지 대두되고 있는 현대적 놀이 이론으로 구분된다.

1) 고전적 놀이 이론

19세기 후반에서 20세기 초에 나타난 고전적 놀이 이론은 Darwin의 진화론을 근거로 놀이를 생물학적 · 생리적 기능의 관점에서 보았다. 이 이론에는 잉여 에너지 이론surplus energy theory, 휴식 이론recreation theory, 연습 이론practice or pre-exercise theory, 반복 이론recapitulation theory이 포함된다.

(1) 잉여 에너지 이론

잉여 에너지 이론은 영유아가 남아도는 에너지를 소모하기 위해 놀이를 한다는 믿음에 기초하고 있다. 이 이론의 대표적인 학자는 Schiller와 Spencer다.

표 1-2 고전적 놀이 이론의 개관

이론	대표 학자	놀이에 대한 관점	성과
잉여 에너지 이론	• Schiller • Spencer	잉여 에너지 소모	신체 발달
휴식 이론	• Lazarus • Patrick	소모된 에너지 재충전	신체 발달
연습 이론	Groos	성인 생활에 필요한 기술 연습	신체 · 인지 발달
반복 이론	Hall	진화 과정의 반복	신체 발달

Schiller는 처음으로 잉여 에너지 개념을 표방했는데, 놀이를 목적 없이 에너지를 소비하는 것이라고 정의했다. 그는 모든 유기체가 일차적 욕구를 충족시키는 데 필요한 것보다 더 많은 에너지를 생산하기 때문에 일차적 욕구를 만족시키고 난 후에 남은 에너지를 쓰기 위해 놀이를 한다고 보았다.

Schiller의 놀이 이론을 '잉여 에너지 이론'이라고 처음 명명한 Spencer는 현대 문명에서는 기본적인 생존 기술들이 충족되기 때문에 태어날 때부터 갖고 있는 에너지가 생존 목적으로 사용되지 않아서 잉여 에너지가 발생하며 이것이 창조적 활동에 사용된다고 했다. 만약 잉여 에너지가 놀이를 통해 방출되지 않으면 영유아는 내적으로 심한 압박을 받기 때문에 놀이에 몰두하지 않을 수 없다는 것이다. 이 같은 Spencer의 놀이 이론은 유치원의 창시자인 Froebel이 놀이의 교육적 의의를 찬양한 이후 영유아의 놀이에 대해 체계적으로 접근한 최초의 시도라고 할 수 있다(김광웅, 2001).

이러한 잉여 에너지 이론은 영유아가 지쳐서 그만둘 때까지 논다는 전제하에 있지만 영유아가 피곤한 상태에서도 신기하고 흥미로운 것을 보여 주면 다시 활기를 찾아 놀이를 활동적으로 계속 즐기고 지속한다는 점에 대해서는 설명하지 못하고 있다.

(2) 휴식 이론

잉여 에너지 이론과 반대되는 휴식 이론은 인간 정신의 재충전을 위해 놀이가 필요하다는 점을 전제로 한다. 이 이론의 대표적인 학자는 Lazarus와 Patrick이다.

Lazarus에 의하면 힘든 노동은 인간의 육체적 · 정신적 에너지를 고갈시켜 몹시 지치게 만든다고 한다. 이럴 때 인간은 고갈된 에너지를 재충전해야 할 필요가 있는데, 충분한 재충전을 위해서는 되도록 현실에서 벗어나 일이 아닌 다른 활동을 해야 한다고 강조했다. 다시 말해 놀이나 여가 활동 같은 원기 회복을 위한 오락이 필요하다고 보았다.

Patrick은 Lazarus의 이론을 더 확장시켰다. Patrick은 현대 사회는 추상적 사고나 주의 집중 등과 같은 정신노동을 더 많이 요구한다고 여겼다. 이렇게 정신노동으로 쌓인 피로는 뛰기, 달리기, 던지기 등의 운동이나 레크리에이션 같은 놀이를 통해 회복될 수 있다고 했다.

이러한 휴식 이론은 육체적 노동보다는 정신적 노동이 인간의 에너지를 더 고갈시켜 이를 재충전하기 위해 놀이가 필요하다면 육체적 노동자가 왜 놀이를 하는지에 대한 설명이 부족하다. 놀이가 일의 스트레스를 풀고 에너지를 재충전하기 위해 필요한 것이라면 일하지 않는 영유아가 일만 하는 어른보다 더 많은 놀이를 하는 이유는 무엇인지에 대해서도 설명하지 못하고 있다.

(3) 연습 이론

연습 이론은 영유아가 적응을 하기 위해 놀이를 한다는 믿음에 기초하고 있다. 이 이론의 대표적인 학자는 Groos다.

Groos는 영유아가 놀이를 통해 미래의 성인 생활에 요구되는 기술을 연습할 기회를 갖는다고 했다. 즉 영유아 시기의 놀이는 성인기에 대한 적응력을 시험해 볼 수 있는 기회가 된다는 것이다. 예를 들어 영유아가 사회극놀이의 하나인 소꿉놀이에서 엄마와 아빠의 역할을 연기하는 것은 자신이 성인이 되었을 때의 부모 역할 기술을 미리 연습하는 것이다.

좀 더 구체적으로 Groos는 놀이의 기능을 두 가지로 분류했다. 하나는 사물을 조작하고 구성하는 감각 운동이 기반이 되는 실험놀이의 기능에 관한 것으로, 실험놀이는 성인기의 자기조절을 미리 연습하도록 도와준다고 했다. 다른 하나는 신체놀이나 사회극놀이 등과 같은 사회적 놀이의 기능에 관한 것으로, 사회적 놀이는 대인기술을 연습하게 해준다는 것이다.

이러한 연습 이론은 놀이가 영유아로 하여금 미래에 특정한 역할을 하도록 준비시키는 기능이 있다고 전제하나, 영유아는 미래를 볼 수 없기 때문에 성인기를 위한 연습을 미리 할 수 없을 뿐만 아니라 장차 상상할 수 없는 기술이 나올지도 모른다는 점에서 비합리적인 면이 있다. 또한 연습 이론으로는 성인기에 필요한 기술을 습득한 후에도 영유아가 놀이를 계속하는 이유를 설명할 수 없다.

(4) 반복 이론

가장 논란이 되고 있는 반복 이론은 놀이가 인간의 진화 과정에서 거쳐 온 여러 단계의 계통 발생적 현상(생물의 여러 속과 종이 진화해 온 과정)을 반복하는 행동이라는 개념에 근거를 두고 있다. 이 이론의 대표적인 학자는 Hall이다.

Hall은 영유아가 놀이를 통해 인간의 발달 단계, 즉 동물 단계(기어오르고 흔들기), 야만 단계(사냥과 치기놀이), 유목민 단계(애완동물 기르기), 농경 및 가부장적 단계(인형놀이와 모래놀이), 부족 단계(팀 게임)를 재연한다고 했다(김미숙 외 역, 2006). 즉 영유아의 놀이 단계가 인간의 진화 과정과 동일한 순서를 따른다는 것이다. 예를 들면 영유아는 치기놀이(야만 단계)를 하기 전에 기어오르고 흔드는 놀이(동물 단계)를 하게 되어 있다. 또 놀이에는 현대 사회에 더 이상 필요하지 않은 영유아의 원시적 본능을 제거하기 위한 목적이 있다고 보았다. 한 예로 영유아가 야구를 하는 것은 방망이로 치는 행동과 유사한 고대 사냥의 본능을 놀이를 하면서 제거해 가는 것이라고 보았다(신은수 외, 2011).

이러한 반복 이론은 대문명사회에서 새롭게 등장한 컴퓨터 게임과 같은 놀이를 문화의 반복이라는 이론으로 설명하기에는 부족하다. 영유아의 놀이가 진화 과정과 동일한 단계와 순서를 거치지 않는다는 점도 반복 이론의 한계점이라 할 수 있다.

2) 현대적 놀이 이론

20세기 초에는 인간의 성장 및 발달 이론과 함께 새로운 현대적 놀이 이론이 대두하였다. 고전적 놀이 이론이 모두 놀이를 생물학적 관점에서 고찰하고 주요 결과로 신체적 발달을 거론하고 있는 데 반해, 현대적 놀이 이론은 놀이를 통해 영유아가 소망을 성취하고 가작화를 가능하게 하며 이러한 과정이 사회적 · 정서적 · 인지적 발달을 초래한다는 공통적 견해를 갖고 있다(김미숙 외, 2006)는 점에서 차이를 보인다. 대표적인 현대적 놀이 이론으로는 정신분석 이론, 인지발달 이론, 각성조절 이론, 상위 의사소통 이론이 있다.

표 1-3 현대적 놀이 이론의 개관

이론	대표 학자	놀이에 대한 관점	성과
정신분석 이론	• Freud • Erikson	• 정화 효과 • 자아 기능 강화	사회 · 정서 발달
인지발달 이론	• Piaget • Vygotsky • Bruner • Sutton-Smith	• 지적 성장 촉진 • 추상적 사고력 발달 • 융통성 및 창의력 촉진	인지 · 사회 발달
각성조절 이론	• Berlyne • Ellis	최적의 각성 수준 유지	신체 · 정서 발달
상위 의사소통 이론	• Bateson • Garvey	• 의미의 다각적 수준 이해 능력 촉진 • 정체성 인식	인지 · 사회 발달

(1) 정신분석 이론 psychoanalytic theory

① Freud

정신분석 이론의 창시자인 Freud는 놀이가 신체적 발달에 기여하는 데 초점을 맞췄던 고전적 놀이 이론의 연구자와는 다르게 사회적 · 정서적 측면을 강조했다.

Freud는 놀이의 기본 동기를 쾌락의 원리에 입각하여 기술했다. 인간은 원인이 없이는 행동하지 않기 때문에 영유아의 놀이 활동도 저절로 행해지는 것이 아니라 그 영유아의 감정과 소망에 의해 결정된다고 했다. 예를 들어 영유아는 현실에서는 불가능하지만 자신이 원하는 모든 역할, 즉 엄마 · 아빠 · 교사 · 의사 · 공룡 등의 역할을 놀이에서 자유롭게 수행하면서 만족과 기쁨을 만끽한다. 다시 말해 영유아는 놀이를 통해 상상 속의 소망을 충족시키고 이로 인해 쾌락을 느낀다. 특히 영유아는 이러한 놀이 과정에서 부정적인 감정을 해소하여 정화시킨다.

이에 대해 Freud와 Burlingham은 '전쟁과 아동들'에서 런던의 폭발에 대한 영유아와 성인의 반응의 차이점을 들어 명백하게 설명했다(유미숙 외 역, 1999, 재인용). 비행기 공습에 대해 성인은 공포의 경험담을 계속해서 말로 표현했으나 같은 경험으로 고통을 겪은 영유아는 말을 하지 않았다. 그 대신 놀이를 통해 자신의 공포를 표현했다. 블록으로 집을 만든 후 폭탄을 떨어뜨리거나 건물을 불태우고, 구급차가 다치거나 죽은 사람들을 병원으로 수송하는 상황을 놀이 속에 재연했다. 이와 같이 영유아는 놀이를 통해 정서적 충격을 안겨준 사건을 반복적으로 재연함으로써 부정적인 감정이나 정서를 해소하고 극복한다고 주장했다.

② Erikson

Erikson은 Freud의 정신분석학적 놀이 관점에 기본적으로 동조했으나 Freud의 심리성적 이론과는 달리 심리사회적 이론을 구축했다. 그는 놀이가 심리사회적 위기의 극복을 통해 사회적 · 정서적 발달을 초래하는 표현적 행동이며 영유아의 자아 발달을 촉진하고 정체성을 부여하는 사회적 힘의 역할을 한다고 보았다. 이러한 전제를 바탕으로 하여 Erikson은 놀이의 세 가지 주요한 목적으로 정서 발달을 위한 자아 확장으로서의 놀이, 사회적 놀이, 일생의 현상으로서의 놀이를 들었는데, 이 중에서도 특히 자아 확장으로서의 놀이는 카타르시스의 역할을 한다고 했다(김미숙 외 역, 2006).

한편 Erikson은 영유아의 놀이 발달을 다음의 세 단계로 설명했다. 첫 번째 놀이 발달 단계는 자기 세계의 놀이다. 이 놀이는 0~1세경에 나타나는 형태로, 영아는 자신이 타인과 분리되어 있다는 것을 발견하고 자기 신체에 집중된 탐색적 · 반사적 놀이, 즉 손이나 발을 흔들거나 머리카락을 당기는 등의 반복놀이에 몰두한다. 두 번째는 미시 영역 놀이다. 이 놀이는 2~3세경에 나타나는 형태로, 놀잇감이나 사물을 조작하는 놀이를 한다. 세 번째는 거시 영역 놀이다. 이 놀이는 3~4세경에 나타나는 형태로, 보호자가 아닌 타인과의 상호작용이 포함되는 놀이를 한다. 즉 놀이 친구가 생기고 그들과의 놀이를 시작하게 되므로 이 시기에는 극놀이와 게임을 하게 된다.

(2) 인지발달 이론 cognitive theory

① Piaget

Piaget는 영유아의 인지적 적응을 설명하기 위해 도입된 개념인 동화와 조절을 토대로 놀이를 설명하고 있다. 그는 놀이에 대해 동화가 조절을 지배하고 있는 비평형 상태나 불균형을 나타낸다고 했다. 즉 놀이는 조절보다 동화가 우세한 불균형 상태라는 것이다. 동화는 영유아가 필요에 따라 현실을 자신의 세계에 맞게 종속시키거나 수정할 때 일어난다. 예를 들어 텔레비전을 끄는 방법을 배운 영유아는 그것을 할 수 있는 정신 구조를 갖게 되어 현실을 모방한다. 만약 라디오를 끄게 되면 이 활동은 놀이로 바뀌고 영유아는 이 놀이를 반복한다(김미숙 외 역, 2006).

영유아가 놀이에서 보여 주는 이러한 반복적인 행동 모방, 일반화하는 과정 등은 행동 자체에 대한 즐거움과 기쁨을 느끼는 것으로, 새로이 조절할 필요 없이 순수한 동화의 기능만으로 가능한 것이다.

한편 Piaget는 놀이가 발달을 촉진하며 영유아의 인지 단계는 이 놀이 속에 반영된다고 보았다. 이는 영유아가 현재 자신의 인지 발달에 부합하는 놀이에 몰두하게 된다는 것을 의미한다. 다시 말해 놀이 단계가 곧 영유아의 인지 발달 단계를 나타내므로 그 단계에 따라 놀이의 유형도 다르다는 것이다. 인지 발달 단계별 놀이 유형은 **표 1-4** 와 같다.

표 1-4 Piaget의 인지 발달 단계와 놀이 유형

연령	인지 발달 단계	놀이 유형
출생~2세	감각운동기	기능놀이(연습놀이, 감각운동놀이)
2~7세	전조작기	상징놀이
7~11세	구체적 조작기	규칙 있는 게임

② Vygotsky

Vygotsky는 놀이가 영유아의 사회문화적 상호작용을 원활하고 풍부하게 하며 좀 더 높은 단계의 사고와 사회성 발달에 유익하다는 새로운 관점을 제시했다. 이러한 놀이 관점은 다음의 두 가지로 설명할 수 있다(김미숙 외 역, 2006 ; Johnson, Chistie,

& Wardle, 2005).

첫째, 놀이는 영유아의 근접 발달 지대를 만든다. Vygotsky는 '근접 발달 지대'가 존재한다고 보았다. 이것은 영유아가 독립적으로 다룰 수 있는 과제와 성인이나 좀 더 유능한 또래의 도움으로 습득할 수 있는 가장 높은 수준의 과제들 사이의 범위를 말한다. Vygotsky는 이 근접 발달 지대가 놀이 중에 생성된다고 주장했다. 예를 들면 영유아는 놀이를 할 때 자신보다 나이가 많은 아이처럼 행동하면서 보통 수준 이상으로 뛰어넘으려 한다는 것이다. 이렇게 놀이가 근접 발달 지대를 만들기 때문에 발달 또한 놀이 도중에 일어난다고 보았다.

둘째, 놀이는 추상적 사고를 부른다. 놀이의 고유한 목적이 가작화를 내포한다는 것인데, 이는 비현실적인 것을 현실적인 것으로 가장하는 것을 의미한다. 예를 들면 자동차를 운전하고 싶지만 그럴 수 없는 영유아는 운전하는 흉내를 내는 등 놀이를 통해 자신의 세계를 창조한다. 이러한 행동이 영유아에게서 추상적 사고를 유발한다. 다시 말하면 놀이는 행동과 대상물로부터 사고의 분리를 촉진하여 추상적 사고를 일으킨다는 것이다. 영유아는 상상놀이를 할 때 하나의 사물을 다른 사물로 대체하는데, 이때 사물 그 자체에서 사물의 의미나 생각을 분리하기 시작한다. 예를 들어 지팡이를 말로 대체했을 때 사물(지팡이)에서 의미가 분리되기 시작하는데, 이것이 추상적 사고의 시작이라고 할 수 있다.

③ Bruner

Bruner는 놀이가 영유아 이후의 삶에서 중요한 문제 해결 능력에 어떻게 기여하는지에 대해 관심을 가졌다. 그는 놀이에서는 목적보다 수단이 중요시된다고 했다. 즉 영유아는 어떤 목적을 달성하려 하기보다는 자유롭게 새로운 방법을 시도하며 놀이를 한다는 것이다. 이러한 놀이 과정에서 부담 없이 새로운 행동을 취할 수 있는 기회를 많이 얻어 사고의 융통성이 촉진될 수 있다. 예를 들면 사회극놀이를 하는 동안 영유아는 다른 역할을 해볼 수 있고 이를 통해 행동을 선택할 수 있는 기회가 많아져 문제 해결 시 융통성이 촉진된다. 다시 말해 사회적이고 협동적인 놀이는 영유아의 문제 해결 능력과 창조성을 길러 준다.

④ Sutton-Smith

Sutton-Smith는 인지 발달에 대한 놀이의 역할을 강조했는데, 특히 놀이가 영유아의 융통성 발달에 긍정적인 영향을 미친다고 했다. 즉 영유아의 상징놀이에서 발생하는 상징적 전환이 인지의 융통성을 증진한다는 것이다. 구체적으로 말하면 영유아의 놀이에서 막대기는 칼이 되기도 하고 총이 되기도 하며, 자신이나 또래의 놀이 친구가 부모나 교사가 되기도 한다. 이와 같이 놀이 상황에서 발생하는 상징적 전환을 통해 영유아는 기존의 관습적 사고방식에서 벗어나 새롭고 독특한 창의적 아이디어가 확장되고 연합되어 사고가 유연해진다.

(3) 각성조절 이론arousal modulation theory

각성조절 이론에서는 놀이에 대해 인간의 각성 수준을 적정하게 유지하려는 중추신경 조직의 욕구를 만족시키기 위한 것으로 설명하면서 놀이를 생물학적 적응 결과로 발생하는 행동으로 보았다. 이 이론은 Berlyne이 제기하고 Ellis가 확장시켰다.

최초로 행동주의적 학습 이론에 기초한 놀이 관점을 표방한 Berlyne은 인간의 중추신경 조직은 최적의 각성 수준을 유지하려 한다고 보았다. 그런데 자극의 수준이 지나치게 높거나 반대로 지나치게 낮으면 각성 수준이 적정 상태 이상으로 증가하며, 이러한 경우 인간은 자극 수준을 조절하여 각성 수준을 낮춤으로써 평형 상태로 만든다고 했다. 다시 말하면 영유아는 새로운 자극이 너무 많아서 불안하거나 흥분하고 혼란을 느끼면 각성 수준이 불안정한 높은 수준까지 증가한다. 이때 영유아는 자극을 감소시키는 놀이를 하게 되고 그 놀이 상황이 친숙해지면 높아진 각성 수준이 다시 낮아져 적정한 각성 수준이 유지되는 것이다.

반대로 자극이 충분하지 않을 때는 각성 수준이 떨어져 지루함을 느낀다. 이럴 경우 영유아는 새로운 자극(새롭고 독특한 방법으로 행동하고 사물을 다루는 것)을 찾게 되는데, 그 새로운 자극으로 인해 낮아진 각성 수준을 최적의 수준으로 끌어 올려 적정한 각성 수준을 유지할 수 있다는 것이다.

이러한 Berlyne의 주장을 확장시킨 Ellis의 이론은 영유아가 한 활동에서 다른 활동으로 이동하는 이유를 설명하고 있다. Ellis는 영유아가 추가적인 자극을 찾아 이동하는 것에 초점을 두었다. 놀이를 하는 영유아를 관찰해 보면 종종 한 놀이에 오래 몰입하지 않고 한 활동을 어느 정도 한 이후에는 그 활동을 변형하여 놀거나 다른 활동으로 이동하는 것을 발견할 수 있다. 이는 영유아가 놀이를 따분하게 느낄 때는 신기하고 자극적인 경험을 찾는 반면 놀이가 압도적일 때는 스스로 놀이를 중단한다는 것을 단적으로 보여 준다.

(4) 상위 의사소통 이론 meta-communication theory

상위 의사소통이란 영유아가 사회적 놀이에 참여할 때 놀이의 여러 상황이나 사건, 행동, 사물 등을 함께 놀이하는 상대방에게 이해시키고 설명함으로써 놀이가 원활하게 진행될 수 있도록 돕는 의사소통을 의미한다(Garvey, 1990). 이 이론은 Bateson에 의해 정립되고 Garvey에 의해 확장되었다.

놀이에서 나타나는 의사소통의 다양한 수준에 주목한 Bateson에 의하면 영유아는 상위 의사소통 신호를 교환하거나 놀이 중에 메시지를 주고받으며 놀이에 관한 전후 상황을 만든다고 한다. 그는 놀이 중에 영유아가 현실에서 가상으로 이동하는 것을 '놀이 틀play frame'이라고 불렀다. 놀이의 틀은 무엇이 놀이이고 놀이가 아닌지, 혹은 놀이 세계인지 실제 세계인지 사이의 경계에 대한 놀이 참여자 간의 암묵적인 동의를 의미한다. 즉 영유아는 놀이를 시작하거나 놀이에 참여하기에 앞서 놀이에서 일어나는 상황이 실제가 아니라 단지 놀이라는 것을 의미하기 위해 놀이의 틀을 설정해야 한다.

놀이 틀에서 영유아는 함께 노는 다른 친구에게 언어적 혹은 비언어적 신호를 보내 놀이에 필요한 의사소통뿐만 아니라 놀이 틀 밖에서 놀이 진행에 필요한 상위 의사소통을 경험하고 사용한다. 이로 인해 놀이를 하는 동안 영유아는 끊임없이 현실과 가상의 세계를 자유롭게 넘나들 수 있다. 따라서 영유아의 놀이에서 상위 의사소통은 놀이를 성공적으로 지속하는 데 매우 중요하며 이러한 경험에 의해 영유아는 자신이 맡은 역할 수행 능력을 증진시킨다.

Garvey는 상상놀이에 관한 연구를 통해 Bateson의 이론을 확장시켰다. Garvey는 상상놀이를 하는 동안 영유아가 나누는 대화에서 상위 의사소통을 분석한 결과 많은 부분이 상상놀이를 계획하고 유지하고 협의하는 과정을 내포하고 있음을 발견했다. 사회극놀이 중에 문제가 생기면 영유아는 놀이 틀을 깨고 그 문제를 해결하기 위해 현실 세계로 돌아오곤 하는데, 이런 과정을 통해 상상놀이에서의 역할과 현실에서 자신의 실제를 구분하여 두 가지 역할을 원활하게 수행해 냈다. 그러므로 영유아는 놀이 중에도 자신이 맡은 역할의 개념에 대해 배우고 그에 맞는 능력을 발달시켜 나갈 수 있게 된다.

우리의 놀이 1-1

가위바위보로 셈하기

1. 준비물 : 없음
2. 놀이 방법
   (1) 두 명씩 짝을 짓는다.
   (2) 왼손을 내밀어 악수하듯이 상대방의 손을 잡는다.
   (3) 오른손으로 가위바위보를 한 후 각각 펼쳐진 손가락 개수를 빨리 더하여 외치고 상대방의 손등을 한 번만 살짝 때린다(예 자신은 가위, 상대방은 보를 냈을 경우 가위는 펼쳐진 손가락 수가 2, 보는 5이므로 합해서 7이 된다. 7을 먼저 외친 사람이 상대방의 손등을 때린다).
   (4) 덧셈이 익숙해지면 같은 방법으로 뺄셈을 진행한다.
   (5) 놀이가 끝나면 참가자가 돌아가면서 느낌을 이야기한다.

우리의 놀이 1-2

근심을 제로로!

1. 준비물 : 티슈 빈 상자, 색종이 여러 장
2. 놀이 방법
   (1) 4~6명으로 한 조를 구성하고 색종이를 여러 장 나눠 준다.
   (2) 색종이에 자신의 근심을 그리거나 적게 한다. 이때 한 색종이에 하나씩만 표현하게 한다.
   (3) 자신의 근심이 적힌 색종이를 접어서 티슈 빈 상자에 넣는다.
   (4) 조별로 참가자가 돌아가면서 자신의 근심을 이야기한다. 한 참가자가 근심을 고백할 때 다른 참가자들은 지지를 보내고 피드백을 준다.

토론 과제

01 놀이와 일, 놀이와 탐색을 비교해 보아요.

02 놀이의 특성을 설명해 보아요.

03 놀이를 어떻게 정의할 것인가에 대한 답을 내놓은 고전적 놀이 이론에는 잉여 에너지 이론, 휴식 이론, 연습 이론, 반복 이론이 있어요. 각 이론에서 주장하는 놀이의 정의와 각 이론의 비판점을 토론해 보아요.

Chapter 2

놀이 유형과 놀이에 영향을 미치는 요인

1 | 놀이 유형

2 | 놀이에 영향을 미치는 요인

CHAPTER 02

놀이 유형과 놀이에 영향을 미치는 요인

놀이에도 시기가 있다. 즉 영유아의 나이에 따라 구분되는 놀이 유형이 있다는 것이다. 이 놀이 유형은 어떤 환경이 제공되는가에 따라 그 발달이 빨라지기도 하고 느려지기도 한다. 따라서 영유아의 연령에 따른 놀이와 그 유형을 보다 효율적인 지도를 통해 촉진하기 위해서는 놀이 유형에 영향을 미치는 요인에 대해 정확히 인지할 필요가 있다.

1. 놀이 유형

영유아의 놀이는 연령이 증가함에 따라 그 형태가 일정한 양상으로 발달해 나간다는 사실이 확실해지면서 많은 연구자가 놀이의 특성과 본질을 파악하기 위해 영유아 놀이의 형태를 발달적 측면에서 분류했다. 발달적 놀이 분류는 영유아 발달상의 어떤 측면을 강조하는지에 따라 크게 인지적 놀이와 사회적 놀이로 나뉜다.

1) 인지적 놀이 유형

Piaget(1962)는 놀이가 영유아의 발달을 촉진하며 영유아의 인지 단계는 놀이 속에 반영된다고 보았다. 이는 놀이 단계가 곧 영유아의 인지 발달 단계를 나타내므로 인지 발달 단계에 따라 놀이의 유형도 다르다는 것을 의미한다. 이에 감각운동기에는 기능놀이(연습놀이), 전조작기에는 상징놀이, 구체적 조작기에는 규칙 있는 게임의 세 가지로 인지 단계별 놀이 유형을 분류했다.

Smilansky(1968)는 Piaget의 인지적 놀이 유형의 세 가지 범주 중 전조작기에 나타나는 놀이를 구성놀이와 극놀이로 구분하여 총 네 가지 유형으로 분류했다. 기능놀이가 가장 먼저 나타나 감각운동기 동안의 주요 놀이 유형이 되며, 전조작기로 들어서면서 구성놀이와 극놀이가 나타나고, 구체적 조작기에는 규칙 있는 게임으로 놀이 유형이 변화해 간다고 설명했다. Frost와 Klein(1979)은 Smilansky가 분류한 전조작기에 나타나는 극놀이를 상징놀이와 사회극놀이로 세분하여 다섯 가지, 즉 기능놀이, 구성놀이, 상징놀이, 사회극놀이, 규칙 있는 게임으로 놀이 유형을 분류했다.

이 가운데 전조작기의 놀이를 관찰해 보면 상징놀이의 범위가 확대되어 혼자 하는 놀이로부터 점차 여러 명의 유아가 함께하는 사회극놀이로 바뀌어 가는 것을 알 수 있다. 이러한 점을 고려할 때 Piaget나 Smilansky의 분류보다는 Frost와 Klein의 분류가 더 적합한 것으로 판단된다. 이에 Piaget의 인지 발달 단계를 근거로 놀이 유형을 가장 구체적으로 세분하여 제시하고 있는 Frost와 Klein의 인지적 놀이 유형을 다루고자 한다.

표 2-1 인지적 놀이 유형

인지 발달 단계	Piaget	Smilansky	Frost와 Klein
감각운동기 (출생~2세)	기능놀이(연습놀이)	기능놀이	기능놀이
전조작기 (2~7세)	상징놀이	구성놀이 극놀이	구성놀이 상징놀이 사회극놀이
구체적 조작기 (7~11세)	규칙 있는 게임	규칙 있는 게임	규칙 있는 게임

(1) 기능놀이 functional play

기능놀이는 연습놀이 혹은 감각운동놀이라고도 하는데 이는 영유아가 기능적 즐거움을 위해 반복적으로 되풀이하는 단순한 놀이 행동을 뜻하며, 이전에 숙련되고 학습된 기술이나 활동인 흔들기, 구르기, 채우기, 비우기 등을 반복하는 놀이를 말한다. 이러한 기능놀이는 감각운동기에 해당되는 2세 때까지 지배적인 놀이 형태다.

영아는 태어나면서부터 보고 듣고 맛보고 만지고 냄새를 맡을 수 있다. 이러한 발달적 특성은 놀이와 직접적으로 관련되어 있어 영아는 쥐고 때리고 맛보고 흔들 수 있는 능력이 생긴다. 이를 통해 영아는 단순한 근육 운동과 손으로 조작하는 행동 등을 반복하게 되고, 다른 사람의 새로운 행동도 모방하여 반복한다. 예를 들면 4~8개월의 영아에게서 진정한 의미의 놀이가 나타나는데, 우연히 앞에 놓여 있는 딸랑이를 건드리거나 흔들어 소리가 나는 것을 알게 된 영아는 계속해서 같은 행동을 반복하며 그 행동을 즐긴다. 이 시기는 즐거움을 추구하기 위해 행동하는 단계다. 8~12개월의 영아는 사물을 밀고 당기거나 자신의 머리 위에 놀잇감을 올려놓는 행동을 자주 하는데, 이것이 이 시기의 즐거운 놀이다. 2세의 영아는 물이 담긴 통 속에 신발 한 개를 떨어뜨리고 물이 튀는 것을 바라본 후 또 다른 신발을 가져다 물속에 떨어뜨리는 행동을 하는데, 이것은 기능놀이를 하고 있는 것이다. 결론적으로 기능놀이는 행동 그 자체를 즐기면서 단순히 반복하는 것으로서 상징이나 특별한 놀이 기술을 필요로 하지 않는다.

기능놀이는 비교적 오래 지속된다. Rubin 등(1983)은 생후 14~30개월 된 영아의 전체 자유 활동 중 53% 정도가 기능놀이였으며, 이것이 3~4세에는 44%, 4~5세에는 33%로 감소했으나 6~7세에도 16%에 달한다고 했다. 이러한 결과는 보다 나이 든 유아가 행하는 사회극놀이에도 뛰고, 달리고, 구르는 등의 기능놀이가 포함되어 있음을 반영한다. 따라서 기능놀이는 다른 놀이와 함께 결합되므로 나이 든 유아에게도 계속 지속된다는 것(김수영 외, 2009)을 알 수 있다.

(2) 구성놀이 constructive play

생후 22~24개월경부터 영유아는 구성놀이를 시작하는데, 이는 유아기 놀이의 가장 일반적인 형태다. 구성놀이는 기능적 활동으로부터 창조적 활동으로의 전환을 뜻한다(Smilansky, 1968). 즉 구성놀이는 영유아가 무엇인가를 새로이 만들고 구성하기 위해 자료를 사용할 때 발생한다. 그러므로 블록이나 찰흙을 이용하여 집, 사람, 자동차 등을 만드는 활동은 대표적 구성놀이라 할 수 있다.

Rubin 등(1983)의 연구는 영유아의 놀이에서 구성놀이가 높은 비중을 차지하고 있음을 밝혔는데, 만 3~5세 유아의 전체 놀이 활동 가운데 3세는 40%, 4~6세는 51%가 구성놀이를 하고 있었다. Christie와 Johnson(1987)도 유아가 하는 놀이의 상당 부분을 구성놀이가 차지한다고 보고했다.

영유아의 놀이에서 지속적으로 나타나는 구성놀이는 중요하게 다뤄야 할 놀이 형태 중의 하나다. 그러므로 교사는 구성놀이의 질적 수준을 정확하게 인식하고 있어야 한다. 이종희(1995)는 구성놀이에 관한 국외의 세 가지 연구를 종합하여 구성놀이의 질적 수준을 판단하는 기준을 네 가지로 제시했다. 첫째는 하나의 주제가 얼마나 오랫동안 계속되었는가 하는 시간성, 둘째는 얼마나 다양한 행동이 하나의 주제로 연결되어 나타났는가 하는 놀이 내용의 풍부성, 셋째는 얼마나 다양한 놀이 자료가 하나의 주제로 연결되어 사용되었는가 하는 놀이 자료의 다양성, 마지막으로 넷째는 한 주제 안에서 나타나는 행동이 얼마나 연계성 있게 조직화되었는가 하는 결속성이다.

이러한 블록놀이나 찰흙놀이와 같은 구성놀이를 통해 영유아는 자신의 인지 발달과 운동 기술 정도를 가시화하여 볼 수 있으며, 성취감과 만족감을 느끼게 된다. 구성놀이를 시작하면서부터 주의 집중 시간이 길어지며, 놀이의 주제 설정과 내용의 조직화도 가능해진다.

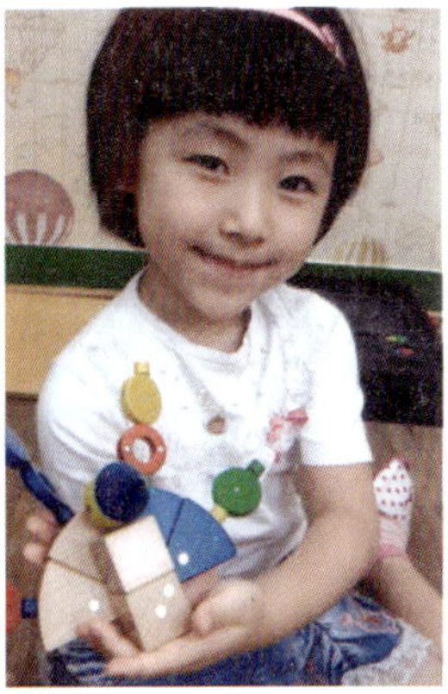

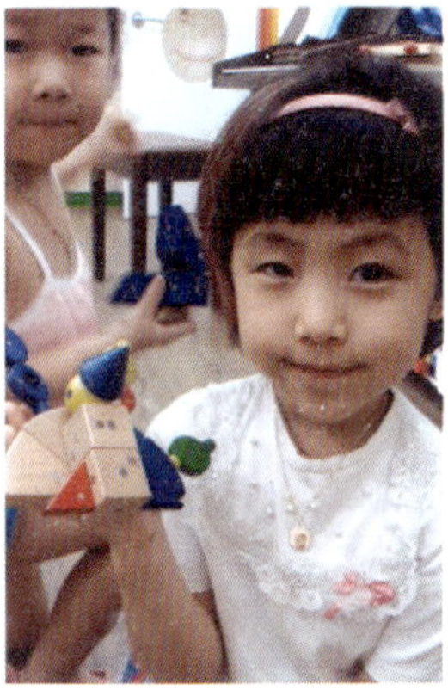

"얘들아, 나 블록으로 나비 요정을 만들었어. 어때?"
"우와! 지민아, 예쁘게 잘 만들었다. 나도 만들어야지."

(3) 상징놀이 symbolic play

상징놀이는 눈앞에 없는 사물이나 상황을 자발적으로 마음에 떠올릴 수 있게 되면서 나타나는 행동, 즉 존재하지 않는 사물을 상상력을 동원하여 표상화하는 놀이다. 이는 가상에 의한 놀이로서 사물, 상황, 행동을 실제와는 다르게 '마치 ~한 것처럼' 인지하고 실행하는 것이다. 이러한 상징놀이는 학자에 따라 가상놀이, 가장놀이, 극놀이, 상상놀이, 역할놀이, 환상놀이 등의 다양한 용어로 불리고 있다.

Santrock(1988)은 2~6, 7세까지 전체 놀이에서 상징놀이의 비율이 증가한다고 했다. 특히 Wolfgang과 그의 동료들은 Piaget의 이론을 바탕으로 상징놀이의 발달이 두드러지는 2~4세까지의 놀이 경향을 다음의 5단계로 나누어 제시했다(류희주, 2007).

1단계는 2세 전후 시기로 가작화 유형이 최초로 나타나며, 놀이를 위해 실제 사물이 꼭 필요한 단순한 형태의 상징놀이가 이루어진다. 흔한 예로 전화놀이의 경우 전화기 모양의 장난감이나 실제 전화기가 있어야 놀이를 할 수 있다. 2단계는 2세 반경으로 실제 사물이 없더라도 실물과 유사한 형태의 물건을 이용하여 상징놀이를 한다. 3단계는 2세 반~3세경으로 사물의 형태나 용도에 상관없이 어떤 사물이든지 실제의 대체물로 사용한다. 4단계는 3~3세 반경으로 사물이 없어도 상징놀이가 가능하다. 5단계는 4세경으로 사회극놀이가 나타난다. 이 시기에는 현실에서 경험한 것을 바탕으로 에피소드 형식의 놀이를 할 수 있는데 소꿉놀이가 이에 해당한다.

한편 Bretherton(1984)은 생후 2년 동안 상징놀이의 세 가지 주요 요소가 나타난다고 제시했다. 첫째는 탈맥락화(탈상황화) 요소로, 영아가 어떤 대상이나 행동을 상징적으로 다른 대상이나 행동으로 표현할 때 나타난다. 처음에는 유사한 사물을 대체물로 이용하지만 점차 유사성이 없는 다른 사물을 상징놀이에 사용한다.

둘째는 탈중심화 요소로, 영아가 자신에게만 집중하던 초점을 다른 사람에게로 옮길 때 시작된다. 영아는 18개월 무렵 모방놀이에 다른 사람을 참여시키기 시작하면서 탈중심화가 발생하고 다른 사람도 이 세상의 일부라는 것을 인식하기 시작하여 가장적 행동의 대상을 자신에게서 다른 사람에게로 돌리게 된다.

셋째는 통합 요소로, 다중적 도식놀이 경험에 여러 개의 단일 도식 조합을 포함시키게 된다. 이는 영아의 발달에 따라 놀이가 점차 유형화되는 것을 의미한다. 예를 들어 곰 인형을 블록으로 만든 자동차에 태우고 이 같은 행동을 다른 인형에도 똑같이 반복하는 경우 '차에 태우기'라는 단일 주제는 단일 도식의 결합이라는 연속적 활동으로 통합되는 것이다. 이러한 통합은 2세 이후로 보다 복잡해져 두 개 이상의 다른 주제를 포함한 활동, 즉 인형을 차에 태우는 행동에서 더 나아가 인형이 차를 운전하도록 조종하는 행동을 한다(김수영 외, 2009). 요컨대 12개월의 영아는 상호 연관이 없는 다양한 상징놀이를 하지만 18개월이 되면 단일 도식이 결합된 행동을 하며, 2세 이후부터는 좀 더 복잡한 형태의 통합이 나타난다.

상징놀이는 영유아의 상상력과 창의력을 기르는 가치 있는 인지적 수단이며, 사회성과 사회 인지 능력의 발달을 촉진한다(송명자, 1995). 또한 주의 집중, 기억, 논리적 추론, 언어와 문해 능력, 상상력, 창조성, 그리고 자신의 관점을 반영하고 타인의 관점을 수용하는 능력 등을 포함하는 광범위하고 다양한 정신적 능력을 강화한다(Berk, 2001 ; Ruff & Capozzoli, 2003).

(4) 사회극놀이 sociodramatic play

상징놀이는 영유아의 성장과 함께 점차 사회화한다. 그 범위가 확대되고 혼자 하는 상징놀이로부터 사회극놀이로 바뀌어 점점 여러 명의 유아가 함께 참여하며, 각자에게 부여하는 역할도 구분되고 명료해진다(Bretherton, 1989). 특히 4~5세가 되면 유아는 다른 친구를 참여시키고 각기 다른 역할을 분담하며 가상놀이를 하는데, 이것이 가장 복잡한 상징놀이인 사회극놀이다. 결론적으로 사회극놀이는 상징놀이가 더욱 발전된 놀이 형태로, 한 명 이상의 친구와 함께 참여하는 극놀이다.

한 명 이상의 친구와 함께 참여하는 사회극놀이와 혼자 하는 상징놀이는 공통적 특징이 있으면서도 분명한 차이점이 있다. Smilansky와 Shefatya(1990)는 사회극놀이가 내포하고 있는 여섯 가지 특성을 언급했는데, 이는 상징놀이와 사회극놀이의 공통적 특징 네 가지와 사회극놀이에서만 나타나는 특징 두 가지로 나뉜다. 이를 간단하게 정리하면 다음과 같다.

상징놀이와 사회극놀이의 공통적 특징

첫째, 모방적 역할놀이
유아는 가작화된 역할을 맡고 모방적인 행동이나 언어로 표현한다.
예 "난 선생님이고 넌 학생이야."

둘째, 대상을 ~인 척하는 가작화
움직임, 언어적 선언, 실제 대상을 대체할 수 있는 놀잇감 또는 장난감을 이용한다.
예 손에 컵을 든 척하고 입으로 마시는 시늉을 하면서 "난 지금 물 마셔."라고 말한다.

셋째, 행동이나 상황을 가장하는 언어적 가작화
언어적 설명과 선언들로 행동이나 상황을 대체한다.
예 "여긴 내 집이야. 난 지금 아이들에게 줄 음식을 요리하고 있어."

넷째, 역할극의 지속
유아는 하나의 역할이나 하나의 놀이 주제로 적어도 10분 이상 지속해서 놀이를 한다.

사회극놀이에서만 나타나는 특징

다섯째, 사회극놀이에는 상호작용이 있다. 즉 적어도 두 명의 참여자가 놀이 에피소드의 상황 안에서 상호작용을 한다는 것이다.

여섯째, 사회극놀이에는 언어적 의사소통이 있다. 즉 놀이 에피소드와 관련된 언어적 상호작용이 발생한다는 것이다.

결론적으로 이 여섯 가지 특징을 모두 갖춰야 사회극놀이라고 할 수 있다.

"얘들아, 이리 와 봐. 난 백설공주인데 지금 막 독이 든 사과를 먹은 거야. 그래서 깊은 잠을 자고 있다고 하자."

이러한 사회극놀이에서는 놀이 참여자 간에 상호작용과 언어적 의사소통이 발생하며, 역할 분담이나 주제 설정 시 또는 놀이가 진행될 때 주도적으로 참여하는 유아와 소극적이고 수동적인 유아가 있을 수 있다. 실제로 여러 연구에서 같은 연령일

지라도 사회극놀이를 진행하고 구성하는 수준에 많은 개인차가 존재한다는 사실이 밝혀졌다. 한 예로 신유림(1995)의 연구에서는 사회극놀이에서의 개인차를 '주도적' 그리고 '추종적' 놀이 스타일로 분류했다. 먼저 주도적 스타일의 특징은 놀이 활동을 지시하고 정의하며 정보를 제공하는 행동으로, 추종적 스타일의 특징은 상대방이 제안한 지시나 정의를 수용하고 정보를 요청하며 타인의 놀이를 쳐다보는 행동으로 구별했다. 이러한 결과는 주도적 유아가 추종적 유아보다 높은 수준의 사회극놀이를 더 성공적으로 진행할 수 있음을 의미한다.

가장 사회적 놀이인 사회극놀이는 유아의 사회 인지 발달에 매우 큰 영향을 미치며, 유아는 사회극놀이에 참여함으로써 집단 협동 능력, 사회적 활동에 대한 참여 능력, 인간관계 이해 능력이 증진한다. 아울러 유아의 인지적 능력 또한 촉진된다.

(5) 규칙 있는 게임games with rules

규칙 있는 게임은 두 명 이상의 또래와 경쟁하면서 승부를 겨루는 활동이다(Hughes, 1995). 규칙 있는 게임이 다른 인지적 놀이 유형과 다른 점은 두 가지로 생각할 수 있다. 첫째, 다른 인지적 놀이 유형은 특정 연령에 나타났다가 사라지는 데 반해 규칙 있는 게임은 성인기까지 지속된다는 점이다. 둘째, 상징놀이나 사회극놀이는 상황에 따라 놀이 규칙이 언제든지 바뀔 수 있는 가변성이 있지만 규칙 있는 게임은 미리 정해 놓은 규칙을 따라야 하는 고정성이 강하다는 점이다.

Piaget는 유아가 원인 설명을 논리적이고 객관적으로 할 수 있을 때 규칙 있는 게임이 시작된다고 했다. 즉 규칙 있는 게임은 Piaget의 인지 발달 단계에서 4~7세 이전에는 거의 나타나지 않지만 유아가 구체적 조작기 단계인 7~11세로 이동할 때 선호하는 활동이 된다. 특히 초등학교 고학년으로 올라갈수록 인지 기능도 발달하여 규칙이 복잡한 게임을 선호하게 되며, 아동 후기와 청소년기에 걸쳐 규칙 있는 게임이 주된 놀이 활동으로 남으면서 성인기까지 지속된다.

규칙 있는 게임을 하기 위해 유아는 게임에 적용되는 규칙을 올바르게 이해하고 적절하게 적용하며, 게임을 하는 과정과 승부가 따르는 결과에 대해 자신의 행동과 충동성, 좌절감을 조절하고 통제할 수 있어야 한다. 이러한 규칙 있는 게임을 통해 유아는 정해진 규칙을 받아들여 주어진 범위 안에서 감정과 행동을 조절하고 통제하는 법을 배우며, 규칙의 내면화 과정은 일상생활에서의 규율과 질서 유지를 습득하는 계기가 되기도 한다. 기본적인 의사소통 기술을 연습하고, 집단의 규준과 게임의 요구에 적응하며, 공격적이고 지나치게 경쟁적인 주장을 사회적으로 용인된 방법으로 표현해 볼 수 있는 기회도 얻는다. 또한 다른 사람의 의견을 수용하고 집단에 필요한 사회적 기술도 배우게 된다. 이런 점을 고려하면 규칙 있는 게임이 가장 수준 높은 놀이 유형이라고 할 수 있다.

Sutton-Smith와 Roberts(1971)는 승리를 목적으로 하는 게임을 신체활동 게임, 전략 게임, 찬스 게임으로 분류했다. 첫째, 신체활동 게임은 경쟁자의 운동 활동에 의해 승리가 결정된다. 게임의 규칙이 간단하고 설명이 쉬우며 말로 감정과 정서를 표현하게 하는 대신에 신체적 움직임이 에너지의 정화와 긴장 완화를 가져오며, 과잉 행동이나 충동성 등 행동에 문제가 있는 경우 치료 차원으로 활용할 수 있다. 신체활동 게임은 다시 대근육과 소근육 게임으로 분류되는데, 대근육 게임은 달리기, 치기놀이, 간단한 공놀이 같은 것들이며 소근육 게임은 사물을 단순하게 조작하는 게임들이 해당된다.

주사위 게임 1 : 색깔 우산 장식하기

주사위 게임 2 : 누구의 꽃병에 꽃이 많은가?

주사위 게임 3 : 애벌레에게 집게 꽂기

주사위 게임 4 : 숫자 사다리와 미끄럼틀

둘째, 전략 게임은 게임의 결과가 인지적 기술에 의해 영향을 받는데 신체활동 게임을 하지 않고 공격성을 표출할 수 있다. 오델로, 바둑, 체스 등이 여기에 속한다.

마지막으로 찬스 게임은 우연(운)에 의해 승부가 결정된다. 대부분의 주사위 게임, 윷놀이 등이 여기에 속하나 일반적으로는 다소 전략이 필요하다.

2) 사회적 놀이 유형

사회성 발달을 반영하는 관찰 가능한 행동은 Parten(1932)에 의해 처음 연구되었다. Parten은 유아원의 자유놀이 시간을 관찰하여 영유아의 사회적 참여도에 따라 사회적 놀이 유형을 비참여 행동(0~1.5세), 방관자적 행동(1.5~2세), 혼자놀이(2~2.5세), 병행놀이(2.5~3.5세), 연합놀이(3.5~4.5세), 협동놀이(4.5세 이후)의 여섯 가지로 구분했다.

(1) 비참여 행동 unoccupied behavior

비참여 행동은 엄밀히 말하면 놀이로 볼 수 없다. 영아는 놀지도 않고 목적이 있는 것처럼 보이지도 않으며 순간적인 흥미에 따라 어떤 것을 바라보긴 하지만 흥미가 없어지면 이내 자신에게 전념한다. 즉 관심을 끌 만한 것이 없으면 영아는 자신의 몸을 만지작거리면서 놀거나 우두커니 서 있거나 의자에 앉았다 일어서는 행동을 반복하기도 하고, 목적 없이 여기저기 걸어 다니기도 한다.

(2) 방관자적 행동 onlooker behavior

방관자적 행동(지켜보는 행동)은 놀이에 직접 참여하지 않으면서 대부분의 시간을 다른 친구가 노는 것을 흥미롭게 바라보며 지내는 것을 말한다. 물론 가끔씩 친구에게 말을 걸거나 궁금한 점에 대해 질문도 하고 제안도 하지만 놀이에 가담하지는 않는다. 이러한 방관자적 행동은 비참여 행동과 비슷한 것 같지만 특정 대상이나 집단을 바라본다는 점과 자신이 필요한 경우에는 말을 걸기도 한다는 점에서는 다르다.

(3) 혼자놀이 solitary play

혼자놀이(단독놀이)는 영유아가 혼자서 독립적으로 노는 형태로, 주변의 친구와 가까운 거리에 있으면서도 의사소통 없이 각자 다른 놀잇감을 가지고 서로 다른 놀이를 하는 것이다. 주변에서 놀고 있는 친구에게 관심을 보이지도 않고 가까워지려는 시도도 하지 않으며, 다른 사람이 무엇을 하든 상관하지 않고 오로지 자신의 놀이에만 열중한다.

지금까지 혼자놀이는 비사회적 성향의 증거로 알려져 왔다. Parten 역시 영유아가 혼자놀이로부터 보다 사회적인 놀이 형태로 이행하는 것이 긍정적인 발달 과정이라고 간주했다. 다시 말해 혼자놀이를 성숙하지 못한 놀이 형태로 보았다.

그러나 유아는 협동적 놀이를 할 수 있는 능력이 있으면서도 때때로 혼자놀이를 할 수도 있다. 이와 관련된 여러 연구를 보면 혼자놀이를 과묵 행동, 수동적 행동, 적극적 행동의 세 가지로 분류하는 경향이 있다(김민정, 2003). 이 중 수동적 혼자놀이는 구성놀이와 탐험적 행동으로 구성되며, 무엇인가를 창조하거나 물체의 성질을 배우려는 목적으로 그 대상을 다루는 경향이 있다. 이러한 행동은 영유아 스스로 친구로부터 떨어지기 위해 혹은 환경의 물체에 집중하기 위해 의식적으로 선택했다고 보기 때문에 이를 사회적 기술화가 덜 되었다고 보기는 힘들다. Coplan과 Rubin(1998)도 혼자놀이를 긍정적으로 해석했는데, 혼자놀이는 부모나 교사, 친구에게 긍정적으로 받아들여질 뿐만 아니라 영유아의 유능한 문제 해결 능력과 관계된다고 했다. 그러므로 혼자놀이를 사회적 상호작용의 어려움에서 비롯된 것이라고 단정 짓기는 어렵다.

(4) 병행놀이 parallel play

병행놀이(평행놀이)는 영유아가 주변에 있는 친구와 동일한 놀이를 하지만 서로 접촉하거나 간섭하지 않고 혼자놀이를 하는 형태로, 다른 영유아와 함께 논다기보다는 그 곁에 나란히 앉아서 논다고 할 수 있다. 물론 다른 친구가 노는 것을 반영할 수도 있지만 그 영역에 있는 다른 영유아의 놀이에 참여하지 않고 서로 말도 하지 않는다. 요컨대 서로의 존재를 분명히 인식하고 있으며 그 대상이 자신에게 의미 있는 존재라는 것도 알고 있지만 결과적으로는 여전히 따로따로 놀이를 하는 것이 병행놀이다(김수영 외, 2009).

같은 놀이지만 따로따로 놀이 활동을 하고 있는 영유아

(5) 연합놀이 associative play

연합놀이는 다른 유아와 함께 노는 집단놀이의 일종으로, 두 명 이상의 다른 유아들과 상호작용을 하면서 이야기를 나누거나 놀잇감을 빌리기도 하고 빌려 주기도 하면서 함께 노는 놀이 형태다. 이 단계는 협동적인 작업을 할 능력이 부족하기 때문에 단체 조직을 형성하려는 시도는 하지 않는다. 역할 분담도 없고 놀이 내용도 체계적으로 전개하지는 못하지만 유아는 자신의 방식으로 작업하는 것에 만족한다. 이러한 연합놀이는 다른 친구의 기분이나 행동을 모방하면서 감정 이입 능력이 발달되는 토대를 제공하며 협동놀이 단계를 준비하게 한다.

(6) 협동놀이 cooperative play

협동놀이(조직화된 보충놀이)는 놀이를 사회성 발달 측면에서 보는 마지막 단계로, 2~5명의 유아가 감정을 나누면서 상호작용을 하고 소속감을 가지며 실질적으로 집단에 참여하는 형태인데, 이 협동놀이야말로 심리적으로 진정한 집단놀이라 할 수 있다(배성현, 2006). 특히 협동놀이는 한두 명의 유아가 지휘권을 가지고 역할을 서로 분담하여 공동의 목표 달성을 위해 조직적이고 체계적으로 진행되는데, 병원놀이, 가게놀이, 시장놀이, 학교놀이 등이 이에 속한다.

협동놀이의 구성 요소에는 참가, 수용, 협동, 상상, 즐거움이 있다(Garaigordobil & Echebarria, 1995). 참가는 모두가 참가해야 한다는 의미로 어느 누구도 빠지거나 그만두는 일이 없어야 하며, 수용은 모든 참여자가 놀이 속에서 중요하고 필요한 역할을 갖는 것이다. 협동은 놀이 참여자로 하여금 공동의 목표를 달성하기 위해 서로 돕도록 이끄는 것이며, 상상은 놀이 속에 실제 삶에 대한 상상이 설정되어 있는 것을 말한다. 즐거움은 유아가 친구와 건설적이고 긍정적인 방식으로 상호작용을 하는 동안 재미를 느끼게 하는 것을 목표로 한다.

아울러 협동놀이에는 규칙이 있으며 참여자 전원이 이 규칙을 잘 이해하고 지키면서 실천해야만 하는데, 유아가 주도적으로 규칙을 정할 수 있도록 작용하는 중요한 매체가 토의다. 토의는 두 사람 이상이 모여 의견을 나누고 서로의 생각과 경험을 공유하여 아이디어와 정보를 교환함으로써 특정 주제나 갈등 상황 및 발견된 문제점을 해결해 나가는 과정이다. 이러한 과정을 통해 유아는 또래 간의 상호 존중과 협동을 경험하고 다른 사람의 의견을 수용하며 그룹에 필요한 사회적 기술을 배우

"의사 선생님, 배가 아파요."

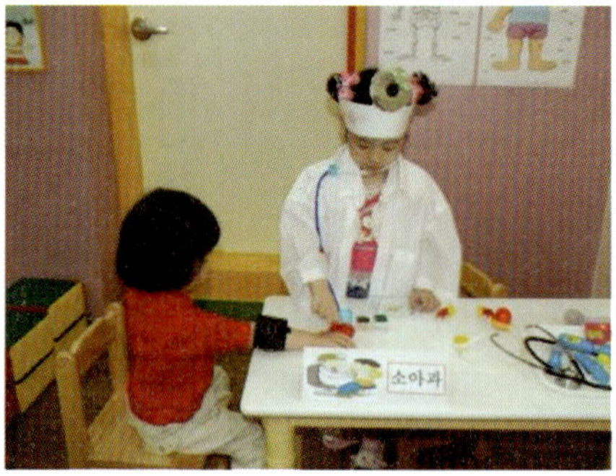

"혈압을 재겠습니다."

"어디 보자, 내가 무엇 무엇을 샀지?"

"이거 얼마예요? 하나만 주세요."

고 공정하게 문제를 해결하는 방법을 익히게 됨으로써 탈중심화가 이루어진다(김현아, 2005).

이 밖에도 협동놀이는 영유아의 문제 해결 능력, 역할 수용 능력, 자아 개념, 언어 능력, 자기 조절 능력, 정서 인식 능력 등에 긍정적 효과가 있다(노수자, 2002 ; 송승연, 2005 ; 조미령, 2007 ; 최소라, 2008).

2. 놀이에 영향을 미치는 요인

놀이 연구자들에 의하면 영유아의 놀이 행동은 성별이나 나이와 같은 인적 요인, 놀잇감과 놀이 공간, 그리고 주변 환경 같은 물적 요인과의 상호작용을 통해 발생한다고 한다. 최근에는 지역사회와 같은 문화적 요인도 영유아의 놀이에 영향을 미치는 것으로 고려되고 있다. 이에 따라 영유아의 놀이에 영향을 미치는 요인을 개인적 요인, 가정환경적 요인, 교육환경적 요인, 문화환경적 요인으로 구분하여 살펴보고자 한다.

1) 개인적 요인

(1) 연령

앞에서 살펴본 인지적 · 사회적 놀이 유형에서 알 수 있듯이 대개 영유아의 연령이 높아짐에 따라 신체적으로 성숙하고 기능이 발달하며 사회적 상호작용도 늘어나 놀이 행동이 더욱 정교해지고 능숙해질 뿐만 아니라 그 종류도 다양해진다. 2세 미만의 영아는 상징적 표상이 요구되는 인지 능력이 발달되지 않았기 때문에 상상놀이보다는 주로 기능놀이를 하다가 인지 능력이 발달하여 전조작기에 이르면 차츰 구성놀이와 상상놀이를 수행할 수 있게 된다(Piaget, 1962 ; Simlansky, 1968). 즉 유아기에 접어들어야 상징놀이가 활발해지고 그것을 위해 보다 많은 시간을 보낸다. 또 연령이 높아질수록 지켜보기 행동, 방관적 행동, 혼자놀이 등은 감소하고 연합놀이와 협동놀이 행동은 증가한다. 이러한 결과들은 영유아가 성장함에 따라 놀이의 유형, 특성, 대상이 달라짐을 시사한다.

이에 대해 좀 더 구체적으로 인지적 놀이 유형과 연령, 사회적 놀이 유형과 연령 간의 관계로 세분하여 살펴보면, 먼저 인지적 놀이 유형과 연령 간의 관계를 조사한 연구에서는 연령이 어릴수록 기능놀이의 비중이 높고 연령이 증가할수록 주변 세계에 대한 이해가 넓어지면서 구성놀이에 참여하고자 하는 욕구가 증가한다고 보고하고 있다(이원영, 1981 ; Simlansky, 1968). 즉 연령 증가에 따라 구성놀이가 증가하고 기능놀이는 감소한다.

마찬가지로 사회적 놀이에서도 영유아가 성장하고 발달함에 따라 더 많은 사회적 상호작용과 협동이 발생함을 알 수 있다. 영아기에는 지켜보기 행동, 혼자놀이, 병행놀이를 주로 하는 반면 유아기에 들어오면서 점차 연합과 협동 활동이 발생하는 집단놀이가 증가한다. 지혜련(1980)은 3세의 경우 혼자놀이와 병행놀이를, 5세는 협동놀이를 많이 한다고 했으며, 지성애(1996)는 4세가 5세 유아보다 혼자놀이를 더 많이 하고 5세는 4세보다 집단놀이를 더 많이 한다고 했다. 즉 영유아의 연령이 증가하면 혼자놀이는 감소하고 집단놀이가 증가한다. 연령에 따라 놀이 유형만 달라지는 것이 아니라 사회적 놀이의 지속 시간도 길어졌다(이숙재, 2008 ; Parten, 1932).

이상의 인지적 · 사회적 놀이 유형과 연령 간의 관계를 다룬 연구들을 종합하면 영유아가 성장함에 따라 점차 발전된 형태의 놀이를 한다는 사실을 알 수 있다. 영유아는 연령이 높아질수록 또래와 함께하는 사회적 놀이의 빈도가 증가하며 지속 시간도 길어질 뿐만 아니라 상징놀이와 복잡하고 규칙 있는 게임 같은 놀이를 많이 하게 되는 것이다.

(2) 성별

놀이 형태에 영향을 미치는 요인으로 영유아의 성별을 들 수 있는데, 이는 영유아가 참여하는 놀이 형태나 내용, 선호하는 놀잇감과 놀이 영역 등에서 성별에 따라 차이를 보이기 때문이다.

영유아의 놀이 형태와 그 내용을 관찰해 보면 남아는 독립적이고 탐색 활동을 적극적으로 하기 때문에 거친 운동놀이, 대근육 활동, 기능놀이를 많이 하는 반면 여아는 남아보다 소근육 발달이 빠른 편이기 때문에 앉아서 하는 놀이나 구성놀이를 더 많이 한다는 것을 알 수 있다(김수영 외, 2009).

남아가 여아보다 상상놀이에 더 많이 더 적극적으로 참여하는 것도 한 특징이다.

특히 상상놀이의 내용 면에서도 남아와 여아가 차이를 보였는데, 남아는 여아보다 더 다양한 내용의 상상놀이를 하는 반면 여아는 남아보다 더 높은 수준의 상상놀이를 즐겼다. 이에 대해 구체적으로 살펴보면 남아가 교통놀이, 음식 먹기 등 사물을 가작화하는 상상놀이를 많이 하는 반면 여아는 엄마놀이, 인형놀이 등 역할을 가작화하는 상상놀이를 많이 하는 것으로 나타났다(신나리 · 박경자, 1996).

이와 같이 놀이의 형태 및 내용에서 남아와 여아가 차이를 보일 뿐만 아니라 놀잇감에서도 성차가 나타난다. 즉 남아가 여아보다 구성 활동 및 조작 활동과 연관된 놀이와 자료, 탈것들과 같이 움직이는 놀잇감, 군인, 기계 등을 선호하는 반면 여아는 소꿉놀이와 연관된 역할놀이와 자료, 미술 도구를 선호하는 경향이 있다.

성별에 따라 선호하는 놀이 영역도 달랐는데, 남아는 주로 블록 영역에서 많이 놀았으며 여아는 남아에 비해 역할놀이 영역, 미술 영역에서 주로 시간을 보냈다(어주경, 1990).

이러한 사실들을 통해 성별에 따라 영유아가 참여하는 놀이 형태와 내용, 그리고 놀잇감 및 놀이 영역에 대한 선호도에서 차이가 난다는 것을 알 수 있다.

(3) 인지 능력

앞의 연령 부분에서 언급했듯이 2세 미만의 영아는 상징적 표상이 요구되는 인지 능력이 발달되지 않았기 때문에 상상놀이를 잘 수행할 수 없으며, 주로 기능놀이를 하다가 인지 능력이 발달하여 전조작기에 이르면 차츰 구성놀이와 상상놀이를 하게 된다(Piaget, 1962 ; Simlansky, 1968). 이는 영유아의 인지 능력이 놀이 행동과 밀접한 관계가 있음을 말해 준다.

지금까지 이루어진 많은 연구는 영유아의 인지 능력과 놀이의 관계를 지능 중심으로 밝히고자 했는데, 최근에는 인지 양식을 중심으로 분석하고자 하는 경향을 보이고 있다. 인지 양식은 개인의 전형적인 정보처리 양식, 즉 인지적 과제에 반응하는 선호 방식에서 나타나는 개인차를 말하는 것으로, 인지 양식 유형에는 장독립성과 장의존성이 있다. 장독립성은 장의 영향을 거의 받지 않으며 사물을 여러 부분으로 나누어 지각하고, 장의존성은 사물을 인식할 때 그 사물을 둘러싼 배경의 영향을 받고 사물을 전체적인 관점에서 지각하는 사고를 말한다. 다시 말해 환경에 대처할 때 자신의 내적 단서에 의존하면 장독립적인 영유아, 외적 단서에 근거하여 판단하고 행동하면 장의존적인 영유아다. 그러므로 영유아의 인지 양식이 장독립적인가 장의존적인가에 따라 놀이 형태가 다를 수 있다. 예를 들어 대체적으로 장의존적 영유아는 사람들에게 많은 관심을 보이고 타인의 표현 욕구에 민감하여 사회적 기술을 촉진시키기 때문에 병행놀이, 연합놀이, 협동놀이를 선택하지만 장독립적 영유아는 사회적 기술 대신 분석적 행동을 취하므로 혼자놀이에 참여한다(유여진, 2000 ; Saracho, 1996).

이상의 내용을 통해 영유아의 인지 양식에 따라 놀이 형태가 다를 수 있음을 알 수 있다. 그러나 영유아의 인지 양식과 놀이의 관계는 보다 종합적으로 분석되어야 한다. 인지 양식의 발달 특성상 영유아는 장독립적인 경향이 많아지고 영유아가 사용하는 학습 양식은 인지 양식을 포함하여 성격, 사회적 지향성과 같은 여러 가지 변인이 복잡하게 연결되어 있기 때문이다(신은수 외, 2011).

2) 가정환경적 요인

(1) 부모

부모는 영유아가 세상에서 만나는 최초의 환경이기 때문에 영유아의 놀이 발달에 영향을 주는 첫째이자 가장 중요한 요인이다. 부모의 양육 스타일은 자녀에게 지대한 영향을 미치는데, 효율적으로 양육하는 경우 섬세한 상상놀이와 역할놀이에 참여하는 방법을 보여 주고 사회적 언어 능력을 기를 수 있도록 도와주며 흉내내기놀이를 격려한다(홍수경, 2010). 특히 가정에서 자녀와 많은 시간을 보내는 어머니는 영유아의 놀이 상대자 역할도 하게 된다. 그러므로 어머니가 영유아의 놀이에 미치는 영향이 얼마나 큰지를 짐작할 수 있다.

어머니의 양육 태도와 영유아의 놀이 행동을 조사한 연구를 보면, 최미숙(1992)은 어머니의 양육 태도가 긍정적일수록 영유아는 혼자놀이와 병행놀이보다 연합놀이나 협동놀이에 더 많이 참여한다고 했다. 장은주(1998)의 연구에서는 어머니의 양육 태도 수준이 높고 통제성이 낮을 때 자녀가 병행놀이와 집단놀이를 더 많이 했으나 어머니의 애정이 덜하고 통제성이 높을 때는 쳐다보기, 안 하기, 비참여적 행동, 혼자놀이를 많이 하는 것으로 나타났다.

어머니의 양육 태도 외에 놀이에 대한 신념도 영유아의 놀이 행동과 밀접한 관련이 있다. 이한별(2008)은 부모의 놀이 신념이 높은 집단이 낮은 집단보다 영유아의 놀이성이 높았다고 했으며, 신혜경(2009)은 어머니의 긍정적 놀이 신념과 부모 중심 놀이 신념이 높을수록 또래와의 놀이 방해와 놀이 단절은 낮아지고 놀이 상호작용이 높아진 반면 부정적 놀이 신념이 높을수록 놀이 방해와 놀이 단절이 높아지고 놀이 상호작용은 낮았다고 했다. 이러한 연구 결과를 통해 어머니의 양육 태도가 애정적이고 통제가 적을수록 영유아의 놀이성이 발달하고, 어머니가 놀이에 대해 긍정적 신념을 가질수록 영유아의 놀이 상호작용 능력이 높아진다는 것을 알 수 있다.

아버지도 물론 영유아의 놀이 행동과 관련이 있다. 김보민(2006)은 아버지가 신체놀이에 적극적으로 참여할수록 자녀가 놀이를 더 즐기고 자발적으로 참여하려는 성향이 높으며, 특히 융통성이 있고 창의적인 놀이를 더 잘한다고 했다.

이렇듯 영유아의 놀이 행동은 부모의 양육 태도와 놀이에 대한 신념에 의해 영향을 받는다. 그러므로 부모는 영유아의 놀이 발달을 위해 적절한 놀이 환경을 제공하고 함께 참여하되 발달 수준에 맞는 놀이가 진행될 수 있도록 지지하고 격려해야 한다.

(2) 형제

형제 관계도 영유아의 놀이에 영향을 미치는 요인 중 하나다. 김성민(2001)은 형제 유무에 따른 놀이 행동에 대해 조사했는데, 놀이의 형태와 지속 시간이 형제 관계에 따라 차이를 보이는 것으로 나타났다. 놀이 영역 선택에서 형제가 있는 영유아는 외동아이보다 수 · 조작 영역, 미술 영역, 과학 영역 등 조용한 영역을 더 많이 선택했고 외동아이는 블록 영역, 역할놀이 영역, 음률 영역 등 활동적인 영역을 더 많이 선택해 외동아이가 더 활동성이 많은 영역(보완 및 상호놀이)을 선택한 것으로 나타났다.

이러한 연구 결과에 대해 외동아이는 가정에서 놀이를 할 때 놀이 상대가 나이 많은 어른인 데 비해 교육기관에서는 가정과 달리 놀이 상대가 또래이기 때문에 혼자 놀이가 많은 단순병행놀이보다 또래와 상호작용이 많은 보완 및 상호놀이를 더 많이 선택하는 것으로 보았다.

3) 교육환경적 요인

(1) 놀잇감

놀잇감은 놀이를 시작하고 진행하는 데 중요한 역할을 하는 도구로서 영유아의 놀이에 직접적으로 영향을 준다. 일반적으로 놀잇감의 종류, 구조화 정도, 수량은 영유아의 인지적 · 사회적 놀이 행동에 영향을 미치는 중요한 요인이 된다.

영유아에게 제공되는 놀잇감과 놀이 행동의 관계를 살핀 연구에서 지성애(1996)는 상상놀이 자료에 포함되는 인형, 자동차, 다른 탈것의 놀잇감은 높은 수준의 사회적 놀이를 유발하는 반면 조작적 자료, 점토 및 미술 자료는 혼자놀이와 병행놀이를 발생시키는 경향이 있으며, 미술 자료와 점토, 물, 모래, 대근육 운동 기구는 주로 기능놀이를 발생시키는 반면 블록은 구성놀이, 인형과 자동차, 그리고 소꿉놀이 자료는 주로 상상놀이를 발생시키는 경향이 있다고 했다.

놀잇감의 구조성과 관련한 연구(오은순, 1996)에서는 용도가 분명하지 않은 놀잇감, 즉 여러 가지로 활용될 수 있는 확산적 놀잇감을 이용한 영유아는 탐색놀이, 구성놀이, 상상놀이를 많이 하고, 용도가 명확하게 제한되어 있는 수렴적 놀잇감으로 놀이를 할 때는 제한적이고 반복적인 조작놀이와 구성놀이를 많이 하는 것으로 나타났다.

그 밖에 놀잇감의 수량도 놀이 행동에 영향을 미친다. 오은순(1993 · 1996)의 연구를 보면 일반적으로 놀잇감이 풍부할 경우 협동놀이와 구성놀이를 많이 하며, 놀잇감이 부족하고 종류도 제한될 때는 놀이의 비참여 행동의 빈도와 신체 운동 빈도가 높게 나타났다.

이상의 연구 결과를 통해 놀잇감의 종류와 구조성 수준, 그리고 놀잇감 수량에 따라 영유아의 놀이 형태가 달라진다는 것을 알 수 있다.

(2) 놀이 공간

놀이 공간은 영유아가 직접 생활하는 곳이기 때문에 놀이실의 밀도, 흥미 영역별 배치, 장소와 실외 놀이 시설의 질적 수준 등이 놀이 행동에 영향을 미칠 수 있다.

먼저 놀이실의 밀도에 따라 영유아의 놀이 행동이 다르게 나타날 수 있다. 사회적 밀도가 높은 상황에서는 놀이 친구가 많아지므로 또래 간 상호작용이 빈번하게 일어날 뿐만 아니라 영유아가 공통된 주제로 놀이를 하게 되며 상상놀이의 주제 또한 다양해진다. 즉 사회적 밀도가 높을수록 사회적 상호작용 수준이 높은 놀이 유형이 발생하고, 사회적 밀도가 낮은 상황에서는 연합놀이와 협동놀이는 감소하고 사회적 상호작용 수준이 낮은 혼자놀이와 병행놀이가 증가한다.

교육기관의 실내 놀이 공간은 다양한 영역으로 구성된다. 흥미 영역 배치와 영유아의 놀이 행동의 관계를 조사한 어주경(1990)은 역할놀이 영역과 블록 영역에서는 집단-기능놀이가, 미술 영역에서는 병행-구성놀이가 많이 나타난다고 했다. 이를 통해 흥미 영역에 의해서도 영유아의 놀이 행동이 질적으로 상이하게 나타날 수 있다는 것을 알 수 있다.

놀이 공간이 실내인가 실외인가에 따라서도 영유아의 놀이 행동은 차이를 보인다. 실내 놀이 공간에서는 주로 구성놀이 활동이 발생하고 실외 놀이 공간에서는 기능놀이와 다양한 놀잇감을 이용한 상상놀이가 발생한다(김수영 외, 2009). 이 밖에도 최근 실외 놀이 시설의 질적 수준에 따른 놀이 행동 관계를 다루는 연구(류진순, 2003 ; 이봉선, 1998)가 이루어지고 있다. 이들 연구에 의하면 질적으로 낮은 놀이 시설에서는 기능놀이, 구성놀이, 혼자놀이, 병행놀이를 많이 했으나 질적으로 높은 놀이 시설에서는 상상놀이와 규칙 있는 게임을 더 많이 하는 것으로 나타났다.

결론적으로 놀이실의 밀도, 흥미 영역별 배치, 장소와 실외 놀이 시설의 수준에 따라 영유아의 놀이 행동이 질적으로 달라진다는 것을 알 수 있다. 그러므로 교사는 이러한 요인을 잘 고려하여 영유아의 놀이 행동이 더 발달되고 확장될 수 있는 환경을 제공해야 한다.

(3) 또래

18개월이 지나면서 분명히 사회적이라고 할 수 있는 또래와의 상호작용을 보이기 시작하고 점차 자신이 하고 있는 놀이 활동을 상대방에게 설명하거나 공동의 목표를 이루기 위해 기초적인 협동을 보이기도 한다. 즉 영아기를 지나면서 유아는 조금씩 또래 지향적이 되고(황혜정 외, 2003) 놀이 과정에서 또래의 의견을 더 많이 반영하는 가운데 또래의 영향력이 더욱 커진다. 따라서 또래 인기도는 영유아의 놀이 행동에 영향을 미치는 요인이 될 수 있다.

영유아의 인기도와 놀이 간의 관계를 연구한 이사임(1994)의 연구에서는 인기아의 경우 놀이 형태 중 상호 역할 사회놀이를, 비인기아는 단순-병행놀이를 가장 많이 하는 것으로 나타났다. 이는 또래 인기도가 수준 높은 사회적 놀이와 긍정적 관계가 있음을 시사한다.

또래와의 친밀성은 더 특별한 방법으로 영유아의 놀이 행동에 영향을 준다. 영유아는 친하지 않은 또래보다 친한 또래와 함께 있을 때 극놀이에 더 많이 참여하는 등 주로 사회적 놀이를 하고 더 수준 높은 인지적 놀이를 하는 경향이 있으며, 더 열의를 보이고 놀이에 집중한다.

결론적으로 또래 인기도, 또래와의 친밀성 정도에 따라 영유아의 놀이 형태 및 집중도 등이 영향을 받는다는 것을 알 수 있다.

(4) 교사

교사는 영유아의 놀이 유형, 놀이 지속 시간, 놀이의 질에 영향을 미칠 수 있는 가장 중요한 요인이다. 특히 역할놀이 영역의 놀이 훈련에서 교사 개입의 중요성이 부각되면서 우리나라에서도 이에 대한 다양한 연구가 이루어지고 있다.

교사의 개입에 따른 영유아의 놀이 행동을 다룬 연구들(배인자, 1999 ; 유애열, 1994 ; 이윤경 · 김여경, 2000)을 살펴보면 교사의 개입 정도가 높을수록 영유아의 방관자적 행동과 비참여적 행동은 줄어들고 사회극놀이가 더 활발하게 진행되었을 뿐만 아니라 수준 높은 사회극놀이가 등장하고 그 지속 시간도 증가한 것으로 나타났다.

이와 같이 교사의 개입은 영유아의 놀이 유형과 지속 시간에 영향을 미친다. 그러나 놀이에 대한 무계획적인 교사의 개입은 오히려 놀이를 중단시키거나 방해하는 역효과를 초래할 수 있으므로 신중히 계획되어야 한다.

4) 문화환경적 요인

문화환경적 요인에는 지역사회적 특성이 포함된다. 지역사회는 영유아의 성장에 중요한 영향을 미치는 환경이다. 어떤 지역사회에서 성장했는지에 따라 영유아는 각기 상이한 사회화 과정을 경험하게 되며 성장과 발달에도 독특한 특성이 나타난다. 즉 지역사회의 특성에 따라 영유아는 생활 습관 형성, 역할 습득, 인지, 정서, 사회성, 가치관 등에서 상대적 차이를 나타낸다(한국정신문화연구원, 1985).

도시와 농어촌 영유아의 사회적 놀이 행동을 관찰한 정현숙(1985)과 지성애(1992)의 연구에 의하면 농어촌 영유아가 도시 영유아보다 사회놀이에 더 많이 참여하는 것으로 나타났다. 즉 농어촌 영유아가 다양한 종류의 사회적 · 전통적 집단 게임에 더 많이 참여하고 주로 연합놀이를 하는 것에 비해 도시 영유아는 사회적 활동보다는 또래와 사회적 관계를 거의 유지하지 않는 병행 활동을 하면서 인지적 과업을 해결하고자 하는 문제 해결 활동에 주로 참여한다는 것이다. 이 두 연구는 모두 농어촌 영유아가 도시 영유아보다 사회적 놀이를 많이 한다는 것을 말해 주고 있다.

그러나 이와 달리 일부 연구에서는 반대의 결과, 즉 도시 영유아가 농어촌 영유아보다 사회적 능력이 높은 것으로 나타났다(Scanzoni, Arnett, 1987).

우리의 놀이 2-1

손으로 탑 쌓기와 막기

1. 준비물 : 없음
2. 놀이 방법
   (1) 두 명씩 짝을 짓는다.
   (2) 가위바위보로 이긴 사람을 뽑는다.
   (3) 진행자가 '쌓기' 라고 외치면 이긴 사람이 주먹을 내밀어 손탑을 가장 먼저 쌓고, 진행자가 '위에' 라고 외치면 상대방이 그 위에 주먹을 내밀어 손탑을 쌓는다.
   (4) 계속해서 진행자의 구호에 맞춰 손탑을 양손으로 번갈아 가며 쌓다가 '막아' 라는 구호가 들리면 두 사람 중 누구든지 상대방이 더 이상 손탑을 쌓을 수 없도록 손바닥으로 가장 높이 있는 손탑을 재빨리 막으면 된다.
   (5) 위로 손탑 쌓기가 익숙해지면 아래로 손탑 내리기를 같은 방법으로 진행한다.
   (6) 놀이가 끝나면 참가자가 돌아가면서 느낌을 이야기한다.

우리의 놀이 2-2

감정기억카드 게임

1. 준비물 : 같은 색의 색종이 32장(1/4 크기)
2. 놀이 방법
   (1) 네 명씩 한 조를 구성한다.
   (2) 조별로 좋은 감정을 나타내는 단어와 나쁜 감정을 나타내는 단어에 대해 이야기를 나눈다.
   (3) 감정단어에 대해 이야기를 나눈 후 좋은 감정 여덟 개와 나쁜 감정 여덟 개를 선택한다.
   (4) 선택한 감정단어 열여섯 개, 즉 좋은 감정과 나쁜 감정의 각 여덟 개 단어를 색종이에 옮겨 적는다. 이때 한 개의 감정단어가 두 장이 되도록 한다(예 '기쁘다'를 선택했으면 한 색종이에 '기쁘다'라고 쓰고, 다른 한 색종이에도 '기쁘다'라고 똑같이 쓴다).
   (5) 이런 방법으로 좋은 감정단어 여덟 개(색종이로는 열여섯 장)와 나쁜 감정단어 여덟 개(색종이로는 열여섯 장)를 모두 적는다.
   (6) 감정단어를 적는 작업이 끝나면 글씨가 적혀 있는 부분이 보이지 않도록 뒤집어 가로 여덟 줄, 세로 네 줄로 정렬한다. 이때 각각의 카드 사이에 약간씩 간격을 둔다.
   (7) 가위바위보로 게임 순서를 정한다.
   (8) 이긴 사람의 순서대로 게임을 진행한다. 이때 각 참가자는 자기 차례가 되면 앞에 놓인 카드 두 장을 뒤집을 수 있다(감정단어가 위로 보이도록 그 자리에 둔다). 만약 자신이 뒤집은 카드 두 장이 같은 감정단어가 아닐 경우 다시 뒤집어 감정단어가 밑으로 가도록 한 후 다음 참가자가 그와 똑같이 진행한다. 뒤집은 카드 두 장이 같은 감정단어일 경우 참가자들에게 자신이 지금껏 혹은 최근에 그러한 감정을 느낀 일에 대해 말하고 그 카드를 가져온다. 같은 감정단어를 뒤집었으나 그 감정에 얽힌 에피소드를 이야기하지 못할 경우 다시 카드를 뒤집어 놓고 다음 참가자에게 순서를 넘긴다.
   (9) 마지막으로 남은 카드 두 장은 조원 전체가 가위바위보를 해서 이긴 참가자가 뒤집을 권한을 갖는다.
   (10) 카드를 많이 갖고 있는 참가자가 승자가 된다.
   (11) 게임이 끝나면 참가자가 돌아가면서 느낌을 이야기한다.

토론 과제

01 영유아의 인지 양식의 특징에 따른 놀이 행동을 비교해 보아요.

02 부모의 양육 태도와 그에 따른 자녀의 놀이 행동을 설명해 보아요.

Chapter 3

놀이와 발달

1 | 놀이와 발달 영역의 관계

2 | 연령별 놀이의 특징

CHAPTER 03 놀이와 발달

영유아는 놀이를 하고자 하는 본능적 욕구가 있기 때문에 누가 강요하지 않아도 스스로 많은 놀이를 하며, 이러한 놀이를 통해 성장하고 발달한다. 특히 영유아기 때는 주변 환경에 대해 흥미와 호기심을 품고 탐색하는 놀이 활동을 통해 성장과 발달이 이루어지므로 영유아의 교육에서 놀이가 중요한 요인이 되는 것이다. 그러므로 놀이가 영유아의 발달에 미치는 영향을 정확히 인지해야 하며, 이를 바탕으로 각 연령에 맞는 적합한 놀이를 제공하여 최상의 발달을 도모해야 한다. 본 장에서는 놀이와 발달 영역의 관계 및 연령별 놀이의 특징에 대해 살펴보고자 한다.

1. 놀이와 발달 영역의 관계

놀이는 영유아의 대소 근육 발달 등 건강한 신체 발달을 돕고, 타인과의 사회적 작용을 원만하게 이끌어 갈 수 있는 능력을 길러 준다. 또 놀이를 통해 감정이나 흥미, 마음속에 쌓여 있는 갈등과 불안 등을 해소하기 때문에 정서적으로 안정감을 얻는다. 놀이를 통해 내면세계를 표현하고 여러 가지 문제 상황을 해결하는 기회를 가짐으로써 건전한 자아상을 확립하기도 한다.

호기심과 발산적 사고를 촉진하고 창의성 발달에 많은 도움을 주는 등 영유아의 전인적 발달에도 역시 놀이가 지대한 영향을 미친다. 놀이와 발달 영역의 관계를 구체적으로 살펴보면 다음과 같다.

1) 놀이와 신체 발달

영유아의 생활은 거의 놀이로 구성되는데, 이러한 놀이를 하는 모습을 관찰하면 놀이 행동이 영유아의 신체 능력을 대변함을 알 수 있다. 영유아는 근육과 관절을 이용하여 무리 없이 놀이 행동을 하며, 놀이를 하고 있는 자신도 능력 이상의 힘을 요구하는 행동을 하려고 애쓰지 않는다. 그런 가운데 근육과 신체 능력을 발달시킨다. 만약 소근육과 작은 물건을 다루는 세밀한 기능이 능숙하지 못하면 자신뿐만 아니라 주변 사물에 대해서도 부정적인 반응을 보이며, 그 사물들을 잘 다루지 못함으로써 위험이 초래되고 나아가 사물을 파악하는 데 어려움을 겪는다. 정서적으로는 많은 긴장과 갈등을 가진 영유아가 활발한 활동을 하지 못할 경우 그 긴장과 갈등이 쉽게 해소되지 않는다.

이 밖에도 놀이를 하면서 영유아의 전반적인 신체 기능이 발달하여 그에 따른 환경 적응 기능도 향상되며, 질병에 대한 저항과 면역 기능도 높아진다. 무엇보다 신체 발달의 전반적인 향상은 다른 발달 영역에도 영향을 준다. 이는 영유아의 놀이 대부분이 신체 발달이 요구되는 육체적 활동을 수반하기 때문이다.

이숙재(2004)는 놀이가 영유아의 신체 발달에 미치는 영향에 대해 다음과 같이 설명하고 있다. 첫째, 놀이 활동은 영유아의 신체 성장을 촉진한다. 신체 성장에는 신장, 체중, 흉부, 체형, 신체 비율, 근육과 지방 등의 양적 성장은 물론이고 심장, 혈압, 배설, 수면 등 생리 기능의 발달도 포함되는데, 달리기, 매달리기, 미끄러지기, 손으로 조작하기 등의 다양한 놀이를 통해 신체가 성장하고 생리 기능도 발달한다.

둘째, 놀이 활동은 영유아의 바른 자세를 형성한다. 영유아기는 서고, 걷고, 앉는 등의 기본자세가 형성되는 시기다. 특히 가슴근육이 발달하지 않아 가슴둘레가 작고, 어깨가 처졌으며, 배는 튀어나오고, 무릎이 굽는 등 불안정한 자세를 보이는데, 굴속 기어 다니기, 시소 타기, 평균대 걷기와 같은 신체 각 부분의 조화를 이룰 수 있는 놀이가 바른 자세 형성에 많은 도움을 준다.

셋째, 놀이 활동은 영유아의 기본 운동 능력을 증진한다. 영유아기는 기본적인 운동 기능을 학습하기에 가장 이상적인 시기라 할 수 있다. 이 시기에는 신체가 유연하여 새로운 기능을 갈등 없이 받아들일 수 있을 뿐만 아니라 모험심이 많아서 처음 접하는 동작을 시도하려는 열의가 대단하기 때문이다. 기본 운동 능력에는 기어오르기, 뛰기, 던지기, 매달리기, 기어가기 등의 대근육 운동 능력과 물체의 조작, 눈과 손의 협응, 잡기, 쥐기 등의 소근육 운동 능력이 포함되는데, 놀이 동작이 반복되면서 이러한 능력들이 더욱 발달한다. 따라서 신체 운동 기능의 발달은 어떤 발달보다 먼저 이루어져야 한다.

결론적으로 놀이는 영유아의 신체적 성숙과 건강한 발달은 물론 운동 능력을 신장시킬 수 있다는 측면에서 신체 발달과 밀접한 관계가 있음을 알 수 있다. 균형 있는 신체 발달은 다른 발달 영역과의 관계에서도 기초가 될 수 있으므로 영유아에게 놀이는 매우 중요한 것이다.

2) 놀이와 인지 발달

영유아는 새로운 환경을 접하면서 끊임없이 호기심을 느낀다. 호기심은 기존에 경험한 사실을 토대로 형성된 인지적 구조와 새롭게 형성되어야 할 인지적 개념 사이에서 일어나는 갈등이다. 갈등의 연속이야말로 영유아의 인지적 능력을 풍부하게 발달시키는 원천이라고 할 수 있다. 영유아는 자신의 갈등을 해결하기 위해 다양한 놀잇감을 활용하면서 새로운 환경에 적응해 나간다. 놀이는 학습에 대한 내적 동기를 강화하고 여러 가지 기초적인 개념과 기술을 활용함으로써 이러한 문제 해결 능력과 창의력 같은 인지 능력을 촉진한다.

놀이는 영유아에게 풍부한 경험을 제공할 뿐만 아니라 효율적으로 학습하는 방법이기도 하다. 따라서 영유아의 인지 발달 과정에서 매우 중요한 위치를 차지한다. 특히 인간의 사고가 어떻게 발달하며 지식은 어떻게 습득하는지에 대한 사고 과정, 즉 인지 발달 과정에 관심을 가진 학자로 Piaget와 Vygotsky가 있는데, 그들은 놀이를 지적 성장 촉진의 수단으로 보고 놀이를 통한 인지적 발달의 가치를 강조했다.

Piaget는 모든 살아 있는 유기체의 일차적 기능은 환경에 적응하는 동화와 조절의 과정으로 보았으며, 영유아기의 놀이는 인지 능력 개발에 많은 영향을 미친다고 했다. 그는 여러 가지 놀이를 통해 개발되는 인지 능력들로서 수와 양에 대한 개념, 분류 개념, 서열화 개념, 공간 개념, 보존 개념, 탈중심화, 가역성 등을 자연스럽게 학습해 나간다고 말하면서 놀이를 통해 접하는 새로운 사물이나 상황에 대한 탐색은 다양한 문제 해결 능력을 발달시키고 놀이는 추상적 사고 능력을 증진시킨다고 설명했다.

Vygotsky는 영유아가 보다 높은 인지 과정으로 발달하는 데 놀이가 중요한 요인임을 강조했다. 그는 인간의 인지적 구조는 실제의 사물이나 행위로부터 의미를 분리해 내는 추상적인 사고에 의해 일반화되며, 이러한 의미에서 놀이는 사고의 발달에 결정적 역할을 한다고 주장했다.

Piaget와 Vygotsky는 영유아 스스로 자신의 능력 범위 안에서 학습할 수 있도록 충분한 인내심을 가져야 하며, 놀이가 어른들에 의해 간섭 받을 경우 영유아가 알아야 할 인지적 경험은 제한될 수 있다고 했다.

결론적으로 영유아는 간섭이나 방해 받지 않는 자발적인 놀이를 하면서 인지적 개념을 재구성하며 자신의 인지 발달을 촉진한다.

3) 놀이와 사회성 발달

영유아는 친구들과 함께 협동하고 사이좋게 놀거나 때로는 경쟁하고 싸움을 하면서 함께 살아가는 방법을 배운다. 놀이는 도덕적 기준이나 규칙, 성 역할, 협동, 인내심과 관용 등의 사회적 학습을 돕고 영유아가 이를 통해 자신과 타인의 관계를 유지하며 사회에 적응하는 능력을 키울 수 있다는 면에서 매우 중요하다. 즉 놀이는 영유아의 사회성 발달에 주도적 역할을 한다.

비록 다른 영유아와 어울리지 않는다 해도 거기에 놀고 있는 놀이 친구가 있다는 것만으로도 즐거움을 느끼는 등 기본적인 사회 접촉의 기회를 얻게 되고, 이 기회가 점차 자기중심에서 벗어나 친구와의 상호 관계를 발전시킬 수 있는 계기를 제공한다. 이러한 과정을 거치면서 점차 다른 영유아와 놀잇감을 나눠 쓰는 등 협동심과 같은 사회적 기술을 배우고, 조화나 경쟁을 통해 지혜를 배움으로써 도덕적 기준이나 규칙을 습득한다. 즉 영유아는 그 속에서 풍부한 사회 경험을 하는 것이다.

이와 같은 사회 경험은, 타인과의 관계를 학습하고 나아가 인간 생활의 기본 형태를 익혀 사회관계를 학습하며 사회관계 형성 방법과 이러한 사회관계가 일으키는 문제에 대한 적응 방법 및 해결 방법을 배우게 해준다.

결론적으로 영유아의 사회성은 가정을 포함한 놀이를 통해 습득되어 학교, 지역사회, 나아가 세계 속에 참여하는 책임 있는 구성원이 될 수 있도록 이끌어 주며 삶의 태도, 가치, 기술을 형성한다. 무엇보다 영유아기에 습득한 사회성은 아동기와 청소년기를 거쳐 장차 성인으로서 갖춰야 할 인성에 영향을 주므로 매우 중요한 발달 과정 중 하나라고 할 수 있다.

4) 놀이와 정서 발달

영유아는 놀이를 하면서 사회적으로 인정될 수 있는 방법을 통해 정서적 긴장을 해소한다. 이는 놀이를 방편으로 하는 투사projection가 내적 긴장을 완화하고 적개심, 증오, 부정적인 감정뿐만 아니라 애정을 표현하는 적절한 수단이 될 수 있다는 뜻이다. 성인과 달리 영유아는 자신의 느낌을 언어로 표현하는 능력이 제한되어 있어 생각과 감정을 놀이를 통해 표현하는 경우가 많을 뿐만 아니라 놀이 상황에서 안전감을 느끼기 때문에 놀이 활동에서 모든 감정을 드러낸다. 그리고 이러한 놀이 활동을 통해 얻는 카타르시스와 성취감은 영유아에게 즐거움과 만족감을 느끼게 하고 긍정적인 자아 개념을 형성한다. 이렇게 형성된 영유아기의 긍정적 자아 개념은 새로운 놀이에 더 쉽게 도전하도록 유도하여 정서적 안정을 도모할 수 있다.

놀이는 자신의 감정을 표현하기만 하는 수단이 아니라 감정을 통제하는 방법도 경험할 수 있는 기회가 된다. 즉 놀이를 통해 적절한 감정 표현의 기회는 물론 화를 참아야 하는 상황에 대한 인내심도 얻을 수 있다. 예를 들어 친구와의 여러 가지 사회적 놀이를 통해 문제 상황에서 갈등이 생겼을 때 어떻게 서로 감정을 통제하고 조절하는 것이 바람직한지를 알게 된다. 그러므로 영유아의 놀이는 건전한 정서 생활을 유지하면서 다른 사람과의 원만한 인간관계를 형성하도록 도와주는 중요한 수단인 것이다.

다른 사람과 원만한 관계를 형성하는 것은 영유아의 탈중심화 과정과 관련이 있다. 영유아는 다양한 역할을 경험하는 놀이를 하면서 타인의 감정에 대해 이해하는 방법을 배우고 탈중심화가 일어난다. 즉 놀이를 통해 다른 사람의 정서에 감정이입을 하게 된다. 감정이입이란 타인에 대한 배려를 의미하는데, 영유아는 놀이 중에 감정이입의 기회를 많이 경험한다. 예를 들어 병원놀이에서 의사 역할을 맡은 영유아는 '나'라는 입장에서 벗어나 '다른 사람', 즉 의사의 입장이 되어 느끼고 생각하며 행동하는 경험을 함으로써 자기중심에서 탈피한다. 특히 김영애(1992)는 놀이를 통해 다른 사람의 정서에 감정을 이입하게 되므로 자신의 감정을 긍정적인 방법으로 표현하고 그 감정을 건설적으로 조정할 수 있게 하는 매개적인 역할을 하도록 도움을 줄 수 있다고 했다. 이는 영유아가 놀이를 통해 타인의 정서를 이해하고 감정이입을 잘할 수 있게 된다는 의미다.

한편 이 시기의 영유아는 부모에 대한 애착이 강하며, 주변에 엄마가 보이지 않으면 불안과 공포를 느낀다. 감정의 변화도 심하여 변덕을 부리고 분노를 폭발적으로 표현하며 충동적인 행동을 보인다. 따라서 이 시기에는 신체적 접촉을 통해 영유아와 가까워지는 것이 좋다.

또 영유아는 놀이 활동에서 자신의 힘에 의한 성취로 자기신뢰감과 행복을 느끼며 동시에 독립된 기분을 경험하고 놀이 상황에서 신체적 · 심리적 안정감을 체험하면서 건전한 자아 개념을 획득한다. 자신의 정서적 반응과 다른 이의 감정을 이해할 수도 있다. 놀이는 기본적으로 기쁨의 정서와 관련된 활동으로, 놀이의 목적을 달성했을 때는 완성감과 성취감을 만끽할 수 있으며, 술래잡기와 같은 형식을 통해 어느 정도의 스릴도 맛볼 수 있다. 놀이는 이와 같이 정서적 발달과 감정을 증진하고 행복감과 자신에 대한 긍정적인 감정을 이끄는 중요한 방법이 된다.

5) 놀이와 언어 발달

언어는 의사소통 기술에서 가장 적절하고 필수적인 수단이다. 영유아의 언어는 가장 초기의 발달 단계에서 옹알이로 나타난다. 옹알이는 자발적인 소리내기놀이에 해당되며 이는 성인의 적극적인 반응에 의해 더욱 강화되므로 발달 초기의 옹알이와 같은 반복적인 소리내기놀이는 다음 단계로의 언어 발달을 효율적으로 이끌어 줄 수 있다.

이 밖에도 입을 다시거나 혀를 차는 소리, 콧소리, 침으로 거품 내기 등과 같은 재미있는 소리를 반복적으로 내거나 자동차 또는 동물의 소리를 흉내 내며 놀이를 한다.

생후 1년을 전후하여 영유아는 한 단어 말을 할 수 있게 되고 점차 어휘 수가 증가하면서 몇 마디 단어를 반복하게 되는데, 자기중심적 사고 능력을 가진 영유아는 자기중심적인 형태를 가진 말의 연습놀이를 계속한다. 이렇게 반복되는 놀이 활동에서 영유아의 어휘 수가 급증하는 것이다. 그리고 성장하면서 넓어진 사회적 관계,

즉 가족 구성원과 또래와의 관계에서 얻는 경험을 통해 점차 의사소통 기술을 배운다. 또한 다른 사람의 말을 귀 기울여 듣고 자신의 생각을 바르게 표현하는 능력을 놀이 활동 속에서 반복적으로 연습한다.

이러한 놀이 과정은 자기중심성에서 벗어나 사회 · 인지 개념이 형성되면 더욱 잘 나타날 수 있다. 즉 영유아는 놀이 상황에서 상호작용의 기회를 갖게 되면서 자기중심적인 언어를 벗어나 사회적으로 소통되는 적절한 어휘를 선택하여 사용하고 생각을 교환하면서 놀이를 확장시켜 나가는 '사회적 말놀이'를 한다. 이와 같은 형태의 놀이는 역할놀이나 사회극놀이 등에서 반복적으로 연습할 수 있는 기회가 더 많이 생긴다.

놀이는 이렇게 영유아의 언어 발달을 촉진하고 역으로 언어는 영유아의 놀이를 풍부하게 만드는 매개체 역할을 한다는 점에서 볼 때 이 두 가지는 밀접한 관계가 있음을 알게 된다. 이에 이숙재(2004)는 놀이와 언어 발달의 관련성을 다음의 다섯 가지로 설명했다.

첫째, 놀이는 언어 발달의 수단이며 언어는 놀이 수행에 필수적 매개체 역할을 한다. 둘째, 놀이를 하면서 다양한 어휘를 배우고 역할에 알맞은 적절한 언어를 사용하게 되며 상징적인 언어의 의미를 이해한다. 셋째, 놀이 친구와 사회적 관계를 맺음으로써 자기중심적 언어를 사용하는 대신에 사회적 언어를 사용하는 의사소통 능력을 기른다. 넷째, 놀이는 문해 발달에 중요한 역할을 한다. 다섯째, 언어 자체가 놀이의 대상이 되기도 한다며 언어 발달을 위한 놀이의 중요한 역할을 제시했다.

영유아는 놀이를 통해 다양한 어휘를 배우고 역할에 알맞은 언어를 사용할 수 있도록 연습하는 기회를 가지며 이와 함께 언어 발달을 도모할 수 있다. 따라서 놀이는 영유아에게 '언어 발달의 연습장'이라고 할 수 있다.

6) 놀이와 창의성 발달

영유아는 놀이 중에 발생하는 문제를 해결하기 위해 주변 상황에 관심을 갖고 탐색하기, 새롭고 독특하게 생각하기, 융통성 있게 생각하기, 다양하게 생각하기 등의 기회를 얻게 되므로 놀이는 창의성 발달에 도움이 된다. 이숙재(2008)는 영유아기의 놀이와 창의성 발달에 대해 다음과 같이 설명했다.

첫째, 놀이를 하면서 창의성의 정의적 요소인 호기심, 자발성, 민감성이 발달한다. 둘째, 놀이를 통해 다각적인 탐색을 하게 되어 확산적 사고 능력이 증진된다. 셋째, 놀이 가운데 '~인 척하는' 가작화 요소as-if element가 내포된 상상놀이를 하면서 상상력이 발달한다. 넷째, 놀이 중에 새롭고 독특한 아이디어를 생각할 기회가 많아서 독창성이 발달한다.

영유아는 놀이를 통해 자신을 자기 방식대로 표현하고, 놀이를 할 때 다른 사람들이 하는 대로 따라 하지 않아도 되며, 자신이 생각한 바를 그대로 활용할 수 있다. 상상놀이를 통해 한 가지 물건을 여러 형식으로 변환시켜 보기도 한다. 예를 들어 어떤 때는 베개가 예쁜 아기가 되기도 하고, 말 안 듣는 강아지가 되기도 하며, 작은 배가 되어 섬으로 향하기도 한다.

놀이는 영유아의 창의적인 생각을 북돋우며 대부분의 영유아는 이러한 창의성을 갖고 태어난다고 한다. 그러나 이 창의성이 가정이나 사회에서의 경험에 의해 증진되기도 하고 감소되기도 하므로 부모나 교사가 창의성을 이해하고 격려하는 것이 중요하다. 즉 영유아가 태어나는 순간부터 이미 싹 트고 있는 창의성을 소중히 길러 주어야 하며, 그러기 위해서는 영유아의 감각을 충분히 일깨울 수 있는 매력적이고 신선한 놀이 여건이 필요하다. 영유아의 창의성을 길러 줄 수 있는 주요 놀이 환경을 제시하면 다음과 같다.

첫째, 영유아가 직접 느끼고, 보고, 듣고, 냄새 맡고, 만질 수 있는 풍부한 감각적 환경이 필요하다. 고도로 창의적인 사람은 주변 세계에 대해 강한 호기심을 품고 탐색하는 특징이 있다고 한다. 영유아가 주변의 사건이나 환경에 민감한 관심을 보여 문제들을 발견하고 탐색하며, 이를 해결하기 위한 다양한 방안을 발견하도록 이끌어 주기 위해서는 살아 있는 생물, 조작과 변형이 가능한 물체, 아름다움을 느낄 수 있는 형태나 색깔의 사물들을 제공하여 생생한 환경을 조성해 주어야 한다.

둘째, 상상놀이가 가능하도록 충분한 자료를 마련해 준다. 창의성을 연구하는 학자들에 따르면 창의적 놀이는 상상놀이와 역할놀이를 통해 많이 표현된다고 한다. 영유아는 흙과 모래만으로 맛있는 생일 케이크를 만들기도 하고, 상상 속에서 조종사가 되어 복합 놀이기구를 우주선 삼아 넓은 우주를 여행하기도 한다. 이러한 놀이를 통해 창의성이 더욱 개발되기 때문에 주변에 다양한 자료를 구비하여 창의성을 마음껏 발휘할 수 있도록 꾸며 준다.

셋째, 여러 가지 방법으로 바꿔 가며 놀 수 있는 비구조적인 놀잇감을 많이 준비해 둔다. '인형의 집' 세트처럼 놀잇감이 어떤 한 가지 목적을 위해 만들어진 것이라면 그것을 통해 얻을 수 있는 것은 이미 정해진 셈이다. 영유아가 그러한 놀잇감을 좋아할 수도 있으나 오래지 않아 능숙하게 다룰 수 있게 되면 더 이상 흥미를 갖지 않는다. 아무리 매력적인 외형을 갖췄다 하더라도 영유아는 흥미가 느껴지지 않는 놀잇감을 갖고 놀지 않으므로 완성도가 높은 놀잇감은 오히려 효율적이지 못하다. 블록과 같이 놀잇감 그 자체로는 아무것도 암시하는 것이 없는 놀잇감, 즉 완성도가 낮은 놀잇감일수록 영유아가 스스로의 생각에 따라 다양하게 변형할 수 있기 때문에 창의성이 높아질 수 있다.

2. 연령별 놀이의 특징

영유아기에는 많은 변화가 일어나며 그 가운데에는 놀이도 포함된다. 모든 영유아는 동일하지 않으며 생물학적 · 환경적 특성에 따라 발달 속도가 다르기 때문에 이를 고려하여 적합한 놀잇감을 제공해야 할 것이다. 이를 위해서는 무엇보다 먼저 연령별 놀이 특징을 파악해야 하며, 영유아의 발달 특성과 놀이에 관한 흥미를 알아야 한다.

영유아의 놀이는 발달 단계에 따라 특징이 다르다. 또 영유아 개인에 따라서도 다양하게 나타난다. 연령별 발달 단계에서 일반적으로 볼 수 있는 특징을 이해하는 것은 영유아의 현재 발달 수준과 욕구 상태를 파악하는 기준이 되며, 영유아에게 적절한 놀이 활동을 제공하는 데에도 도움이 된다. 그러므로 놀이지도를 위해서는 영유아의 연령에 따른 발달 단계와 놀이의 수준을 알아야 한다.

영유아는 연령이 높아질수록 놀이 친구들과 함께 참여하는 사회적 놀이의 빈도가 증가하며, 놀이 지속 시간도 길어지고 복잡한 규칙이나 고도의 기술을 요하는 놀이를 한다. 연령이 증가함에 따라 변화하는 신체적 측면도 반영된다. 즉 기고, 서고, 걷고, 달리는 기능을 연습하는 영유아 초기의 연습놀이는 대근육 발달의 필요성과 관련되어 있으며, 섬세한 소근육의 조작이 성숙하는 3~4세경에는 놀이가 보다 정교해진다. 신체적으로 안정되는 4세 이후부터는 대소 근육이 협응하여 보다 광범위한 형태의 놀이가 가능해진다. 놀이 행동 측면도 성장함에 따라 한 연령층에서 빈번하게 나타나던 것이 다른 연령층에서는 그렇지 않으며, 또 다른 놀이 행동도 나타나지 않는다는 것을 알 수 있다.

이러한 모든 결과는 영유아의 연령이 놀이의 중요한 요인이 된다는 사실을 뒷받침하고 있다. 그러므로 놀이 발달을 돕기 위해서는 연령에 따른 놀이의 일반적 특징을 이해하고 영유아 개인의 발달 수준에 적합한 놀이 환경을 제공해야 한다.

1) 영아기 놀이의 특징

놀이는 영아의 삶 그 자체인 동시에 이 세상을 이해하는 수단이라고 할 수 있으며, 영아는 어떤 대상이나 주변 환경에서 경험한 사건을 자신의 표상representation을 통해 다른 대상이나 상황으로 창조해 가는 놀이를 한다. 이 놀이 과정을 통해 영아는 상징을 이해하고 사용하는 표상 능력을 더욱 발달시킨다.

(1) 출생~1세 영아

영아가 놀이를 한다고 말할 수 있는 시기는 생후 3개월 이후부터이며, 이 시기에 영아는 자신의 목소리에 흥미를 보이며 소리에 대한 관심을 나타내는 소리 탐색의 놀이를 한다.

4개월이 지나면 침대 위에 달려 있는 놀잇감을 흔들고 만지고 이리저리 움직이는 활동을 선호한다.

4~8개월에는 의도하는 목적을 달성하기 위해 행동을 반복하는 놀이 형태가 나타나기 시작한다. 이 시기는 감각적 운동 근육들이 잘 다듬어지고 6개월에서 1년 동안 소근육이 발달하여 소리 도구를 스스로 가지고 놀 수 있으며 다양한 소리의 변화를 식별할 수 있다.

약 18개월부터 상상놀이를 시작하며 또래 영아와 노는데, 주변의 영아를 의식하지 않고 혼자 놀며 특정 행동을 반복하고 그 행동을 통해 새로운 행동을 시도하면서 다음 단계의 놀이로 발전해 나간다.

(2) 2세 영아

2세 영아의 특징은 새로운 대상을 모방하는 것이다. 즉 전화를 거는 흉내를 내는 등 단순한 모방 행동을 한다. 또 자기주도적이기보다는 짝짜꿍이나 까꿍놀이처럼 부모나 형제들이 하는 놀이에 참여하는 경우가 대부분이다. 이 시기의 영아는 아직 다른 친구들과 어울리지 못하며 혼자서 놀잇감을 가지고 노는 혼자놀이를 하는데, Piaget는 이때부터 상징놀이가 나타난다고 했다.

특히 이 시기에는 1세 때 나타난 단순 반복 행위의 놀이 형태에서 발전하여 창의적인 활동으로 놀잇감을 이용하여 무엇인가를 만들고 창조하는 놀이를 한다. 예를 들면 1세 때는 블록과 같은 끼워 맞추는 놀잇감을 봐도 단순히 만져 보고 늘어놓는 행위만을 반복한다. 그러나 2세 때는 블록을 나열하기도 하고 쌓기도 하는 등 여러 모양으로 만들어 보는 놀이를 하며, 2세 말경이 되면 빈손으로 컵을 들고 마시는 흉내를 내는 등 상상력이 적용되는 놀이를 한다. 이 시기의 놀이의 내용을 살펴보면 다음과 같다.

① 대근육놀이

2세 영아는 자르고 붙이거나 연결하여 완성하는 등의 소근육 운동 능력이 부족하다. 반면 밀고 당기는 놀잇감이나 여러 가지 탈것, 낮고 안전한 실내 운동 시설을 이용한 대근육놀이를 좋아한다.

② 감각운동놀이

영아는 우연히 발견한 사물이나 형태들에 대해 흥미를 느끼고 감각 기능과 운동 능력을 이용하여 반복적으로 탐색하는 놀이를 한다. 그러므로 무엇을 만들기보다 여러 가지 사물을 감각적으로 탐색하는 데 관심을 가지며 발달 초기 단계에는 자신의 신체를 더 많이 이용하거나 행동에 관심을 두다가 차츰 사물에 대한 흥미를 갖게 된다.

③ 단순하고 반복적인 놀이

영아는 어떤 사물이나 행동을 통해 재미를 느꼈을 때 의도적인 행동을 보이게 된다. 자신의 흥미를 지속하기 위해 동일한 결과를 얻기 위한 단순한 놀이 활동을 자주 하게 되는 것이다. 다시 말해 발달 초기 단계에서 영아는 단순히 흥미를 느끼고 그 흥미를 지속하기 위해 반복적인 행동을 보인다.

단순한 놀이는 점차 발달 단계가 진행되면서 목적과 의도성이 포함되고, 그것 역시 반복적인 행동을 통해 달성된다. 그래서 영아의 놀이 활동들이 재구성되며 보다 흥미롭게 이루어질 수 있다.

④ 모방놀이와 상징놀이

감각운동기 후기에 나타나는 지연 모방에서 출발하여 모방놀이가 시작된다. 2세 영아는 주변의 유사한 사물들을 이용하여 일상생활에서 자주 경험할 수 있는 전화놀이, 인형 보살피기, 빨래하기 등과 같은 단순한 상징놀이를 즐겨 한다.

⑤ 혼자놀이

2세 영아의 사회적 접촉은 단순하고 일시적이다. 영아는 적극적으로 다른 친구들과 놀고 싶어 하지만 상호작용이나 협력하는 기술이 부족하다. 게다가 독립적이고 고집이 세며 반항적이고 타협하기가 어려우며 혼자놀이를 선호한다. 즉 2세 영아는 감각 기능과 대근육을 활용한 놀이를 많이 하고 놀이 형태가 단순 반복적이며 혼자놀이를 주로 하는 특징을 보인다.

2) 유아기 놀이의 특징

유아기에 가장 좋아하는 활동은 가상놀이로 소꿉놀이, 병원놀이, 학교놀이 등이 주요 놀이가 된다. 유아기 동안 가상놀이는 점점 더 빈번해지고 연령이 증가하면서 한층 복잡해진다.

유아의 놀이는 사회성, 지능, 신체 운동 능력의 발달 정도에 따라 그 종류도 바뀌어 간다. 유아에게 놀이의 기능은 매우 중요한 것으로, 신체적인 면에서는 균형을 이루게 하고 유아기의 왕성한 신체 운동의 욕구를 충족시킬 수 있으며, 지적인 면에서는 상상과 환상을 통한 창조력을 개발할 수 있다.

놀이의 정서적 가치는 무엇보다도 중요하다. 유아는 일과가 놀이라고 할 만큼 대부분의 시간을 놀이로 보내는데, 그것이 그들의 정신 건강을 유지하고 티 없이 맑게 성장할 수 있도록 돕는 것이기도 하다. 즉 유아는 욕구나 불만, 자신에게 주어진 한계성을 놀이 과정에서 피력하고 해소한다. 현실에서는 제재가 많은 공격성을 아무런 거리낌 없이 발휘할 수 있으며, 규칙이나 규범 없이 혼자서도 할 수 있으므로 소극적인 유아가 대담해지는 계기도 될 수 있다. 최근에는 놀이의 정서 완화 기능을 유아의 심리 치료에 적용하고 있다. 소아정신과 전문의의 면밀한 계획하에 이루어지는 심리 치료가 큰 도움이 된다고 하며 우리나라에서도 시행하고 있다.

놀이의 사회적 측면에서 본 가치로는 사회화 기능을 들 수 있다. 놀이는 집단 활동이 가능하므로 사회성, 협동심, 양보심, 체념 등을 배우게 되어 친구들과 원만히 지내는 법을 익혀 나간다. 그러나 유아기의 적당한 놀이는 각자의 발달 단계와 개성 등에 따라 다를 수 있다는 것을 기억해야 한다.

(1) 3세 유아

3세가 되면 대소 근육의 운동 능력이 증진되어 층계 오르내리기, 흔들 목마 타기, 공 던지고 받기, 쌓기놀이 등을 많이 한다. 크레파스를 잡고 끄적이는 놀이도 가능하며, 일상생활에서 경험한 내용의 단순한 역할놀이를 하거나 찰흙 또는 모래 등을 가지고 감각적으로 탐색하는 놀이를 즐겨 한다. 친구에게도 관심을 보이기 시작하지만 상호작용이 이루어지지 않아 사회적 놀이는 하지 못하며, 역할놀이에서는 시작할 때와 끝날 때의 주제가 일치하지 않는다.

무엇보다 이 시기의 가장 큰 특징은 신체적 성장의 발달로 다양한 놀이를 즐길 수 있다는 것이다. 즉 이전 시기에는 실내에서 제공되는 놀잇감을 가지고 놀던 것에 비해 3세경에는 신체적 성장의 발달에 따라 실외로 나가 흙, 모래, 물 등 자연적 놀잇감을 가지고 놀이를 한다.

또 다른 특징은 역할놀이의 시작인데, 주로 가정생활과 관련된 내용으로 인형에게 우유를 먹이거나 빗질을 하는 등 단순한 역할놀이를 한다. 이 시기 놀이의 내용을 살펴보면 다음과 같다.

① 대근육 조절 능력을 발달시키는 놀이

신체적 움직임이 더욱 왕성해지지만 균형이나 조절 능력은 아직 불완전하여 성인의 보호가 요구되는 놀이 활동이 많다.

② 자율성과 독립심을 기르는 놀이

자신을 독립된 개체로 인식하기 시작하여 자율성과 독립심이 싹트며, 혼자만의 조용한 놀이 공간에서 놀이를 하거나 놀이 후 자율적으로 정리하도록 도와주면 스스로 정돈을 할 수 있다.

③ 모방놀이와 상징놀이

각 운동기를 지배했던 반사 행동과 탐색 활동에서 벗어나 내적인 사고 과정의 발달을 통해 놀이의 유형이 다양해지고 주변에서 볼 수 있는 행동들에 대한 모방놀이도 다양해진다. 상징적인 행동과 가장 행동(~인 척하는 행동)을 포함하는 상징놀이가 크게 확대되는 시기다.

④ 변덕스러운 감정과 놀이

3세 유아는 솔직하고 강하게 감정을 표현하며 변덕이 심한 편이어서 분노를 폭발적으로 나타내거나 충동적인 행동을 많이 보인다. 그래서 놀이에 대한 흥미도 감정에 따라 많이 달라지고 놀이의 선택도 수시로 변하므로 여유 있는 놀이 활동이 필요하다.

⑤ 혼자놀이와 병행놀이

3세가 되면 또래와 함께 있기를 원하고 친구에 대해 관심도 보이지만 그 관계를 발전시키는 기술은 부족하다. 그래서 혼자놀이를 즐기거나, 같은 놀이 공간에서 친구와 함께 웃거나 나란히 옆에 앉아서 노는 병행놀이가 많이 나타난다.

⑥ 놀이 집단과 지속 시간

이 시기 동안 유아는 여기저기를 돌아다니면서 친구들의 모습을 보거나 놀이를 구경하는 행동, 이것저것을 탐색하는 행동, 놀이에 참여했다 빠져나오는 행동을 자주 하여 놀이 집단이 일정하지 않고 놀이의 지속 시간도 짧다.

⑦ 놀이 과정에서의 잦은 싸움

놀잇감을 나눠 쓰고 자기감정을 조절하면서 다른 친구와 사귈 수 있는 능력이 부족하다. 때문에 문제 상황에 대처하는 기술 또한 부족하여 놀이 과정에서 싸우는 경우가 많다. 예를 들어 적절한 수의 놀잇감이 제공되지 못했을 때 유아는 언어를 통해 요구하기보다는 친구의 놀잇감을 빼앗음으로써 싸움이나 갈등이 생길 수 있다.

⑧ 급격한 어휘 증가와 놀이

3세 유아는 환경에 대해 끊임없는 호기심을 가지고 자율적으로 탐색 활동을 한다. 놀이 과정에서 자신이 알고 있는 것을 말하기 좋아하고, 새로운 사실들을 알기 위해 다른 사람과의 언어적 상호작용을 즐기며 새로운 어휘를 늘려 나간다. 또 주의력과 흥미가 오래 지속되지 않아 혼자놀이와 병행놀이를 즐기면서 주변 환경을 탐색하고 놀이 집단에 점차적으로 적응한다.

(2) 4세 유아

4세 유아의 놀이 발달의 특징을 보면 기초적인 신체 운동 능력이 발달되어 자전거 타기, 달리기 등과 같은 대근육 운동놀이와 구슬 꿰기, 가위질하기, 그림 그리기, 퍼즐 맞추기 등과 같은 소근육 조절 능력을 발달시키는 놀이를 즐긴다. 놀이의 목표를 사전에 계획하지 않고 놀이하는 과정을 즐기는 경향이 있으며, 특히 이 시기에는 언어의 현저한 발달로 말하기를 좋아하여 다른 사람들이 하는 말을 모방하는 놀이를 한다.

이 시기의 유아는 연합놀이를 하는 경우가 많다. 상상력도 풍부하여 가족놀이와 같은 역할극을 많이 한다. 한 가지 놀이에 오래 집중할 수 있으며, 스스로 생각하여 창의적인 놀이를 할 수 있다.

이전까지는 주위의 소리나 물건을 관찰하고 모방하는 수준이었으나, 이제부터는 스스로 생각하며 창의적인 놀이를 할 수 있다는 것이 4세 유아의 특징이다. 놀이 자체를 목적으로 삼아 단순하고 매우 자유롭게 진행되어 나가며, 다른 물건이나 동물 또는 사람의 모양, 역할 등을 모방하고 상상하는 등 상징적 의미가 있는 놀이를 즐긴다. 이 시기 놀이의 내용을 살펴보면 다음과 같다.

① 신체적 활동과 놀이

대근육 활동이 더욱 활발해지고 자신감이 넘치는 시기다. 자신의 신체적 능력을 키우고 자랑하기 위해 정글짐과 오름대 같은 일정한 모양의 놀이 시설을 이용하며, 좀 더 다양하고 복잡한 놀이 환경에 대한 적응을 시도한다.

② 상징놀이

유아는 가게놀이, 병원놀이 등을 하면서 자신이 알고 있는 것을 단순히 재현하는 데 그치는 것이 아니라 구체적 상황에서 일어날 수 있는 감정, 느낌, 생각도 함께 표현하려고 한다. 병원놀이를 하는 경우 유아는 의사와 환자의 역할을 상징적으로 표현하는데, 구체적인 치료 과정과 대화 내용을 능동적이고 사실적으로 나타내려고 노력한다.

③ 창의적 놀이

놀잇감을 단순하게 이용하기보다는 다양하게 활용할 줄 알게 된다. 예를 들면 모래를 담고 쏟는 행동에서 이제는 모래로 길을 만들고 집을 만들며 음식을 만드는 독창적 놀이로 이행한다. 그러므로 유아의 창의적 생각을 풍부하게 키우기 위해서는 다양한 놀잇감이 선택될 수 있어야 한다.

④ 연합놀이

놀이가 확장되고 다양해지면서 친구와 함께 노는 연합놀이가 나타난다. 그러므로 집단을 구성하여 놀이를 하면서 집단에 대한 의식을 높이고 놀이의 지속 시간을 늘려 나갈 수 있다.

⑤ 과학적 탐구놀이

유아는 동식물이나 자연의 형상을 관찰하는 놀이를 좋아하게 된다. 그러므로 실외에서 동물을 키우거나 식물의 성장을 관찰하는 일을 적극적으로 시도한다. 변화하는 자연 현상에 대해서도 관심을 가지며 호기심을 충족하기 위한 과학적 탐구놀이를 전개하여 문제를 보다 즐겁고 능동적으로 해결하고자 한다.

⑥ 분류 · 범주화놀이

단순하고 구체적인 놀이에서 여러 가지 사물의 속성이나 유사점 및 차이점을 분류 또는 범주화하려는 놀이를 즐기게 된다.

⑦ 언어적 표현과 놀이

언어로 자기주장을 말할 수 있고 놀이의 규칙도 이해할 수 있다. 그러나 아직 감정을 조절하거나 언어로 잘 표현하지는 못하여 행동을 수반하는 놀이 활동이 더 많이 나타난다.

⑧ 음악과 놀이

노래 부르기를 매우 좋아하며 음악을 듣고 다양한 방법으로 표현해 보는 놀이 활동을 즐긴다. 단순하고 구체적인 놀이에서 점차 복잡하고 다양한 놀이를 시도하며, 친구와 함께 상호작용을 하면서 노는 연합놀이가 주로 나타나는 것이 특징이다.

⑶ 5세 유아

5세 유아는 신체 운동 기술이 더욱 발달하여 놀이 시설물을 오르내릴 수 있으며, 눈과 손의 협응력이 발달함에 따라 조각 그림을 맞추는 조작놀이를 한다. 놀이를 시작하기 전에 계획을 세우고 친구들과 함께 어느 정도의 규칙은 지키면서 역할을 분담하고 조직적으로 상호작용을 하는 협동놀이를 한다.

지적 자극에 민감하게 반응하여 숫자놀이나 문자놀이 등과 같은 학습과 연관되는 놀이에도 흥미를 느끼며, 자유롭게 탐색하고 창의적으로 표현하는 놀이를 좋아한다. 특히 상상놀이와 극놀이의 규모가 커져 4세 때 가족놀이와 같은 역할놀이에 그치던 것이 5세에 와서 더 확장되어 병원놀이나 가게놀이처럼 직접 경험한 내용의 역할놀이를 하기도 한다.

이 시기에 주목할 만한 놀이의 특징은 지적 능력이 발달하여 퍼즐 등을 맞추는 조작놀이가 가능하다는 것, 그리고 학습과 관련된 놀이를 하며 역할놀이의 내용이 확장되어 유아가 직접 경험한 내용을 놀이에 적용한다는 것이다. 신체의 세련된 운동능력이나 기술을 요하는 활동을 즐기는 것도 한 특징이다. 이 시기 놀이의 내용을 살펴보면 다음과 같다.

① 신체 운동 능력과 놀이

자신의 신체 운동 능력을 이용하여 여러 가지 기교를 부리고 싶어 한다. 빨리 달리기, 계단에서 뛰어내리기, 한 발로 뛰거나 서 있기, 언덕에서 미끄럼 타기 등을 비롯하여 여러 가지 운동 경기도 즐기기 시작하므로 활발한 신체적 놀이가 안전하게 이루어질 수 있어야 한다.

② 문제 해결 능력과 놀이

문제를 해결해 나가는 과정에서 원인과 결과를 관련지어 생각할 수 있으며, 문제를 해결하기 위해 결과에 대한 원인을 찾아보려는 노력도 하게 된다. 예를 들어 식물의 성장에 필요한 요소를 알기 위해 예측 · 관찰 · 실험을 하거나, 요리 과정을 통해 원인과 결과를 연결 지어 보는 놀이 활동을 즐긴다.

③ 물건을 수집하는 놀이

5세 유아는 주변을 탐색하는 놀이를 많이 하게 되므로 자신이 흥미를 느끼는 물건을 모으고 생명과 감정을 부여하는 놀이를 좋아한다. 주변에서 쉽게 볼 수 있는 돌멩이, 나뭇가지, 나무 열매, 플라스틱 조각 등을 주워 주머니에 담아 두고 강한 애착을 보이며 소중하게 여긴다. 이렇게 스스로 수집한 여러 가지 사물을 분류하기도 하고 때로는 감정을 부여하여 놀잇감으로 활용하기도 한다.

④ 과학놀이

확대경을 들고 여기저기 돌아다니면서 사물들을 세밀하게 관찰하고, 자석으로 구체적인 실험도 해보며, 개구리 · 금붕어 · 거북이를 길러 보기도 한다. 곤충이나 벌레를 잡기 위해 땅바닥을 기어 다니는 적극적인 탐색 활동과 자발적인 놀이 활동을 하면서 언어적 질문을 반복하는 가운데 과학적 기본 개념을 이해하게 된다.

⑤ 연합놀이와 협동놀이

친구와 함께 어울려 놀 수 있고, 놀이에 집중하는 시간이 길어지며, 집단의 구성도 가능해진다. 점차 동일한 목표를 정하기 위해 의견을 교환하고 목표를 달성하고자 서로 협력할 줄도 알게 되며, 소속감을 느끼고 놀이의 규칙을 이해하면서 집단을 위해 최선의 노력을 기울이기도 한다. 즉 다양하고 복잡한 놀이를 선택하고 집단 내에서 규칙을 지키는 가운데 구성원들과 협동하는 놀이를 하며, 또래와의 상호작용이 증가하면서 놀이의 지속 시간과 주의 집중력이 길어지는 시기인 것이다.

이상에서 살펴본 놀이의 연령별 발달 단계에 따른 특징을 종합하면, 연령이 증가할수록 단순하고 반복적인 신체운동놀이는 점차 분화되어 정교한 기술로 발달하고, 단순한 놀이에서 벗어나 복잡하고 다양한 놀잇감을 이용하여 구체적인 현실 상황들을 창의적으로 재현할 수 있게 된다는 것을 알 수 있다.

우리의 놀이 3-1

옛날과 오늘날의 비교(짝짓기)

1. 준비물 : 그림 카드
2. 놀이 방법
   (1) 네 명이 할 수 있다.
   (2) 그림 카드(오늘날의 도구)를 뒤집어 놓는다.
   (3) 원하는 기본 판(옛날의 도구)을 하나씩 갖는다.
   (4) 게임 순서를 정한다.
   (5) 카드를 한 장 뒤집는다.
   (6) 기본 판에 있는 그림과 같은 일을 하는 카드가 나오면 그 위에 놓는다.
   (7) 기본 판에 없는 그림 카드가 나오면 다시 뒤집어 놓는다.
   (8) 여섯 칸에 다 채우면 끝난다.
   (9) 놀이가 끝나면 참가자가 돌아가면서 느낌을 이야기한다.

토론 과제

01 놀이가 영유아의 발달에 어떤 영향을 주는지 토론해 보아요.

02 영유아의 연령에 알맞은 놀이로 어떤 것이 있는지 토론해 보아요.

Chapter 4

놀이지도 시 교사의 지원

1 | 놀이지도의 의의

2 | 놀이에서 교사의 역할

3 | 놀이지도의 전략

4 | 놀이 지원 방법

CHAPTER 04

놀이지도 시 교사의 지원

교사가 효과적으로 놀이지도를 하기 위해서는 영유아가 유익한 놀이를 즐겁게 할 수 있도록 사전에 철저히 계획을 세워야 하며 놀이를 확장시키기 위해 적절한 시기에 지원해야 한다. 본 장에서는 놀이지도의 의의, 놀이지도 시 교사의 구체적 지원 방법과 놀이 지원의 실제 활동에 대해 살펴보고자 한다.

1. 놀이지도의 의의

놀이는 영유아의 신체적 · 인지적 · 언어적 · 사회적 · 정서적 발달을 위한 중요한 매개체가 될 뿐만 아니라 현재의 발달 수준을 보여 주는 지표가 된다. 이와 같이 영유아의 생활에서 놀이를 발달의 요인이라 본다면 보다 효과적인 놀이를 장려하기 위한 개입과 지원은 교사의 역할 중 매우 중요한 측면을 차지한다고 할 수 있다. 교사의 놀이지도의 의의를 정리하면 다음과 같다.

(1) 놀이 인정하기

영유아가 놀이를 받아들이는 관점은 교사의 태도와 관련이 있다. 영유아들은 교사가 놀이에 관심을 보이거나 함께 참여하면 자신들의 놀이를 교사가 인정하는 것으로 여긴다. 이러한 인정은 영유아가 자신의 놀이를 가치 있는 활동으로 인식하게 한다.

(2) 친밀감 형성하기

교사가 영유아의 놀이에 참여하여 놀이를 인정하는 등 그들과 긍정적인 상호작용을 하면 두 관계에서 더욱 안정된 친밀감과 친근감이 형성된다.

(3) 놀이 지속과 주의 집중 시간의 증가

교사가 영유아의 놀이에 참여함으로써 놀이 시간을 더 길게 지속시킬 수 있다. 놀이 지속 시간이 길어지면 놀이의 질이 향상되고 주의 집중력이 높아져 이후의 학습 태도와 학습 능력에 긍정적인 영향을 미친다.

(4) 정교하고 성숙한 놀이

교사가 참여하면 영유아의 놀이를 보다 정교하고 성숙한 형태로 이끌 수 있다. 즉 교사가 영유아의 놀이에 참여하고 지도할 때 더 높은 단계의 놀이로 전환된다. 특히 4~5세의 유아가 교사와 상호작용을 하면서 놀 때 인지적으로 더 복잡한 형태의 놀이가 나타나는 경향이 있다.

(5) 다양한 발달의 촉진

교사는 놀이를 인정하고 그 활동에 참여함으로써 영유아의 인지, 언어, 정서, 사회성 등 다양한 측면의 발달을 촉진할 수 있다.

(6) 또래 간 상호작용의 증가

놀이지도를 통해 영유아는 또래 간의 접촉과 상호작용이 원활해지며, 이를 통해 영유아의 사회성을 더욱 발달시킬 수 있다.

(7) 놀이의 풍부화

교사는 영유아 놀이의 범위를 확장시키고 학습 효과를 강화할 수 있는 놀이 자료, 놀이 관련 생각, 놀이 기술을 제공함으로써 놀이를 풍부하게 만들 수 있다.

(8) 비계 설정

교사의 개입은 영유아로 하여금 혼자 힘으로 할 수 없는 활동에 '근접 발달 영역'을 창조하여 영유아가 적극적으로 놀이에 참여할 수 있게 한다.

2. 놀이에서 교사의 역할

교사는 영유아의 놀이에 영향을 미치는 주요 요인으로서 놀이를 정교하고 풍부하게 만들며, 학습과 발달이 일어날 수 있는 질 높은 놀이로 이끄는 역할을 해야 한다. 놀이에서 교사의 역할을 살펴보면 다음과 같다(이숙재, 2004).

(1) 관찰자의 역할

교사는 영유아의 놀이를 주의 깊게 관찰하여 신체적 · 인지적 · 사회적 · 정서적 발달 수준을 파악하고, 놀이를 발달시키고 확장하는 데 필요한 정보를 얻어 효율적인 놀이지도를 해야 한다.

(2) 계획과 조직의 역할

교사는 영유아가 안전한 환경에서 즐겁고 유익한 놀이를 할 수 있도록 영유아의 요구와 발달 수준에 알맞은 실내외 놀이 환경을 사전에 계획하고 조직해야 한다. 즉 생활 주제, 교육 목표, 난이도 등을 고려하여 놀이 활동을 조직하고 영유아의 흥미를 유발할 수 있는 놀잇감을 제공해야 한다.

(3) 상호작용의 역할

교사는 놀이를 하는 동안 영유아와 다양한 형태의 상호작용을 해야 한다. 놀이에 직접 참여하여 영유아를 돕거나 적절한 제언을 하여 놀이를 발전시킬 수도 있으며, 놀이를 하는 영유아를 웃으면서 바라보거나 어깨를 두드려 주는 행동 또는 격려의 말을 통해 놀이를 후원할 수 있다. 그 밖에 놀이에 참여하지 못하거나 특정 놀이만 하는 유아와의 개별적인 상호작용을 통해 점진적인 놀이 발달을 도모해야 한다.

(4) 감독자의 역할

교사는 영유아가 안전한 환경에서 편안한 마음으로 놀 수 있도록 배려해야 한다. 놀잇감이 안전하고 교육의 목적과 용도에 맞게 사용되는지, 놀이 공간은 충분한지, 놀이 과정에서 폭력적인 행동이 나타나지 않는지, 정리 정돈이 잘되고 있는지 등을 살펴보아야 한다.

(5) 평가자의 역할

교사는 영유아의 놀이를 감독하고 관찰한 결과를 체계적으로 평가해야 한다. 그리고 이를 토대로 올바른 놀이지도를 계획하고 실천해야 한다.

3. 놀이지도의 전략

교사가 영유아의 놀이를 지도하기 위해서는 놀이 자원을 준비하고 그들의 놀이를 관찰하여 적절한 시기에 적절한 방법으로 놀이에 개입해야 한다. 영유아의 놀이지도를 위한 전략을 살펴보면 다음과 같다.

1) 놀이 자원의 준비

영유아의 놀이지도가 잘 이루어지기 위해 준비해야 할 자원은 시간, 공간, 놀이 자료, 사전 경험이다.

(1) 시간

놀이의 시간과 질은 비례 관계에 있으므로 교사는 영유아에게 충분한 놀이 시간을 제공해야 한다. 특히 구성놀이와 사회극놀이 같은 인지적으로 복잡한 놀이 유형은 상당히 많은 시간을 필요로 한다. 적절한 놀이 시간은 영유아의 연령과 놀이 기술에 따라 다르지만 일반적으로 교육기관에서는 최소한 45분 정도 지속되어야 한다. 만약 충분한 놀이 시간을 제공하지 않을 경우 영유아는 높은 수준의 놀이를 하기가 힘들다. 이때는 주어진 시간에 만든 구성물을 며칠 동안 유지하는 것을 허용하여 더 발전된 놀이가 되도록 도와줄 수 있다.

(2) 공간

영유아가 다양한 놀이를 하기 위해서는 적절한 놀이 공간이 필요하다. 특히 놀이 공간의 배치는 놀이의 유형과 질에 중요한 영향을 미친다. 일반적으로 교육기관에서는 놀이 공간을 흥미 영역으로 구분하여 관련 내용에 알맞은 놀잇감을 제공함으로써 영유아가 서로 방해하지 않고 확장된 놀이가 이루어지도록 하고 있다.

(3) 놀이 자료

질 높은 놀이를 위해서는 다양한 놀이 자료, 즉 놀잇감이 필요하다. 놀이 자료는 영유아의 흥미를 자극하는 모든 것이 될 수 있다. 그러므로 교사는 상품화되거나 직접 제작한 것 외에도 자연물, 일상생활용품 등 다양한 자료를 제공하여 영유아 놀이의 확장을 도와야 한다.

놀이 자료의 특성은 영유아의 놀이 형태에도 많은 영향을 미친다. 가령 상상놀이에 필요한 소품들은 역할놀이를 자극하는 반면 블록, 적목, 퍼즐, 미술 재료 등은 구성놀이를 촉진한다.

놀이 자료를 준비할 때는 연령도 고려해야 한다. 역할놀이에서 영아는 사실성과 유사성이 높은 사물을 사용하여 가정생활과 관련된 놀이를 많이 하지만 유아는 사실성과 유사성이 적은 놀이 자료를 활용하여 사회의 여러 기관 및 상황과 관련한 창의적인 놀이를 많이 한다.

(4) 사전 경험

영유아는 자신의 사전 경험과 지식에 기초하여 놀이를 한다. 그러므로 교사는 영유아의 놀이가 더 발전되고 확대될 수 있도록 놀이와 관련된 사전 경험과 지식을 제공해야 한다. 가령 영유아가 역할놀이에서 자신이 표현하려는 역할에 대한 경험과 지식이 부족하다면 그 놀이를 유지하기가 어려울 것이다. 대부분의 영유아는 가족 구성원의 역할에 대해서는 충분한 경험을 갖고 있으나 주제 영역과 관련된 직업의 역할에는 친숙하지 않을 수 있다. 따라서 교사는 견학, 다양한 직업의 자원 인사 초청, 직업에 관한 책이나 영상물 보기 등 놀이와 관련된 경험을 제공하여 영유아가 주제에 관한 역할을 보다 명확하게 이해할 수 있도록 도와야 한다.

2) 놀이 관찰

성공적인 놀이지도의 시작은 놀이를 적극적으로 관찰하는 것에서부터 시작된다. 적극적인 관찰은 영유아가 놀이를 발달시키고 확장하기 위해 무엇이 필요하고 어떤 것을 도와야 하는지에 대한 정보를 제공한다. 만약 교사가 주의 깊게 관찰하지 않고 놀이에 개입한다면 긍정적인 면보다 부정적인 면이 많아질 수도 있다.

관찰은 시간, 장소, 놀이 자료, 그리고 경험이 보충적으로 제공되어야 할 때와 놀이에서 지시적인 교사 개입이 필요한 때를 알려 주며, 놀이와 교사 개입을 연결하는 기능을 한다. 더 나아가 관찰은 영유아의 현재 흥미와 요구에 맞는 개입의 기반을 만들어 교사가 적절한 방식으로 놀이에 개입할 수 있도록 유도함으로써 놀이가 풍부해질 수 있도록 돕는다.

4. 놀이 지원 방법

교사는 영유아의 놀이 상황에 적절한 지원을 하여 놀이를 정교화하고 풍부하게 이끄는 역할을 해야 한다. 이를 위해 놀이 지원 시기와 유형을 잘 알고 선택할 수 있는 능력이 필요하다. 교사가 적절한 방법으로 놀이를 지원하면 영유아의 놀이 경험이 보다 풍부해진다. 반면에 교사가 놀이를 지나치게 통제하거나 무감각한 방법으로 지원하면 오히려 놀이를 방해할 수 있다. 그러므로 교사는 적절한 선을 유지하면서 영유아의 놀이를 지원해야 한다. 교육 현장에서 영유아의 놀이를 촉진하는 교사의 지원 방법에 대한 학자들의 주장을 살펴보면 다음과 같다.

1) Johnson, Christie와 Yawkey의 교사 지원 방법

Johnson, Christie와 Yawkey는 교사가 놀이를 지원하는 방법을 포괄적으로 제시했다. 즉 교사가 놀이에 전혀 관여하지 않는 방법으로부터 방관자, 무대감독자, 공동놀이자, 놀이 리더, 학습지도자의 역할로 점차 지원의 강도를 높여 가는 방법을 설명했다. 이들에 의하면 이러한 지원 방법 가운데 전혀 개입을 하지 않거나 놀이 상황에서 학습 지도를 하는 극단적인 방법은 영유아의 놀이에 부정적인 영향을 미치며 나머지 중간 수준의 지원 방법, 즉 방관자, 무대감독자, 공동놀이자, 놀이 리더의 역할이 효과적이라고 한다.

(1) 방관자

가장 소극적인 지원 방법으로, 교사가 놀이 중인 영유아를 가까운 거리에서 지켜보며 관심을 표현한다. 이 방법은 교사가 영유아의 놀이에 관심이 있으며 그 놀이를 인정한다는 뜻이 전달되고, 교사는 놀이를 지켜보면서 영유아가 선호하는 놀이 내용, 놀잇감, 놀이 친구 등을 파악할 수 있으며, 어떤 방법으로 적절히 지원할 것인지를 결정할 수 있다는 장점이 있다. 그러나 영유아에게 부담을 줄 수도 있기 때문에 항상 유의해야 한다.

놀이의 실제(예시)

영아 : '빵빵' 소리를 내며 자동차를 밀고 있다.
교사 : 영아가 놀이를 하는 모습을 가까이에서 미소 띤 얼굴로 고개를 끄덕이며 바라본다.

유아 : 모래 영역에서 모종삽으로 모래를 파서 언덕과 구멍을 만들고 있다.
교사 : "민준아." 하고 다정하게 부른 후 "우리 민준이가 즐겁게 놀이를 하고 있구나. 지금 무엇을 만들고 있니?" 라고 묻는다.

(2) 무대감독자

교사가 놀이 준비와 진행을 도와주고 조언하는 지원 방법으로, 영유아가 놀이 상황을 준비하는 것을 돕고 놀이가 원만하게 진행되도록 이끌어 주는 역할을 한다. 예를 들면 놀이 내용과 아이디어를 확장시켜 발전된 놀이를 할 수 있도록 적절한 질문을 하는 것이다. 이 방법은 교사가 상황에 적절한 제안을 하여 놀이를 확장시킬 수 있다. 그러나 꼭 필요한 경우에만 개입하도록 한다.

놀이의 실제(예시)

영아 : 토끼, 강아지, 곰 인형을 가지고 '자장자장'을 하고 있다.
교사 : "민서가 인형들을 재우고 있구나. 선생님이 여기에 침대를 만들어 줄게요. 침대에 인형들을 눕혀서 재우도록 하자."

유아 : 병원놀이를 하기 위해 역할놀이 영역에서 놀이에 필요한 역할과 물품들에 대해 이야기하고 있다.
교사 : "그래, 병원놀이를 하기 위해 이런 것들을 준비하면 좋겠구나. 참 좋은 생각이다. 그렇게 하면 되겠다. 접수하는 곳, 의사 선생님이 계신 곳, 주사 맞는 곳 등 병원의 위치를 적어서 붙여 놓으면 환자들에게 많은 도움이 될 거야."

(3) 공동놀이자

영유아의 놀이에 파트너로 함께 참여하는 지원 방법으로, 교사가 적극적으로 참여하지만 영유아가 놀이를 주도하고 교사는 이에 따른다. 이 방법은 놀이를 활성화하고 발전시킬 수 있을 뿐만 아니라 교사와 영유아 간에 친밀감을 형성할 수 있다. 그러나 영유아가 교사를 놀이에 참여하도록 초대하는 경우나, 놀이를 진행시키기 위해 교사가 파트너가 되어야 할 경우 등 꼭 필요한 경우에만 개입한다.

놀이의 실제(예시)

영아 : 자신의 배를 만지고 있다.
교사 : "지환이가 배가 아프구나. 자, 내가 의사 선생님이에요. 의사 선생님이 진찰해 줄게요. 아이고, 지환이가 밥을 너무 많이 먹었나 봐요. 의사 선생님이 지환이의 배를 만져 줄게요."

유아 : "자, 맛있는 사과와 귤이 있습니다. 사과 사세요! 귤 사세요!"
교사 : "사과가 얼마예요?"
유아 : "500원입니다."
교사 : "한 개에 500원이예요?"
유아 : "네. 한 개에 500원입니다."
교사 : "그럼, 귤은 얼마예요?"
유아 : "귤은 1,000원입니다."
교사 : "그럼, 사과 두 개와 귤 한 개 주세요. 모두 얼마인가요?"
유아 : "2,000원입니다. 여기 있습니다."
교사 : "네. 안녕히 계세요."

(4) 놀이 리더

교사가 놀이에 참여하여 주도권을 갖고 놀이를 이끌어 나가는 적극적인 지원 방법이다. 이 방법은 영유아가 스스로 역할놀이에 참여하지 못할 때, 다른 영유아와 함께 놀이를 하는 것에 어려움이 있을 때, 놀이가 반복되거나 중단될 위험이 있을 때 교사가 놀이 리더로서 지원하면 효과적이다. 그러나 교사의 주도로 지시와 통제가 이루어지기 때문에 영유아의 자발적인 놀이 욕구를 침해할 가능성이 있다.

놀이의 실제(예시)

영아 : 네모, 세모, 동그라미 모양의 블록을 가지고 있다.
교사 : "세민이가 모양 블록을 가지고 있구나. 네모 모양의 블록 친구를 여기에 있는 네모 블록 넣기 판에 넣어 보자."
영아 : 네모 모양의 블록을 가지고 블록 넣기를 한다.
교사 : "그럼, 이번에는 세모 모양의 블록을 찾아볼까?"
영아 : 세모 모양의 블록을 찾아온다.
교사 : "그래, 이것이 세모 모양의 블록이구나. 그럼, 동그라미 모양의 블록은 어디에 있을까?"
영아 : 동그라미 모양의 블록을 찾아온다.
교사 : "맞았어요. 먼저 세모 모양의 블록을 여기에 있는 세모 블록 넣기 판에 넣어 보자."
영아 : 영아가 세모 모양 블록을 끼우기 판에 넣는다.
교사 :"잘했어요. 이번에는 동그라미 모양의 블록을 끼우기 판에 넣어 보자."

유아 : 만화영화를 보다가 등장인물이 되어 역할을 모방하고 있다.
교사 : "자, 선생님은 만화영화를 만드는 영화감독이에요. 그럼, 지금부터 영화를 촬영합니다. 레디, 액션!"
유아 : 유아들이 각자 만화영화의 등장인물이 되어 역할을 연기한다.
교사 : "지훈아, 그 역할은 좀 더 목소리를 크게 하면 좋을 것 같다. 지금보다 더 큰 목소리로 해보자."
유아 : "네."
교사 : "미리는 지금의 그 옷보다는 날개가 될 수 있는 옷을 입으면 좋을 것 같구나. 옷을 갈아입어 보자."
유아 : "네."
교사 : "무대는 교실보다 실외 놀이터가 더 좋을 것 같구나. 우리 모두 실외 놀이터로 이동하자."

(5) 학습지도자

교사가 놀이의 확장이나 촉진보다는 놀이를 통한 영유아의 인지 학습에 초점을 맞춰 지원하는 방법이다. 즉 교사가 놀이 중에 적절한 질문이나 제안으로 영유아의 인지 학습을 유도하는 것이다. 이 방법은 연령이 높은 유아의 인지 학습에 효과적이나 영유아의 놀이 흐름을 방해할 수 있으므로 유의해야 한다.

놀이의 실제(예시)

영아 : 곰 인형의 눈, 코, 입 등을 만지고 있다.
교사 : "영철이가 곰 인형을 갖고 놀고 싶구나. 곰 인형은 눈이 어디에 있나요? 코는 어디에 있나요? 그럼, 입은 어디에 있나요?"
영아 : 교사의 질문에 따라 곰 인형의 눈, 코, 입을 만진다.
교사 : "그럼, 이번에는 영철이의 눈이 어디 있는지 볼까요?"
영아 : 자신의 눈을 가리킨다.
교사 : "그래, 영철이의 눈은 거기에 있구나. 그럼, 코는 어디에 있나요?"
영아 : 자신의 코를 가리킨다.
교사 : "맞아요. 영철이의 코는 거기에 있어요. 그럼, 입은 어디에 있나요?"
영아 : 자신의 입을 가리킨다.
교사 : "잘했어요. 영철이의 입은 거기에 있어요."

유아 : 시장놀이를 하고 있다.
교사 : "선생님은 배추를 사려고 해요. 배추를 사려면 어디로 가야 할까요?"
유아 : "배추 가게요."
유아 : "슈퍼마켓이요."
교사 : "그래, 배추를 사려면 배추 가게나 슈퍼마켓으로 가면 되겠구나."
유아 : "네."
교사 : "그럼, 배추를 파는 배추 가게를 다른 말로 무엇이라고 할까요?"
유아 : "채소 가게요."
교사 : "맞았어요. 슈퍼마켓에서는 배추 말고도 또 어떤 것들을 살 수 있을까요?"
유아 : "과자, 아이스크림, 음료수, 비누, 치약, 과일이요."
교사 : "맞아요. 슈퍼마켓은 우리가 사용하는 것들을 다양하게 살 수 있는 곳이에요."

2) Wolfgang, Mackender와 Wolfgang의 교사지원연속모형

Wolfgang, Mackender와 Wolfgang이 제시한 교사지원연속모형TBC : Teacher Behavior Continuum은 영유아 중심의 개방적인 놀이 지원에서 교사 중심의 구조화된 지원으로 일련의 연속적인 조치를 취할 수 있음을 강조한다. 여기서는 교사 지원을 단계적으로 구분하여 응시, 비지시적 진술, 질문, 지시적 진술, 모델링, 물리적 개입 등의 단계로 순서화한다.

(1) 응시

교사가 영유아의 놀이하는 모습을 가까이에서 적극적으로 관찰한다. 이때 영유아가 다양한 상상을 하면서 너무 흥분하지 않도록 지켜본다. 응시는 가장 개방적인 놀이 지원 방법이다.

놀이의 실제(예시)

영아 : 토끼 인형을 관찰하고 있다.
교사 : 영아가 놀이를 하는 모습을 가까이에서 미소 띤 얼굴로 고개를 끄덕이며 바라본다.

유아 : 크기가 작은 블록에서 큰 블록을 순서대로 나열하고 있다.
교사 : 유아가 놀이를 하는 모습을 가까이에서 미소 띤 얼굴로 고개를 끄덕이며 바라본다.

(2) 비지시적 진술

교사가 영유아의 놀이를 지켜보는 가운데 놀이 행동을 언어로 표현하는 지원 방법이다. 영유아들의 역할놀이 상황에서 교사가 구체적으로 언어적 표현을 한다. 이 방법은 영유아의 행동을 있는 그대로 진술해 준다.

놀이의 실제(예시)

영아 : 토끼 인형을 관찰하고 있다.
교사 : "민지가 토끼 인형을 관찰하고 있구나."

유아 : 인형에 청진기를 대고 있다.
교사 : "선생님이 보니 지환이가 의사구나. 아픈 친구를 치료해 주고 있네."

(3) 질문

영유아의 놀이가 확장될 수 있도록 교사가 적절한 상황에서 질문을 하는 지원 방법이다. 교사의 질문을 통해 놀이의 내용이 확장되고 지속 시간도 길어질 수 있다. 그러나 질문이 영유아의 집중을 방해할 수 있으므로 유의해야 한다.

놀이의 실제(예시)

영아 : 토끼 인형을 관찰하고 있다.
교사 : "민지가 토끼 인형을 관찰하고 있구나. 그런데 토끼가 배가 고픈가 봐요. 어떻게 하죠? 토끼는 무엇을 먹나요?"
영아 : 주변에 있는 당근 모형의 장난감을 가지고 와서 토끼에게 준다.

유아 : 거울을 보며 머리를 만지고 있다.
교사 : "지혜는 머리가 아주 길구나. 머리를 예쁘게 다듬으려면 어디로 가야 할까요?"
유아 : "미용실이요."
교사 : "그래요. 미용실에 가면 지혜 머리를 예쁘게 다듬을 수 있어요."

(4) 지시적 진술

교사가 놀이 상황에서 역할을 배정해 주거나 놀이 내용의 전개를 지시하는 지원 방법이다. 놀이의 내용과 전개의 전반적인 사항을 교사가 지시하고 영유아는 교사의 지시에 따른다. 이 방법은 영유아의 놀이에 대한 집중과 흥미를 저해할 수 있으므로 주의해야 한다.

놀이의 실제(예시)

영아 : "선생님, 토끼가 배가 고픈가 봐요."
교사 : "그렇구나. 토끼는 당근을 제일 좋아하는 동물이에요. 당근을 가지고 와서 토끼에게 주자."
영아 : 주변에 있는 당근 모형의 장난감을 가지고 와서 토끼에게 준다.

교사 : "지금부터 병원놀이를 할 거예요. 규빈이는 의사니까 청진기를 하고, 진아는 환자니까 여기 침대에 누워야겠구나."
유아 : 유아들이 교사의 지시를 따르며 놀이가 진행된다.

(5) 모델링

영유아의 놀이 상황에서 진행하는 놀이 내용에 적절한 행동을 교사가 시범으로 직접 보여 주는 지원 방법이다. 이 방법은 놀이가 이어지지 않거나 확장되지 않을 경우 사용하여 놀이가 지속되고 확장되도록 지원한다.

놀이의 실제(예시)

영아 : 아기 인형을 안고 우유를 주려 한다.

교사 : "수민이가 아기에게 우유를 주려고 하는구나. 자, 아기에게 우유를 줄 때는 이렇게 하는 거예요." 하며 시범을 보인다.

영아 : 교사의 행동을 보고 따라 한다.

교사 : "여기에 불이 났어요. 불이 났을 때는 누가 불을 끄죠?"

유아 : "소방관 아저씨요."

교사 : "소방관 아저씨는 불이 났을 때 불을 끄기 위해 이렇게 해요." 하며 시범을 보인다.

유아 : 교사의 행동을 보고 따라 한다.

---

(6) 물리적 개입

교사의 지원 방법 중 가장 구조화된 것으로, 교사는 놀이 내용과 상황에서 역할에 적합한 소품을 제시하고 영유아의 행동을 직접 교정해 준다. 이 방법은 영유아의 놀이 수준을 높이기 위한 목적으로 지원된다.

놀이의 실제(예시)

영아 : 흔들흔들 몸을 흔들고 있다.

교사 : "영빈이가 춤을 추고 싶은가 보구나. 자, 선생님이 음악을 틀어 줄게요. 어떤 음악이 듣고 싶어요? 그래, '생일 축하합니다.'가 좋겠어요."

영아 : 음악을 틀자 리듬에 맞춰 즐겁게 춤을 춘다.

유아 : 시장놀이를 하는 중에 물건을 사면서 망설이고 있다.

교사 : "지영아, 물건을 살 때는 먼저 이렇게 물건을 고르고 돈을 낸 다음에 물건을 봉지에 담아 오는 거예요."

유아 : 교사의 행동을 보고 따라 한다.

---

3) Wood, McMahon과 Cranstoun의 교사 지원 방법

Wood, McMahon과 Cranstoun은 교사의 놀이 지원 방법을 병행놀이, 협동놀이, 놀이교수, 현실 대변인의 네 가지로 구분했다.

(1) 병행놀이parallel playing

병행놀이는 교사가 영유아의 곁에서 같은 놀이 자료를 가지고 놀이를 하지만 상호작용은 하지 않는 지원 방법이다. 교사는 일상적인 말을 하면서 유아의 놀이를 자극하지만 유아와 어떠한 대화도 시도하지 않는 것이다. 이 개입은 기능놀이(감각운동놀이)와 구성놀이에서 발생한다. 병행놀이는 영유아에게 편안함을 느끼게 하고 놀이가 가치 있다는 것을 깨닫게 하여 오랜 시간 놀이에 몰입하게 만드는 장점이 있다.

놀이의 실제(예시)

영아 : 스펀지 블록으로 쌓기 활동을 하고 있다.
교사 : 옆에서 같은 스펀지 블록으로 쌓기 활동을 하면서 "나는 아주 높은 집을 짓고 있어요."라고 말한다.

유아 : 찰흙으로 무엇인가 만드는 활동을 하고 있다.
교사 : 유아의 옆에서 찰흙으로 만들기를 하면서 "나는 지금 예쁜 우리 엄마를 만들고 있어요."라며 일상적인 말을 한다.

(2) 협동놀이co-playing

협동놀이는 교사가 계속적인 놀이 장면에 참여하되 영유아 스스로 놀이 과정을 조정하도록 유도하는 지원 방법이다. 기본적으로 영유아의 질문과 행동에 반응하면서 교사는 영유아에게 적절히 질문하고 그 놀이를 발전시킬 수 있는 의견을 이야기한다.

영유아는 이러한 교사의 제언을 받아들이거나 거절할 수 있는 자유가 있다. 교사는 놀이의 방향을 조정하도록 주제를 덧붙이거나 새로운 놀이 소품을 소개하여 놀이를 확장시킨다. 교사는 새로운 소품, 상황, 역할 등에 관해 질문을 던지고 영유아의 행동과 반응에 대처함으로써 그들과 상호작용을 할 수 있다. 즉 이 방법은 놀이를 활성화하고 발전시킬 수 있을 뿐만 아니라 교사와 영유아 간에 친밀감을 형성할 수 있다.

교사가 협동놀이로 영유아를 지원하고자 할 때 가장 좋은 방법은 놀이를 지켜보고 있는 교사에게 영유아가 먼저 놀이를 함께 하자고 초대하는 경우다. 그러나 영유아가 교사를 놀이에 초대하지 않는 경우 "선생님도 같이 할까?"라고 말하기보다는 진행되고 있는 놀이와 관련된 역할을 채택하면서 놀이에 참여하는 것이 바람직하다. 즉 자연스럽게 협동놀이 지원 유형으로 영유아의 놀이를 확장시키면서 지원할 수 있다.

협동놀이는 병행놀이와 같이 교사 주도적인 지원 방법이 아니므로 영유아의 놀이를 방해하지 않으면서 지도할 수 있다. 협동놀이는 교사가 영유아와 친밀감을 형성하고 놀이의 수준을 높일 수 있으며, 놀이의 상호작용을 통해 다양한 놀이 행동의 유형을 만들도록 유도하고, 놀이와 관련된 대화를 확장시키면서 놀이 장면에 다른 영유아를 끌어들이는 작용을 한다.

또한 협동놀이는 적극적 개입이 아니므로 교사는 영유아에게 새로운 놀이 행동을 가르치는 데 초점을 두지 않는다. 협동놀이로 개입하는 경우 교사는 놀이에 필요한 새로운 구성 요소들을 제시하여 놀이를 확장시키고 풍요롭게 할 수 있다. 이러한 특성상 협동놀이는 인지적 · 사회적 기술이 부족하거나 놀이 경험이 부족한 영유아에게는 많은 도움이 되지 않는다.

놀이의 실제(예시)

영아 : 공 던지기를 하고 있다.
교사 : "선생님이 영민이에게 공을 던질까요?" 하며 공을 던진다.
영아 : 웃으며 교사가 던진 공을 받으려고 한다.
교사 : "영민아, 선생님한테도 공을 던져요. 선생님이 받을게요."
영아 : 교사에게 공을 던진다.
교사 : 일부러 공을 놓치면서 "선생님이 공을 못 받았어요."라고 말한다.
영아 : 즐거워하며 공을 받지 못한 교사를 흉내 낸다.

유아 : 병원놀이를 하고 있다.
교사 : "의사 선생님! 배가 아파요. 도와주세요."
유아 : "배가 어떻게 아파요?"
교사 : "많이 아프기도 하고, 계속 화장실에 가고 싶어요."
유아 : "계속 화장실에 가고 싶은 걸 보니 배탈이 난 것 같네요."
교사 : "그렇군요. 어제 아이스크림을 세 개 먹었는데, 너무 많이 먹었나요?"
유아 : "네, 아이스크림은 한 개만 먹어야 배탈이 나지 않아요."
교사 : "네! 이제부터는 한 개씩만 먹을게요."

(3) 놀이교수 play tutoring

놀이교수는 교사 주도적 지원 방법으로, 교사가 직접 놀이에 참여한다. 이 방법은 교사가 새로운 놀이 주제를 제안하거나, 놀이 과정 중에서 중요한 역할을 담당하거나, 놀이 과정을 부분적으로 통제하면서 영유아에게 새로운 놀이 행동을 가르치는 것이다. 즉 놀이교수는 교사가 주도권을 갖고 놀이를 이끌어 나가며 영유아에게 직접 놀이를 가르치는 지원 유형으로 사회극놀이의 지도에 주로 적용된다. 놀이교수 지원 방법에는 외적 지원과 내적 지원이 있다.

① 외적 지원

외적 지원은 Smilansky(1968)에 의해 구성된 놀이지도의 한 형태다. 농구 경기장에서 코치가 선수들에게 경기를 지도하는 것처럼 교사는 놀이자로 참여하지 않고 밖에서 영유아의 놀이 행동을 격려하기 위해 제안과 설명을 하는 방법이다. 놀이교수는 영유아가 지금까지 적용해 온 역할들과 경험에 중점을 두고 지도한다. 즉 교사는 놀이를 확장할 수 있는 다양한 제안을 통해 영유아가 택한 놀이의 역할에 대해 조언하고 영유아 간의 사회적 상호작용과 언어적 대화를 촉진하거나 놀이에 필요한 소품을 제안할 수 있다. 교사는 놀이 자체에는 참여하지 않으면서 놀이의 시작과 놀이 사건 과정을 조절하며 역할 및 진행에 관해 영유아에게 도움을 준다.

놀이의 실제(예시)

영아 : 공을 발로 차고 있다.
교사 : "발로 차는 공으로는 축구공이 있어요. 축구공이 어디에 있나요?"
영아 : 축구공을 찾아와서 발로 찬다.
교사 : "그래요. 축구공은 발로 차는 거예요."

유아 : 병원놀이를 하고 있다. 한 유아가 인형을 안고 병원놀이하는 것을 바라만 보고 있다.
교사 : "아기가 열이 많이 나네요. 어서 병원에 가서 의사 선생님께 진료를 받아요."
유아 : 인형을 안고 병원 의자에 앉으며 "의사 선생님, 아기가 열이 나요. 도와주세요."라고 말한다.

② 내적 지원

내적 지원은 교사가 놀이에 직접 참여하여 일부분을 담당하고 일정한 역할을 맡아 적극적으로 영유아와 함께 놀이를 진행하는 방법이다. 교사는 영유아가 나타내지 않았던 놀이 행동을 보여 주거나 주요 역할을 하며 다양한 행동과 언어적 상호작용을 하여 놀이 과정을 지시한다. 따라서 내적 지원은 교사의 지원 방법 중 가장 적극적인 유형이다.

이 방법은 교사가 모델링으로 참여하여 영유아에게 새 기술을 가르치는 데 매우 효과적이며, 교사의 놀이에 대한 지원 정도나 의도가 외적 지원에 비해 큰 것이 특징이다. 즉 내적 지원은 교사가 놀이에서 일정 역할을 맡아 참여하면서 자신의 행동이나 언어를 통해 유아의 놀이를 지도하는 것이다.

놀이의 실제(예시)

영아 : 여러 개의 자동차를 동시에 옮기려 한다. 팔과 손 사이로 자동차가 계속 떨어지자 기분이 좋지 않다.
교사 : "여기에 있는 자동차를 모두 옮기고 싶구나. 어디로 옮기려고 하니?"
영아 : 역할 영역을 손으로 가리킨다.
교사 : "자, 선생님이 여기에 있는 트럭을 줄게요. 트럭에는 작은 자동차들을 실을 수 있어서 한꺼번에 역할 영역으로 옮길 수 있어요." 하며 영아와 교사가 함께 작은 크기의 자동차들을 트럭에 싣는다.
영아 : 교사와 함께 작은 자동차들을 실은 트럭을 역할 영역으로 끌고 가면서 "빵빵!" 하고 외친다.

유아 : 역할놀이 영역에서 특정 놀이가 이루어지지 않고 있다.
교사 : "나는 초록반 선생님이에요. 모르거나 궁금한 것이 있으면 물어보아요."
유아 : "선생님, '해님'은 어떻게 쓰나요?"
교사 : "해님은 이렇게 써요." 하며 종이에 천천히 글씨를 써서 보여 준다.

(4) 현실 대변인 spokesman for reality

놀이를 교수 학습의 매개체로 활용할 때 적용할 수 있다. 교사는 영유아의 놀이 장면 밖에서 놀이 활동과 현실 세계를 연결해 주며, 영유아의 놀이에서 상징 전환을 중단하고 놀이 장면에 현실을 끼워 넣도록 한다. 즉 현실 대변인은 교사가 현실의 대변인으로서 지원하는 방법으로 놀이가 학문적 내용의 교수 매체로 활용될 때 효과적이다. 따라서 교사는 영유아가 현실적인 상황이나 개념을 놀이 상황에 반영할 수 있도록 질문과 제안을 한다.

이 지원 방법은 교수 학습의 상황을 유도하여 특정 지식과 정보를 제공할 수 있을 뿐만 아니라 현실 세계를 바탕으로 한 논리적 사고를 격려하는 장점이 있다. 즉 교사는 높은 수준의 성숙된 놀이 활동이 이루어지도록 유의하여 영유아의 발달과 학습을 극대화할 수 있다. 그러나 적절한 지도가 아니면 놀이 활동을 혼란스럽게 할 뿐만 아니라 중단의 위험도 있으므로 꼭 필요한 경우에만 간략하게 적용해야 하며, 취학 전 연령의 유아보다 초등학교 연령의 아동에게 많이 사용된다.

놀이의 실제(예시)

영아 : 인형을 안고 울음을 달래고 있다.
교사 : "아기가 안아 줘도 계속 울고 있네요. 어디가 아픈 것 같아요? 아기가 아프면 어떻게 해야 할까요?
영아 : "병원에 가요."
교사 : "그래요. 그럼, 아기가 가는 병원은 어디일까요? 아기는 소아과에 가면 돼요."

유아 : 병원놀이를 하고 있다. 인형을 안고 이가 아프다고 하면서 소아과 병원 앞에서 기다리고 있다.
교사 : "이가 아파도 소아과에 갈까요? 이가 아플 때는 어느 병원으로 가면 좋을까요? 혹시 치과라고 들어 본 적이 있나요?"

지금까지 교사의 놀이 지원 방법을 살펴본 결과에 의하면 교사가 영유아의 놀이를 성공적으로 지원하기 위해서는 지원 시기가 중요하다는 것을 알 수 있다. 적절한 시기의 지원은 영유아의 놀이를 확장하고 풍부하게 할 수 있으나 잘못된 시기의 지원은 놀이를 방해하거나 완전히 끝나게 할 수 있다. 지원 시기는 놀이에 참여하고 있는 영유아를 주의 깊게 관찰해야 알 수 있다. 교사의 성공적인 지원 방법은 다음과 같다.

첫째, 놀이는 가치 있는 활동으로서 교사가 중요하게 여긴다는 점을 영유아에게 간접적으로 알려 줄 수 있다. 둘째, 교사가 놀이에 적극 참여하면 영유아는 교사를 권위적으로 인식하지 않고 함께 놀이를 즐길 수 있는 관계로 생각하게 된다. 셋째, 교사가 참여할 때 놀이의 지속 시간이 길어져 보다 높은 수준의 놀이가 나타난다. 넷째, 교사가 참여함으로써 놀이가 보다 확장된다. 즉 교사의 놀이 참여는 영유아가 또래들과 놀이를 할 때보다 좀 더 높은 수준의 놀이를 할 수 있도록 이끌어 주며 놀이 자체를 발전시킨다.

우리의 놀이 4-1

책을 펼쳐 나온 모든 수 합하기

1. 준비물 : 숫자가 포함된 책
2. 놀이 방법
   (1) 두 명씩 짝을 짓는다.
   (2) 책을 펼쳐 나온 모든 수를 합한다.
   (3) 수의 합을 먼저 말한 참가자가 승리한다.
   (4) 놀이가 끝나면 참가자가 돌아가면서 느낌을 이야기한다.

토론 과제

01 영유아가 자신이 하는 놀이를 가치 있는 활동으로 인식하게 하려면 어떤 지원 방법이 적합한지 토론해 보아요.

02 교사의 지원 방법이 권위적이라면 영유아의 놀이에 어떤 영향을 미칠지 토론해 보아요.

Chapter 5

놀이관찰

1 | 놀이관찰의 의의

2 | 놀이관찰에 기초한 평가의 실제

CHAPTER 05

놀이관찰

놀이관찰은 특정 현상에 대한 객관적 자료를 수집하기 위한 절차로, 일상적인 상태에서 진행되는 자연스러운 영유아의 행동을 관찰하여 기록하는 것을 의미한다. 즉 기본적으로 영유아가 안전한 환경에서 편안하고 자유롭게 놀이를 진행하는지를 주의 깊게 살피는 것인데, 이러한 관찰은 영유아의 놀이를 발전시키고 확장시키기 위해 무엇이 필요한지를 알려 준다. 본 장에서는 놀이관찰에 대한 의의와 관찰의 실제에 대해 살펴보고자 한다.

1. 놀이관찰의 의의

교사는 놀이관찰을 통해 영유아의 흥미를 파악하고 그 흥미에 기초하여 교육적 경험들을 계획할 수 있다. 놀이관찰은 영유아의 발달 수준을 상세히 알려 주는 역할을 하기 때문에 개별 활동 과정을 평가하여 영유아의 신체적 · 인지적 · 사회적 · 정서적 발달 특성과 발달 수준에 맞는 적절한 교육 과정을 계획하는 데 유용하다. 교사는 자신의 교수 행동에 대한 영유아의 반응을 관찰함으로써 교사로서의 전문성을 개발할 수 있으며, 관찰을 통해 얻은 자료들은 영유아의 성장 · 발달에 관한 정보로서 그에 적합한 활동 계획에 활용되고 문제 행동의 원인에 대한 정보를 부모에게 제공한다.

그러므로 관찰 과정은 영유아에게 그 모든 혜택이 돌아가고 개성, 흥미, 특기 등이 각기 다른 영유아를 위해 교사가 적절한 지원을 행한다면 영유아의 전인 발달이라는 목표에 한 걸음 더 다가가게 될 것이며, 교사의 전문성도 높일 수 있다.

1) 관찰의 절차

교사는 관찰을 통해 영유아의 발달 상황을 이해하고 영유아뿐만 아니라 교사의 교수 행동, 환경, 교사와 영유아의 상호작용을 파악한다. 이를 위해 먼저 무엇을 어디서부터 어떻게 관찰할 것인가를 생각해야 한다. 교실에서 영유아를 관찰하는 절차는 관찰 전 활동, 관찰 활동, 관찰 후 활동으로 나눌 수 있다(황해익 외, 2004). 관찰 전 활동이란 관찰에 대한 계획을 세우는 것이다. 관찰 계획은 관찰의 목적, 대상, 방법, 평가 등 실제에 대한 종합적인 설계도이므로 매우 중요하며 다음과 같은 특성을 지닌다.

(1) 관찰 목적 설정

관찰은 영유아의 발달 수준, 친구 관계, 문제 행동의 원인 등 다양한 사항을 파악하기 위한 목적으로 이루어진다. 그 목적에 따라 관찰의 내용도 달라진다. 예를 들어 영유아의 언어 발달에 초점을 두는지 사회성 발달에 초점을 두는지에 따라 관찰 기록, 추론, 해석, 평가가 달라진다.

(2) 관찰 행동 표집

관찰 행동 표집이란 참여 대상을 선정하여 그 대상의 행동을 범주화하고 행동 단위를 결정하는 것이다. 이때 관심 있는 행동을 가장 잘 대표할 수 있는 표본을 얻는 것이 중요한데, 시간적 차원의 연속성과 공간적 차원의 대표성을 고려해야 한다.

① 시간적 차원의 연속성 관찰 행동 표집

영유아의 행동을 시간적으로 언제, 몇 번이나, 그리고 얼마 동안 관찰할 것인지를 계획하는 것을 말한다. 예를 들면 영유아의 또래 상호작용을 관찰하고자 할 때 자유놀이 시간 전체를 하루 동안 관찰할 것인지, 아니면 5분만 관찰하고 나머지는 여러 날에 걸쳐 관찰할 것인지를 결정하는 것이다.

② 공간적 차원의 대표성 관찰 행동 표집

한 번 관찰할 때 대상의 어떤 행동에 초점을 두며 행동 단위를 얼마나 세분하여 관찰할 것인지를 계획하는 것을 말한다. 예를 들면 영유아의 공격성을 관찰하고자 할 때 신체적 · 언어적 공격성을 모두 포함시킬 것인지, 둘 중 한 가지에만 초점을 맞출 것인지, 만약 언어적 공격성에만 초점을 맞춘다면 욕설과 같은 공격적인 어휘를 볼 것인지 아니면 위협하는 어조까지 포함시킬 것인지 등을 결정하는 것이다. 이를 위해 관찰 대상의 행동을 분명하게 정의하고 그 행동이 구체적으로 어떻게 나타나는지 그 하위 범주를 설정해야 한다.

(3) 관찰 장면 선정

관찰 장면 선정이란 대상 행동을 가장 잘 관찰할 수 있는 곳을 선택하는 것을 말한다. 예를 들어 영유아의 가상놀이나 이와 관련된 행동을 관찰하고자 한다면 교실 내에서 이러한 행동을 쉽게 볼 수 있는 역할놀이 영역을 선택하는 것이 적합하고, 블록놀이의 단계를 관찰하려면 쌓기놀이 영역, 소근육 발달 정도를 관찰하기 좋은 장소는 작업 영역과 쌓기놀이 영역이 될 것이다. 영유아의 조력 행동을 관찰하고자 한다면 조력 행동이 빈번하게 발생하는 장소가 실외의 모래 놀이터인지 교실의 미술 영역인지를 결정해야 하며, 미술 영역으로 결정했다면 조형물을 구성하는 상황을 선택할 것인지 협동화 그리기 시간을 선택할 것인지를 결정해야 한다.

영유아가 많이 모이는 장소나 시끄러운 영역(쌓기놀이 또는 역할놀이 영역) 주변보다는 이동이 적고 조용한 영역(언어 영역)이 더 좋다. 이는 시끄러운 영역에서는 근접한 곳에 대한 관찰이 주를 이루게 될 위험성이 있기 때문이다. 따라서 이동이 적고 차분한 곳에서 관찰 대상 영역의 움직임을 쉽게 관찰하고 다소 멀리 있는 영역의 활동까지 광범위하게 관찰하는 것이 바람직하다.

(4) 관찰 기록 방법 선택

관찰 장면이 선정되면 그 장면의 관찰 내용을 효과적이고 일관성 있게 기록할 방법을 결정해야 한다. 우선 관찰 장면을 주의 깊게 살펴보는 과정, 즉 시각적 관찰이 주된 방법이겠지만 청각 · 후각 · 촉각 · 미각 등 모든 감각기관을 동원할 수 있다.

영유아가 노는 모습을 보고, 말소리를 듣고, 주변에서 나는 냄새를 맡고, 몸의 열기를 느끼고, 영유아가 만든 음식을 맛보는 것 모두가 관찰의 방법이다.

관찰 기록 방법에는 서술형, 표기형, 기계에 의한 기록이 있다. 서술형은 일정한 양식에 구애 받지 않고 사건과 행동의 전모를 그대로 이야기 형식으로 서술하는 방법이며, 표기형은 목록이나 척도 등을 사용하여 기호로 표기하는 방법이다. 기계에 의한 기록은 녹음기 · 비디오 · 카메라 등의 기계를 사용하여 기록하는 방법으로 영유아의 행동이나 언어를 빠짐없이 적을 수 있고 교사의 재관찰이나 재분석이 가능하기에 중요한 사건이나 장면을 기록하는 데 널리 이용되고 있다.

2) 관찰의 종류

관찰 장면에 교사가 참여하는가 참여하지 않는가에 따라 참여관찰과 비참여관찰로 분류된다.

(1) 참여관찰

관찰자가 관찰 대상의 집단에 들어가 그 집단의 구성원으로서의 역할을 하면서 관찰하는 방법이다. 예를 들면 교육기관에서 교사가 관찰자이자 지도자의 역할을 하게 되는 경우가 이에 해당된다.

교육기관에서는 대부분의 교사가 보조교사 없이 수업을 진행하기 때문에 영유아를 장시간 관찰하기는 힘들다. 그러나 하루 중 교사가 관찰하기에 가장 적합한 시간, 즉 자유놀이 시간을 이용하여 2~3명을 관찰하는 것은 어렵지 않으므로 목걸이형으로 된 필기도구를 준비하고 다니면서 필요한 상황이 되면 참여하고 있는 교실에서 관찰을 실시할 수 있다. 교육 현장에서 참여관찰을 할 때는 다음에 유의해야 한다.

① 교사의 편견이나 감정 반응이 반영되지 않아야 한다.

관찰 대상인 영유아가 활기차고 행동이 다소 지나쳐 평소에 부정적인 생각을 갖고 있던 교사는 관찰 시 연령에 적절한 수준의 활기찬 행동이라 하더라도 '과하다.'라고 판단할 수 있다. 특히 영유아는 연령의 특성상 성인에 의해 쉽게 영향을 받기 때문에 만약 교사가 특정한 감정 반응을 보이면 그 때문에 자연스럽지 못한 행동이나 반응을 할 수도 있다.

② 교사의 기대나 주관적 평가가 미리 투입되지 않아야 한다.

교사는 관찰에 앞서 누구는 이럴 것이라거나 혹은 이 현상은 이렇게 나타날 것이라고 주관적으로 가정해 놓을 수 있으며, 상황에 대한 기대를 가지고 관찰할 수도 있다. 예를 들어 담임교사가 자기 교실 영유아의 사회적 규칙 준수 정도를 관찰할 때 특정 영유아에 대해 원래 규칙을 잘 지키는 편이라고 생각한다면 객관적으로 관찰할 수 없다.

③ 참여관찰은 비참여관찰보다 시간이 많이 소요된다.

교사가 특정 목적에 의한 관찰을 원하지만 시간이 충분하지 않거나 1회 관찰만이 가능한 경우라면 참여관찰은 적절하지 않다.

(2) 비참여관찰

교사가 현장에 있으나 관찰 장면에서 일어나는 활동에 참여하지 않고 관찰만 하는 방법이다. 참여관찰을 할 때보다 관찰의 기회가 적고 정보는 제한되지만 교사가 객관성을 유지하기는 더 쉽다.

비참여관찰의 가장 좋은 방법은 일방경one-way mirror을 사용하는 것이다. 일방경 뒤에서 관찰하는 경우 관찰의 대상이 되는 영유아가 관찰자를 신경 쓰지 않아도 되고 비교적 구석구석을 관찰할 수 있으며, 교사도 보다 자유롭게 영유아를 관찰할 수 있다. 교육기관에서 비참여관찰을 할 때는 다음에 유의해야 한다.

① 관찰하고자 하는 공간의 활동에 방해가 되어서는 안 된다.

교사가 특정 위치에 서 있을 경우 영유아가 그 공간에 놀이를 하러 오지 않거나, 교사의 이동 때문에 영유아의 동선이 변경될 수도 있으므로 그러한 상황이 발생하지 않도록 유의해야 한다.

② 객관적이고 중립적으로 관찰한다.

비참여관찰을 할 때는 교실의 분위기나 놀이의 흐름으로 인해 주관적인 경험을 하게 될 수 있다. 만약 영유아가 관찰 도중 무엇을 하고 있는지 물어보면 간단하고 정직하게 대답하고, 일단 답을 했으면 더 이상의 대화가 진행되지 않도록 자리를 피한다. 따라서 교사는 훈련을 통해 객관적이고 중립적으로 보이는 그대로를 관찰하고 기록하는 것에 익숙해져야 한다.

③ 영유아의 행동이나 활동에 감정적인 반응을 보이지 않는다.

웃거나 놀라는 등의 감정적인 반응은 영유아의 주의를 끌거나 관찰에 영향을 주기 때문에 삼가야 한다.

2. 놀이관찰에 기초한 평가의 실제

놀이관찰에 기초한 평가는 영유아의 전인적 성장 · 발달을 돕기 위해 이루어지는 교육 과정이나 프로그램이 어느 정도 실현되고 달성되었는지를 알아보는 과정이며, 교육 과정의 운영 계획에 따라 교육 활동을 전개하면서 교육 활동 전, 과정 중, 그리고 활동 후에 나타나는 영유아의 발달 상황에 대한 평가를 말한다.

이러한 평가의 목적은 점수나 등급을 매겨 우수한 영유아와 열등한 영유아를 구분하거나 선발하는 것이 아니라 영유아 개개인의 전인적 성장 · 발달을 돕는 것이므로 그 필요성이 강조되어야 한다.

1) 영유아 평가의 개념

교육기관에서의 영유아 평가는 영유아의 현재 발달 단계와 시간의 경과에 따른 발달의 변화를 이해할 수 있게 한다. 영유아에 대한 정확한 능력 평가는 교사로 하여금 영유아에게 맞는 교육 과정 계획과 의사결정에 필요한 정보를 제공하며, 영유아에 대한 지식과 이해를 높이고 부모 면담 시 필요한 자료도 제공한다.

그러므로 교육기관에서 교사들이 영유아 평가를 올바르게 이해하고 이를 적절하게 활용하는 일은 교육의 질을 높이기 위해 매우 중요하며 아울러 부모와의 의사소통에서도 중요한 비중을 차지한다. 교육의 주목적이 영유아의 전인적 발달을 돕는 것이라면, 교육이 실시되고 있는 교육기관에서 이러한 영유아의 발달 상황과 행동을 이해하기 위한 평가가 잘 이루지고 있는지를 알아보는 작업 또한 매우 중요하다. 특히 1990년대 들어 교육 정책은 영유아의 생활 변화, 즉 전인적 성장과 발달의 변화 수준을 점검하는 평가를 기본 방향으로 할 것을 강조했다. 평가란 영유아가 무엇을 알고 있는지 또 무엇을 할 수 있는지 등의 사실들을 발견해 가는 기초적 과정이며, 이러한 지식을 바탕으로 교사는 교과 과정을 계획할 수 있다. 교육기관에서 교사가 평가에 대한 지식과 경험을 갖출 때 영유아에 대한 주요 의사결정에 더 많은 도움을 줄 수 있다.

2) 영유아 평가의 목적

영유아의 발달과 학습을 모니터하기 위해, 수업 계획과 결정을 안내하기 위해, 다른 영유아와의 소통을 보기 위해, 교육 대상을 잘 이해하고 보다 적합한 교육 과정과 개선을 시행하기 위해 평가가 필요하다. 영유아 발달이 균형 있게 이루어졌는지, 교육 과정의 내용 및 수행 방법과 수준이 영유아에게 적절한지를 알아보기 위해서도 평가는 꼭 필요한 교육 과정이라고 할 수 있다. 또 영유아 개개인의 전인적 성장 · 발달을 돕고, 교육의 목표가 달성되었는지 여부를 밝혀 교육 활동의 전반적인 과정을 개선하기 위해 필요하다.

3) 영유아 평가의 과정

교사가 평가 과정에서 첫째로 고려해야 할 사항은 '영유아를 왜 평가하는가?' 라는 물음에 답하는 것이며, 항상 교사는 관찰하고, 같이 이야기하고, 영유아가 말하고 행동하는 것을 주목하고, 발달과 학습에서 얻은 것을 기록하고, 가족과 함께 이러한 정보를 공유하여 계속되는 평가 작업에 활용해야 한다.

4) 관찰법에 의한 영유아 평가 방법

올바른 평가를 실시하기 위해 갖춰야 할 기본적인 조건은 무엇을 평가할 것인가 하는 내용, 즉 평가하고자 하는 요소를 결정하고 이를 측정할 도구나 방법을 선택하는 것이다. 평가는 다양한 방법으로 이루어질 수 있으며, 이렇게 하나의 방법보다 다양한 방법으로 이루어질 때 신뢰도가 더 높다.

영유아 평가 방법인 관찰법은 영유아가 보여 주는 여러 가지 상황이나 행동을 과학적인 방법으로 자세히 관찰하고 기록 및 분석함으로써 영유아의 발달과 행동을 더 잘 이해하게 하는 대표적인 방법이다. 이러한 관찰은 대체로 도구를 사용하지 않는 측정법이며, 만약 도구를 사용해도 영유아에게는 영향을 미치지 않으므로 관찰자인 교사의 훈련과 기술에 의존하는 바가 매우 큰 평가 방법이다. 특히 관찰법은 영유아를 대상으로 하는 연구 중에서 가장 오랜 역사를 지닌 방법의 하나로서 영유아의 행동을 이해하거나 효과적인 교사 역할을 해내기 위해 필수적인 방법이라고 할 수 있다.

이러한 관찰법은 다음과 같은 장점이 있다. 첫째, 비언어적 행동에 대한 자료를 수집할 때 조사나 실험보다 더 유용하다. 둘째, 영유아의 문제 사태나 행동을 발생과 동시에 기록할 수 있어 비교적 자세하고 풍부하며 생생한 많은 정보를 수집할 수 있으므로 보다 체계적인 실험 연구의 기초를 제공할 수 있다. 셋째, 영유아의 고의적인 방해를 받지 않는다. 이는 관찰의 성패 여부가 영유아의 능력, 협조심, 저항감, 성격, 기분과 같은 조건에 의해 좌우되지 않고 다만 교사의 관찰 능력에 의해서만 좌우된다는 의미다. 넷째, 관찰 대상의 능력이나 교육 정도에 제한을 받지 않는다. 즉 연령, 학력, 사회적 · 경제적 지위를 막론하고 어떠한 대상에게도 적용될 수 있는 방법으로 언어적 의사 표현 능력이 없는 영유아까지도 좋은 연구 대상이 될 수 있다. 다섯째, 관찰 대상자인 영유아와의 친밀성을 유지할 수 있어 심층적인 자료 수집이 가능하다.

이러한 관찰법은 기술 방법과 그 결과를 기록하는 방법에 따라 표본기록법, 일화기록법, 표집법, 행동목록법, 평정척도법으로 분류된다.

(1) 표본기록법 specimen description

관찰 대상인 영유아의 행동을 보지 못한 사람에게 가능한 한 자세히 그 행동을 설명하기 위한 목적으로 사용되는 방법이다. 영유아의 행동이 일어나고 있는 시간과 장소에서 즉시 이루어지며, 교사가 영유아의 행동에서 보고 들은 내용을 그대로 자세하게 기록한다.

표본기록법은 영유아에 대한 정보가 부족할 때 그 대상을 충분히 이해하려는 목적에 적합하다. 교사는 관찰 대상, 관찰 장면, 관찰 시간을 미리 정한 후 그 상황에서 일어나는 모든 행동이나 말, 즉 교사가 관심을 갖고 있는 어떤 특정한 부분이 아닌 모든 행동이나 말을 순서대로 기록해야 한다.

표 5-1 표본기록법 관찰 기록의 예

관찰 유아	홍현우(남)	생년월일	2004년 12월 13일
관찰 일자	2010년 8월 30일	관찰자	김윤미
관찰 장면	조작 영역에서 퍼즐을 맞추고 있는 장면		
시간	a.m. 9 : 06~9 : 09		
기록	"어, 바다네!" 현우는 책상 위에 놓인 퍼즐을 보면서 상체를 30도쯤 숙여 양손으로 모서리를 잡고 소리친다. 서 있는 상태에서 양손은 책상 모서리를 잡은 채 앞뒤로 흔들면서 가볍게 웃는다. 이때 "그래. 바다야." 하고 교사가 옆자리에 앉으며 미소 띤 얼굴로 대답한다. 교사가 의자에 앉는 것을 본 현우도 의자를 끌어당겨 앉는다. 오른손으로 퍼즐판을 뒤집어 퍼즐 조각을 꺼내고는 "자, 다 펼쳐야지." 하면서 양손으로 펼쳐 놓는다. "현우야, 이제 맞춰 볼까?" 하고 교사가 말한다. "선생님, 상어는 어디에 있어요?" 하며 오른쪽 무릎을 세우고 가슴과 턱을 무릎에 댄 채로 묻는다. "현우가 한번 찾아보렴." 하고 교사가 말하자 왼손 엄지와 집게손가락으로 퍼즐을 하나씩 들고 눈앞으로 가져가 유심히 살펴본다. 갑자기 퍼즐 한 조각을 집어 들고는 머리를 좌우로 흔들고 퍼즐판 위에 이리저리 가져다가 대본다. 퍼즐 조각이 맞는 곳을 찾아 정확한 위치에 양손으로 조심스럽게 고정시키고는 "어, 맞췄다." 하고 소리치면서 양손을 위로 향해 만세를 하듯이 높이 든다. 입가에 웃음을 머금고 교사를 쳐다본다.			

	교사가 "현우가 조각을 잘 찾았구나. 또 찾아볼 수 있겠니?"라고 말한다. 현우는 무릎을 세웠다 내렸다 하면서 들썩거리다가 왼손에 있는 퍼즐을 뒤집어 보더니 "어, 상어다. 와!" 하며 기쁨에 들뜬 목소리로 상어 모양 퍼즐을 얼굴 높이 쳐든다. "어디 보자. 정말 상어구나." 교사는 현우가 찾은 퍼즐을 뒤로 뒤집어 "현우야, 여기 상어라고 적혀 있지?"라고 말하며 오른손으로 글자를 짚으면서 현우를 쳐다본다. 현우는 "글씨 쓸 줄도 알아요. 자, 보세요. 이렇게요. 이렇게요." 하면서 오른손을 공중에 들고 큰 동작으로 '어'를 획에 맞춰 힘차게 쓴다. 현우는 상어 모양의 퍼즐을 판 위에 양손으로 천천히 정확한 위치에 고정시킨다. "이건 톱상어예요, 톱상어. 선생님, 예전에 미국에 있을 때 수족관에서 봤어요."라고 교사를 바라보며 천천히 이야기한다.
추론 및 해석	• 현우는 아직 글을 읽지 못한다. • 현우는 미국에서 산 적이 있다.
요약	• 신체 발달 : 앉는 자세, 소근육 발달 • 언어 발달 : 글자 읽고 쓰기, 물고기 종류 말하기 • 인지 발달 : 기억력, 분류 능력 • 사회 · 정서 발달 : 성취감

출처 : 김송이 외(2011)

(2) 일화기록법 anecdotal records

일화기록법이란 짧은 내용의 사건이나 우발적 행동에 대한 사실적 기록이며, 사건이나 행동을 기록하되 마치 사진을 보는 것처럼 사실적으로 묘사하는 글이라 하여 '글로 묘사된 사진 word picture' 이라고 표현하기도 한다.

이 방법은 특정한 시간이나 사건에 제한 없이 언제 어디서나 적용할 수 있으며, 영유아의 행동 중에서 교사가 중요하다고 생각하는 한 가지 행동이나 상황에 초점을 맞춰 객관적이고 사실적으로 기록한다. 교사가 발견하는 흥미 있는 사건이나 예기치 못한 행동들을 사실 그대로 서술함으로써 영유아의 행동이나 생활의 단면을 기록으로 남기게 된다.

그러므로 영유아의 행동이 관찰된 직후에 바로 기록해야 하며 그럴 수 없을 경우에는 누가, 언제, 어디서, 무엇을, 어떻게, 왜 했는지 육하원칙에 따라 작은 수첩이나 메모지에 간단히 적어 놓았다가 수업이 끝난 후 자세히 기록한다.

표 5-2 일화기록법 관찰 기록의 예

관찰 유아 : 임태경	**생년월일** : 2007년 7월 31일	**성별** : 여
관찰자 : 서민영	**관찰 일자** : 2010년 9월 30일	**관찰 시간** : a.m. 10 : 00~10 : 06
관찰일 현재 유아의 연령 : 3년 2월		
관찰 장면 : 자유선택놀이 시간 중 소꿉놀이 영역		
태경이가 소꿉놀이 영역에서 칼을 도마에 대고 자르는 시늉을 하고 있다. 이준이가 퍼즐판에 블록을 담아 태경이에게 다가간다. 이준이가 "약이에요."라고 태경이에게 말한다. 이준이가 태경이에게 "어디가 아파요?"라고 묻자, 태경이는 "여기요."라고 대답하면서 얼굴에 있는 상처를 손가락으로 가리킨다. 이준이가 블록 한 개를 태경이에게 준다. 태경이는 블록을 받아서 먹는 흉내를 낸다. 이준이는 태경이에게 "또 아프면 나한테 말해요."라고 말한다. 그러자 태경이는 "아!" 하면서 배를 양손으로 움켜쥐고 아픈 척을 한다.		
발달 영역 : 정서와 사회성 발달		
요약 • 상황에 맞는 행동이나 감정을 표현한다. • 친구와 협동놀이를 한다. • 태경이는 흉내놀이pretend play와 상징놀이symbolic play를 할 수 있다.		

출처 : 전남련 외(2011)

(3) 표집법(시간표집법 · 사건표집법)

표집법은 행동이나 측정할 수 있도록 미리 정한 범주를 사용하는 관찰 기술로, 행동을 상세히 기술하는 것보다는 행동의 '표본을 추출하기' 위한 방법으로서 시간표집법과 사건표집법이 대표적이다.

① 시간표집법time sampling

시간표집법은 미리 선정된 관찰 대상인 영유아의 행동들을 정해진 시간 동안 계속 관찰하는 것이 아니라 일정한 간격으로 잠시 관찰하여 그 결과를 기록하는 방법이다. 서술적인 관찰처럼 풍부한 정보를 제공하지 못하고 행동이나 사건에 대한 연속적인 기록도 되지 못하지만, 다양한 상황 속에서 비교적 짧은 시간 내에 많은 영유아를 관찰할 수 있어 널리 활용되고 있다.

이 방법은 빈번하게 발생하는 행동이 적어도 15분에 한 번 정도는 나타나는 경우에만 사용하는 것이 적당하다. 쉽게 관찰할 수 있는 행동에만 적용하는 것이 좋으며 관찰하기 어렵거나 내재적인 행동 특성을 관찰하기에는 부적합하다.

시간표집법을 사용할 때는 관찰의 목적을 명확히 밝힐 것, 용어의 정의를 분명히 할 것, 미리 시간 단위를 정할 것, 영유아별로 관찰 횟수를 정할 것, 관찰 결과의 기록은 관찰 범주에 대한 일정한 부호 체계로 기록할 것, 관찰 기록 용지에 여백을 남길 것 등에 유의해야 한다.

② 사건표집법 event sampling

사건표집법은 단순히 어떤 행동의 발생 유무만을 관찰하기보다는 무엇인가 발생하기를 기다렸다가 관심 있는 행동이나 사건이 일어나면 일정한 형식에 따라 행동의 순서를 자세히 기술하는 방법이다. 즉 이 방법은 시간표집법과는 달리 관찰의 단위가 시간이 아니라 어떤 행동이나 사건 자체가 된다.

따라서 사건표집법은 특정 행동이나 사건이 생길 때만 실시하며, 필요하면 사건 이전의 상황도 기술할 수 있다. ABC 서술식 사건표집법과 빈도사건표집법으로 분류한다.

- ABC 서술식 사건표집법

  ABC 서술식 사건표집법은 어떤 행동의 원인을 알고자 할 때 가장 적합하게 사용할 수 있는 방법으로, Bell과 Low(1977)가 자연스러운 상태에서 일어나는 행동의 원인과 결과를 알 수 있도록 고안해 냈다. 이 방법은 관찰하고자 하는 사건이나 행동이 일어나기 전 상황(antecedent event : A), 사건이나 행동 그 자체(behavior : B), 사건이나 행동이 일어난 후 결과(consequence : C)를 순서대로 기록한다. 예를 들어 우는 행동을 이 방법으로 관찰할 경우 영유아가 울음을 터트리기 전 상황(사건 전 : A), 울게 된 이유(사건 : B), 울고 난 다음의 반응(사건 후 : C)을 순서대로 기록하면 된다.

표 5-3 시간표집법 관찰 기록의 예

관찰 유아 : 전재민				**생년월일** : 2006년 4월 20일			**성별** : 남	
관찰자 : 조현희				**관찰 일자** : 2010년 3월 20일			**관찰일 현재 유아의 연령** : 3년 11월	
시간	**사회적 놀이**			**비놀이 활동**				
5분 동안	혼자 놀이	평행 놀이	집단 놀이	몰입 하지 않는 행동	쳐다 보는 행동	전환	**활동**	**메모**
15초		√						둘이서 버스놀이를 한다.
15초			√					여럿이서 도둑놀이를 한다.
15초		√						둘이서 버스놀이를 하고 있으나 대화는 하지 않는다.
15초 (1분)						√		바구니에서 적목을 고른 다음 자리에 앉는다.
15초		√						둘이서 인형을 가지고 놀지만 대화는 하지 않는다.
15초	√							혼자서 자동차놀이를 한다.
15초		√						둘이서 운전놀이를 한다.
15초 (2분)	√							적목 위를 걸어 다닌다.
15초							√	도서 영역에 가서 책을 본다.
15초				√				혼자서 책상 주위를 뛰어다닌다.
15초		√						둘이서 소방차놀이를 한다.
15초 (3분)			√					친구들과 함께 불을 끄러 가는 것처럼 행동한다.
15초	√							아이스크림이라며 적목을 먹는 시늉을 한다.
15초			√					친구들과 함께 아이스크림을 먹는 시늉을 한다.
15초			√					친구들에게 사진을 찍어 주는 시늉을 한다.
15초 (4분)		√						둘이서 자동차놀이를 한다.
15초	√							벽돌 위를 걸어 다닌다.
15초			√					친구들과 벽돌 위를 걸어 다닌다.
15초			√					벽돌에서 떨어져 다쳤다고 말한다.
15초 (5분)			√					친구들에게 구급차를 불러 달라고 말한다.
합계	4	6	7	1		1	1	
요약	• 재민이는 집단놀이를 주로 한다. • '~하는 척' 하는 놀이인 상징놀이가 나타난다.							

출처 : 전남련 외(2011)

표 5-4 ABC 서술식 사건표집법 관찰 기록의 예

<table>
<tr><td>관찰 유아 : 정유민</td><td colspan="2">생년월일 : 2006년 7월 5일</td><td colspan="2">성별 : 여</td></tr>
<tr><td>관찰자 : 김호정</td><td colspan="2">관찰 일자 : 2010년 3월 5일</td><td colspan="2">관찰일 현재 유아의 연령 : 3년 8월</td></tr>
<tr><td colspan="3">관찰 행동 : 식사 후 양치질 시간 중 양보하기</td><td colspan="2">시간 : p.m. 12 : 20~12 : 30</td></tr>
<tr><td colspan="2">사건 전
antecedent event : A</td><td colspan="2">사건
behavior : B</td><td>사건 후
consequence : C</td></tr>
<tr><td colspan="2">점심식사 시간이 되어 유민이가 자리에 앉아 식사를 한다. 잠시 후 다 먹은 민영이가 그릇을 주방에 갖다 두고 양치질을 하려 한다. 그러면서 유민이의 치약을 꺼낸다.</td><td colspan="2">이것을 본 유민이가 "내 치약이야." 하며 남아 있던 밥을 얼른 먹고 그릇을 주방에 갖다 둔 후 뛰어온다. 그리고는 치약을 빼앗는다. "이거 엄마가 사준 거야." 하며 칫솔에 치약을 짠다. 민영이가 "그럼 나는 치약이 없잖아." 하면서 운다.</td><td>교사가 가만히 바라보자 유민이가 민영이의 등을 두드리며 "내가 줄까?" 하고는 민영이의 얼굴을 쳐다본다.
민영이가 "응." 하고 대답하자 유민이가 민영이의 칫솔에 치약을 짜주면서 "민영아, 양치질하러 가자."라고 말한다.
민영이도 일어서서 둘이 양치질을 하러 간다.</td></tr>
<tr><td>요약</td><td colspan="4">• 유민이는 민영이에게 친사회적 행동을 보인다.
• 자기 물건을 알고 그것을 주장한다.
• 친구를 위로한다.</td></tr>
</table>

출처 : 전남련 외(2011)

■ 빈도사건표집법

빈도사건표집법은 미리 정해진 범주의 행동이 일어날 때마다 도표에 기록하는 방법으로, 어떤 선별된 행동이나 사건이 얼마나 자주 일어나는지를 알아보고자 할 때 가장 유용한 방법이다. 그러므로 교사는 영유아에 대한 정보를 쉽고 빠르게 얻을 수 있고 이 관찰을 토대로 수업 활동을 계획하거나 교수 전략을 짤 수 있으며 영유아 개인의 발달에 관해서도 잘 알 수 있다. 빈도사건표집법은 관찰기록지만 잘 구성되어 있다면 영유아의 어떤 행동이라도 언제든지 쉽게 관찰할 수 있다.

표 5-5 빈도사건표집법 관찰 기록의 예

관찰 유아 : 정지웅	**생년월일** : 2004년 4월 10일			**성별** : 남		
관찰자 : 조현희	**관찰 일자** : 2010년 3월 10일			**관찰일 현재 유아의 연령** : 5년 11월		
관찰 행동 : 분류 행동						
구분	**동일성**		**유사성**		**재분류**	
	성공	실수	성공	실수	성공	실수
적목 영역	√		√		√	
미술 영역	√		√		√	
언어 영역	√		√		√	
과학 영역	√		√		√	
수 영역	√		√		√	
블록 영역	√		√		√	
기다					√	
합계	6		6		6	
요약	• 지웅이는 영역별로 동일성을 모두 알고 있다. • 유사한 것을 구별할 수 있다. • 분류한 것을 재분류할 때도 그 개념을 이해하고 있다.					
지침	• 영유아가 위의 활동 영역에서 분류 행동을 보였을 때 해당하는 빈칸에 √자로 표시한다. • 영역을 더 줄이거나 늘이거나 관찰하고 싶은 영역을 선택하여 선택적으로 관찰할 수도 있다.					

출처 : 전남련 외(2011)

(4) 행동목록법behavior checklist

행동목록법은 체크리스트법checklist method이라고도 하며, 관찰할 행동의 목록을 사전에 만들어 놓고 관찰하면서 해당되는 행동이 나타날 때마다 √로 표기하는 방법이다. 관찰하고자 하는 영유아의 현재 상태를 평가할 때 사용한다. 이 방법은 어느 한 시점에서 영유아의 어떤 행동의 출현 여부에 관심이 있을 때 유용하게 사용할 수 있는데, 이때의 기록 양식은 행동이 관찰되면 '예', 그렇지 않으면 '아니오'에 표시한다.

시간에 따른 변화를 알고자 할 때도 사용된다. 예를 들면 학기 초에 영유아의 기본 생활 습관 형성 정도를 알아보기 위해 관찰한 후 학기 말에 다시 행동목록법을 이용하여 이를 관찰함으로써 학기 초와 학기 말 사이의 변화를 알 수 있다.

행동목록법은 평가 방법이 단순하고 관찰자가 관찰 대상의 행동 유무를 빠르고 효율적으로 기록할 수 있으며, 영유아의 행동을 사용하므로 행동 발달 단계 및 영유아 개인의 단계적 발달상을 기록하고 관찰하는 데도 도움이 된다.

표 5-6 행동목록법 관찰 기록의 예

<table>
<tr><th colspan="5">행동 발달 관찰기록지</th></tr>
<tr><td>관찰 유아(남 · 여)</td><td></td><td>생년월일</td><td colspan="2"></td></tr>
<tr><td>관찰자</td><td></td><td>관찰 일자</td><td colspan="2"></td></tr>
<tr><td>영역</td><td>내용</td><td>예</td><td>아니오</td><td>비고</td></tr>
<tr><td rowspan="11">기본 생활 습관</td><td>정리 정돈을 할 수 있다(장난감, 작업대, 간식 책상).</td><td></td><td></td><td></td></tr>
<tr><td>간식과 식사 전에 손을 씻는다.</td><td></td><td></td><td></td></tr>
<tr><td>규칙(차례나 약속)을 잘 지키는 편이다.</td><td></td><td></td><td></td></tr>
<tr><td>어른에게 존댓말을 사용한다.</td><td></td><td></td><td></td></tr>
<tr><td>음식을 골고루 먹는다.</td><td></td><td></td><td></td></tr>
<tr><td>낮잠을 잔다.</td><td></td><td></td><td></td></tr>
<tr><td>교사의 지시를 잘 이해하고 따른다.</td><td></td><td></td><td></td></tr>
<tr><td>물건을 소중히 다루고 아껴 쓴다.</td><td></td><td></td><td></td></tr>
<tr><td>고마워, 괜찮아, 미안해 등의 말을 적절하게 사용한다.</td><td></td><td></td><td></td></tr>
<tr><td>혼자서 옷을 입을 수 있다.</td><td></td><td></td><td></td></tr>
<tr><td>화장실 사용 후 뒤처리를 혼자 한다.</td><td></td><td></td><td></td></tr>
<tr><td rowspan="7">신체 발달</td><td>자세가 바르다(앉을 때, 걸을 때, 서 있을 때).</td><td></td><td></td><td></td></tr>
<tr><td>행동이 민첩하다.</td><td></td><td></td><td></td></tr>
<tr><td>양발을 바꿔 가며 계단을 오르내릴 수 있다.</td><td></td><td></td><td></td></tr>
<tr><td>바깥놀이에 활발히 참여한다.</td><td></td><td></td><td></td></tr>
<tr><td>한 발로 깡충 뛰기를 할 수 있다.</td><td></td><td></td><td></td></tr>
<tr><td>공을 던지고 받을 수 있다.</td><td></td><td></td><td></td></tr>
<tr><td></td><td></td><td></td><td></td></tr>
</table>

신체 발달	그네를 혼자 구를 수 있다.			
	매트에서 구르기를 할 수 있다.			
	손을 사용할 때 선호도를 보인다(왼손과 오른손).			
	손잡이나 병뚜껑을 쉽게 돌린다.			
	주스나 우유를 흘리지 않고 따를 수 있다.			
	지퍼를 열고 잠글 수 있다.			
	단추를 열고 잠글 수 있다.			
	작은 물건을 집을 수 있다(손바닥과 손가락 사용).			
	가위질을 할 수 있다.			
인지 발달	질문을 많이 한다.			
	사물을 주의 깊게 본다.			
	상식이 풍부하다.			
	문제 상황이 생겼을 때 다양한 방법으로 해결을 시도한다.			
	자연 현상에 관심이 있다(계절, 낮과 밤, 날씨, 동식물의 변화).			
	기본 도형의 이름을 안다.			
	기본 색깔의 이름을 안다.			
	사건을 순서에 따라 배열한다.			
	사물을 한 가지 속성에 따라 분류한다(색, 모양, 크기).			
	5까지는 합리적인 수 세기를 한다.			
	하루 일과의 순서를 안다.			
	하루 전에 무슨 일이 일어났는지를 안다.			
	사물의 수량이 많고 적음을 구별한다.			
	일대일 대응으로 두 집단의 수를 짝을 짓는다.			
	일상생활에서 사용되는 수의 활용에 관심을 갖는다.			
	자신을 중심으로 위, 아래, 앞, 뒤를 구별한다.			
	자신을 중심으로 왼쪽과 오른쪽을 구별한다.			
언어 발달	주의 깊게 듣는다.			
	기초적인 낱말과 문장을 듣고 이해한다.			
	분명한 발음으로 말한다.			
	자신의 의견을 분명히 말한다.			
	또래와 대화를 할 수 있다.			

	상황에 따라 알맞게 말할 수 있다.			
	이야기를 듣고 기억해서 말한다.			
	교사가 나타내는 신호나 지시에 따른다.			
	읽어준 글을 자기 생각대로 이해하여 순서대로 말한다.			
	글자에 관심을 보인다.			
	글자의 기초가 되는 모양을 그린다.			
	자기 이름과 간단한 글자를 읽는다.			
	어른의 도움 없이 혼자 책을 읽는다.			
	책 읽기를 즐긴다.			
	새로 내놓은 책에 관심을 보인다.			
	자기 이름과 간단한 글자를 쓴다.			
	어른의 도움 없이 혼자 문장을 쓴다.			
	연필을 올바로 잡는다.			
	바르게 앉아서 쓴다.			
	창의적으로 이야기를 꾸며 말할 수 있다.			
사회정서 발달	자신의 감정을 말로 표현할 수 있다.			
	새로운 환경이나 교구에 흥미를 보인다.			
	성격이 명랑하다.			
	감정이 쉽게 바뀌는 편이다.			
	혼자 노는 편이다.			
	친하게 지내는 친구가 있다.			
	놀이에서 주로 지도자 역할을 한다.			
	이미 진행되고 있는 놀이에 자연스럽게 끼어든다.			
	문제 상황이 생겼을 때 혼자서 잘 해결한다.			
	문제 상황이 생겼을 때 말로 해결한다.			
	다양한 놀이에 참여한다.			
	친구들의 활동을 방해하지 않는다.			

출처 : 이정환, 박은혜(1995)

(5) 평정척도법 rating scale

행동목록법과 마찬가지로 교사가 사전에 관찰하려는 행동 영역을 결정해 놓았을 때 사용한다. 그러나 평정척도는 어떤 행동의 출현 여부만이 아니라 관찰하려는 행동에 대해 질적인 특성이나 출현 빈도의 정도를 가장 낮은 수준에서 가장 높은 수준까지 연속성이 있는 단계로 평정한다. 이때 척도는 3단계, 4단계, 5단계 등 질적 특성이 구분될 수 있는 단계를 택하여 구성하되 각 단계를 구별할 수 있는 준거를 제시한다. 물론 판단의 준거는 상, 중, 하, 숫자 또는 구체적인 행동 기준에 따라 다르다. 예를 들어 각 영유아의 총 빈도에 비해 몇 회 정도 그와 같은 행동을 나타냈는가에 따라 상, 중, 하를 판단하는 것이다.

평정척도법은 영유아 발달의 전반적인 측면, 즉 신체, 인지, 언어, 사회, 정서 등 모든 영역에 대해 관찰하고 평가할 수 있다는 점에서 유용하다. 특히 평정척도의 작성에 시간과 노력이 비교적 적게 소요되고 사용하기가 편리하여 많은 발달 영역을 한꺼번에 평가할 수 있기 때문에 교사의 업무량이 과다함을 고려할 때 이러한 면이 큰 장점이 될 수 있다.

우리의 놀이 5-1

신문지 찾기

1. 준비물 : 신문지
2. 놀이 방법
   (1) 인원수는 다섯 명 이하로 한다.
   (2) 신문지를 한 장씩 돌린다.
   (3) 각자 자기 신문지에 실린 광고에서 그림 등의 특징을 기억한 후 신문지를 반으로 접어 둘로 자른 후 진행자에게 건넨다.
   (4) 진행자는 회수한 신문지를 뒤집어 뿔뿔이 흩어 놓는다.
   (5) 진행자의 시작 신호에 맞춰 자신의 신문지 두 장을 찾는다.

토론 과제

01 표본기록법에 의해 영유아를 관찰한 후 토론해 보아요.

02 일화기록법에 의해 영유아를 관찰한 후 토론해 보아요.

표 5-7 평정척도법 관찰 기록의 예

기본 생활 습관 평정척도					
관찰 유아 :	생년월일 :		성별 :		
관찰자 :	관찰 일자 :		관찰일 현재 유아 연령 :		
유아의 기본 생활 습관을 다음과 같이 1~5로 평정하여 해당 숫자에 ○ 표시를 한다.					
내용	평정척도 단계				
	아주 못함	못함	보통	잘함	아주 잘함
장남감을 정리한다.	1	2	3	4	5
미술 작업 후 책상을 정리한다.	1	2	3	4	5
간식, 점심식사 후 주변을 정리한다.	1	2	3	4	5
간식, 점심식사 전에 손을 씻는다.	1	2	3	4	5
음식을 골고루 먹는다.	1	2	3	4	5
식사 후 혼자 양치질을 할 수 있다.	1	2	3	4	5
혼자 신발을 신고 벗을 수 있다.	1	2	3	4	5
신발을 바르게 신고 벗을 수 있다(오른쪽과 왼쪽의 구별).	1	2	3	4	5
혼자 옷을 입고 벗을 수 있다.	1	2	3	4	5
낮잠을 잔다.	1	2	3	4	5
자신의 이부자리를 정리한다.	1	2	3	4	5
물건을 소중히 다루고 아껴 쓴다.	1	2	3	4	5
화장실 사용 후 뒤처리를 혼자 한다.	1	2	3	4	5
교사나 웃어른에게 존댓말을 사용한다.	1	2	3	4	5
교사의 지시를 잘 이해하고 따른다.	1	2	3	4	5
자신의 의사를 표현할 수 있다.	1	2	3	4	5
고마워, 괜찮아, 미안해 등의 말을 적절하게 사용한다.	1	2	3	4	5
놀이 활동을 스스로 선택할 수 있다.	1	2	3	4	5
놀이 시간, 활동 시간 중 친구에게 양보를 구할 수 있다.	1	2	3	4	5
자신이 실수한 일은 스스로 해결하려고 노력한다.	1	2	3	4	5
요약 :					

출처 : 전남련 외(2011)

Chapter 6

놀이 환경과 놀잇감

1 | 실내 환경과 놀잇감

2 | 실외 환경과 놀잇감

CHAPTER 06 놀이 환경과 놀잇감

놀이 환경은 인적 · 물리적 · 개인적 · 사회적 · 경제적 · 시간적인 것을 포함하는 광범위한 개념이다. 놀이에 대한 영유아의 자연스러운 욕구를 충족시키고, 동시에 새로운 흥미를 유발할 수 있는 환경을 제공하는 것은 그들의 발달을 촉진하고 삶을 풍요롭게 하는 데 매우 중요하다.

놀잇감도 놀이 환경에서 중요한 부분을 차지한다. 주변의 사물들과 보고, 듣고, 만지고, 맛보고, 냄새를 맡을 수 있는 놀잇감들은 영유아의 놀이를 충분히 자극하고 확장시킬 수 있다. 본 장에서는 영유아에게 적합한 놀이 환경과 놀잇감에 대해 살펴보고자 한다.

1. 실내 환경과 놀잇감

실내 환경은 영유아가 자유롭게 활동을 선택할 수 있도록 흥미 영역으로 구분하여 구성한다. 흥미 영역은 고정된 것이 아니라 수시로 변경할 수 있으며, 1년을 단위로 4~5번 정도 위치를 재배치하는 것이 바람직하다. 학기 초에는 교사가 구성하여 제공하는 것이 일반적이나, 점차적으로 영유아와 함께 불편함이나 편리함에 대한 생각을 공유하고 이를 토대로 바꿀 수 있다. 실내에 흥미 영역을 배치할 때는 다음과 같은 점에 유의해야 한다.

- 영유아의 흥미를 고려하여 영역을 구성하되 교실의 공간 크기와 영유아 수, 흥미 영역에 필요한 공간 크기 등을 함께 고려한다. 즉 영유아의 수가 20명이고 교실의 공간이 20명이 놀기에 적당하다면 한 흥미 영역에 3~4명이 들어가서 활동할 수 있도록 5~6개 영역으로 구성할 수 있다. 그러나 영역의 특성에 따라 공간 크기는 약간 다르게 정하는 것이 좋다. 예를 들면 언어 영역은 다소 정적인 활동이 이루어지는 반면 블록놀이 영역은 넓고 높게 블록을 쌓는 동적인 활동이 주를 이룬다는 점을 감안하여 공간 크기를 정해야 한다.
- 흥미 영역으로는 미술 영역, 언어 영역, 수 · 조작 영역, 블록 영역, 역할놀이 영역, 음률 영역, 과학 영역 등이 있다. 이 밖에 주제나 놀이 상황에 맞춰 각 반에서 새롭게 만든 영역을 구성할 수 있다.
- 흥미 영역을 배치할 때는 교실 내의 공간 구조를 고려하여 소음이 많은 블록 영역, 역할놀이 영역, 음률 영역은 인접하여 배치하고 언어 영역, 과학 영역, 수 · 조작 영역 등 소리가 많이 나지 않는 영역은 조용한 곳에 함께 배치한다. 특히 언어 영역은 영유아들의 왕래가 많은 곳을 피하고, 미술 영역은 수도 시설이 가까이 있는 위치에 배치하거나 세면대가 외부에 있는 경우 출입문과 가까운 곳에 배치하는 것이 좋다.
- 흥미 영역을 구분할 때는 낮은 교구장을 이용하면 공간의 크기나 형태를 쉽게 바꿀 수 있고 교구장 너머로 놀고 있는 영유아를 교사가 늘 관찰할 수 있어 편리하다. 벽 쪽으로는 좀 더 높은 교구장을, 교실의 중앙 쪽에는 낮은 교구장을 배치한다. 영유아가 흥미 영역에 들어가고 나갈 때 활용하는 입구(문이 따로 있는 것이 아니라 교구장과 교구장 사이의 열린 공간을 의미)는 그 영역에서 영유아의 놀이나 옆의 흥미 영역에 있는 또래들을 방해하지 않도록 배치한다.
- 영유아가 교실 내의 흥미 영역을 오갈 때 왔던 길을 두 번 지나가거나, 영역을 뛰어넘거나, 다른 놀이를 방해하며 지나가지 않도록 교실 내에 보이지 않는 통로(영유아가 한 흥미 영역에서 다른 흥미 영역으로 이동할 때 사용하는 길)를 배치한다. 교사는 교실을 전체적으로 살펴보면서 영유아가 많아 서로 방해가 되거나 아무도 없는 영역이 있는지를 관찰하여 필요하면 영역을 잠시 넓혀 주거나 합하는 등 융통성 있게 운영한다.
- 흥미 영역에 비치하는 교구 · 교재 등은 영유아가 실제로 늘 보아 왔던 실물을

그대로 사용하는 것이 바람직하며 그렇지 않을 경우 영유아용으로 나온 작은 것을 사용한다.

- 벽에 붙이는 모든 부착물은 영유아의 눈높이를 고려하여 낮게 붙이고 유리가 있는 시계나 액자 등은 겉면을 투명 비닐로 싸거나 플라스틱으로 된 제품으로 교체하여 떨어지지 않도록 고정한다.
- 교구 · 교재는 영유아가 쉽게 선택하고 꺼낼 수 있도록 잘 보이는 낮은 위치에 놓아야 하며, 영유아가 사용하고 나서 다시 정리할 때도 쉽게 제자리를 찾을 수 있도록 그림이나 사진 등으로 자리를 표시한다.
- 모든 교구 · 교재는 안전해야 하며 자주 세척하고 세탁하여 깨끗한 위생 상태를 유지해야 한다.
- 기본적으로 매번 사용해야 하는 교구 · 교재나 자료 등은 항시 비치해 놓으며, 대부분 주제나 계절에 따라 주기적으로 교체한다.

이와 함께 다음의 각 흥미 영역별 특징과 구성 내용 등의 지침을 고려하여 영유아의 발달에 적합한 흥미 영역을 구성하도록 한다.

1) 언어 영역

언어 영역은 밝고 조용한 곳으로 배치하고 안락한 분위기에서 영유아가 편안하게 책을 보거나 자료를 찾는 것 외에도 듣기, 말하기, 읽기와 쓰기에 관심 갖기 등과 같은 여러 가지 언어 활동을 시도하고 경험할 수 있도록 관련 자료를 준비한다.

첫째, '듣기'를 위한 활동을 계획할 때, 초기에는 주변에서 흔히 경험할 수 있는 사물의 소리나 자연 또는 동물의 소리 등을 구별할 수 있는 활동을 준비한다. 그 후 점차 말하는 소리를 변별하거나, 차이가 뚜렷하지 않은 소리나 유사한 소리를 듣고 구별하게 함으로써 청각 변별 능력을 증진시킨다.

둘째, '말하기'란 자신의 생각이나 느낌을 음성이나 언어로 표현하는 것으로서 말을 잘하기 위해서는 소리를 효과적으로 조절하고 명확하게 발음할 수 있어야 하며, 말을 할 때는 이야기의 대상과 주요 내용 등에 맞게 적절한 어휘와 문장을 사용하여 정확한 발음과 알맞은 크기의 목소리로 표현할 수 있도록 지도한다. 평소에 교사가 적절한 크기의 음성과 분명한 발음으로 말함으로써 올바른 말하기의 모델을 제시하도록 한다.

영유아의 말을 진지하고 열의 있게 들어 주는 교사의 태도도 영유아의 표현 욕구를 증진시키므로 영유아와 개별적으로 대화하거나 집단으로 토의할 때는 항상 그들의 말을 적극적으로 듣는 태도를 보여 주어야 한다.

셋째, '읽기와 쓰기에 관심 갖기'는 일상생활을 통해 매일 다양한 문자를 접하고 그 속에서 자연스럽게 읽고 쓸 수 있는 능력을 학습해 나가는 영유아를 위해 발달 수준에 적절한 그림책이나 쓰기 도구 및 종이를 준비하여 영유아가 부담 없이 쓰고 싶은 것을 자발적으로 쓰게 하는 것이 중요하다. 교사는 이 모든 활동을 위한 자료를 동시에 제공할 수도 있고 책 이외의 활동을 주기적으로 교체해 줄 수도 있다.

언어 영역은 부드러운 느낌의 카펫을 깔고 낮은 탁자와 등을 기댈 수 있는 쿠션을 준비하면 듣기와 말하기 활동에서 나아가 읽고 쓰는 활동이 적절히 이루어질 수 있는 환경을 조성하는 데 도움이 된다. 독서를 위한 영역과 읽고 쓰기를 할 수 있는 영역으로 분리하여 구성할 수도 있다. 초기에는 듣기와 책 보기를 위주로 구성하고 후기에는 읽고 쓰기를 위한 영역을 중점적으로 계획한다. 동화책을 선정할 때는 연령에 따라 책의 크기와 무게, 전체 면수, 글자 수, 이해 가능한 내용을 고려해야 한다. 언어 영역에 비치할 수 있는 놀잇감은 다음과 같다.

(1) 듣기 자료

CD 플레이어와 CD, 헤드폰, 카세트와 카세트테이프, 슬라이드, 다양한 책 등

(2) 말하기 자료

이야기 꾸미기 자료와 융판, 이야기 꾸미기 그림 카드, 여러 가지 손 인형, 막대 인형, 그림판과 자석 인형, 인형극 틀, 그림으로 읽는 동화, 녹음기, 공테이프, 마이크 등

(3) 읽기 자료

다양한 책과 책꽂이, 그림책, 주제에 따른 화보 모음 책, 잡지, 사전, 만져서 알 수

있는 글자(나무, 모래 종이, 모루, 플라스틱, 하드보드지 등으로 된 글자), 친구 이름 카드, 글자 카드, 주사위를 이용한 게임용 글자 등

(4) 쓰기 자료

다양한 종류의 필기구, 풀, 가위, 소형 칠판, 색분필, 글자 상자, 단어 카드, 타자기, 컴퓨터와 프린터, 작은 책, 궁금한 낱말 카드, 자음 · 모음 카드, 한글 · 알파벳 고무 글자판과 스탬프, 잉크, 다양한 색과 크기의 종이, 독서 카드 용지, 하드보드지, 연필깎이, 소형 화이트보드와 마커 펜 등

그림 6-1 언어 영역의 구성

2) 역할놀이 영역

역할놀이 영역은 병원 · 음식점 · 가게 · 공공기관 등에서 영유아가 흥미롭게 느꼈던 사건이나 경험을 재현하거나, 자신의 상상 또는 생각 등을 행동으로 표현해 보는

활동을 할 수 있는 곳이다. 교사는 놀이가 잘 진행될 수 있도록 적절한 질문을 하거나 의견을 제시할 수 있으며, 때로는 놀이의 한 구성원으로 참여하여 놀이에 끼지 못하거나 소극적인 영유아를 도와줄 수 있다.

그 밖에도 영유아가 역할놀이 과정에서 많이 활용하는 놀잇감은 무엇인지, 영유아의 상호작용은 어떻게 일어나는지, 가장 좋아하는 놀이 주제는 무엇인지에 관심을 기울이고 어떤 영유아가 참여하며 어떤 역할을 하는지, 놀이를 확장하기 위해 필요한 도움이나 자료는 어떤 것인지를 관찰하여 필요한 소품을 준비한다.

역할놀이 영역은 소방서놀이, 병원놀이 등 다양한 주제의 상상놀이와 사회극놀이를 하는 곳인 만큼 영유아의 움직임이 많고 단순하게 시작한 놀이가 복잡한 형태로 전개될 수 있으므로 동적인 놀이 영역에 배치해야 하며, 공간을 넓힐 수 있는 여유를 두고 구성하는 것이 바람직하다.

교사는 영유아의 상상력을 자극하고 놀이의 주제가 고정되지 않도록 자료를 충분히 제공하고 적절히 바꿔 주어야 한다. 양성평등, 다문화 교육 등이 자연스럽게 이루어질 수 있는 장소이므로 소꿉놀이와 관련된 내용 이외에 여러 가지 주제가 전개될 수 있도록 소품을 준비하며, 역할놀이 영역이 여아 중심의 활동으로 치우치는 것을 막고 남아도 활발하게 참여할 수 있도록 적절한 자료와 활동을 계획한다. 예를 들면 블록놀이와 연계하거나 기계 수리 활동, 남성용 소품 등을 풍부하게 지원함으로써 남아의 참여를 효과적으로 유도할 수 있다.

역할놀이 영역에서는 가족이나 성별뿐만 아니라 다양한 직업과 사회 구성원의 역할을 경험해 볼 수 있도록 보육 주제와 관련된 교구를 비치하고 교사가 적절한 소도구를 제시하거나 때로는 영유아 스스로 역할놀이에 필요한 도구와 자료를 만들도록 격려하기도 하는데, 자신의 힘으로 만들어 보는 기회를 갖는 것은 영유아의 적극적인 참여 정신을 기르고 경험을 풍부하게 확장하는 데 도움이 된다. 놀이를 하는 동안 영유아는 자신의 부정적인 감정을 발산하여 긴장을 해소하고 정서적 만족감과 긍정적인 자아를 형성한다. 역할놀이 영역에 비치할 수 있는 놀잇감은 다음과 같다.

(1) 기본 교구

거울, 소파, 유아용 탁자, 의자, 옷장, 인형 침대, 안락의자 등

(2) 보육 주제와 관련된 각종 역할놀이 소품

① 가족놀이 소품

주방용품, 일상용품, 의류, 신발류 등

② 운송기관놀이 소품

조종사, 선장, 어부 등

③ 가게놀이 소품

과일 모형, 놀이용 돈, 시장바구니, 지갑 등

④ 병원놀이 소품

의사 가운, 청진기, 반사경, 간호사 모자와 가운, 주삿바늘을 뺀 주사기, 솜, 붕대, 혈압계, 가위, 소독약, 반창고, 온도계 등

⑤ 우체국놀이 소품

어깨에 멜 수 있는 큰 가방, 편지, 소포, 집배원 옷과 모자, 놀이용 우표, 저울, 엽서, 다양한 크기의 봉투, 연필이나 사인펜, 종이, 풀, 스티커 등

⑥ 미용실놀이 소품

미용사 가운, 손님용 미용 캡, 가위 모형, 헤어드라이어, 가발, 고무줄, 머리핀,

그림 6-2 역할놀이 영역의 구성

머리빗, 머릿수건, 날 없는 면도기, 빈 샴푸 병, 빈 화장품 병, 놀이용 돈, 지갑, 손님용 책, 전화기 등

3) 미술 영역

미술 영역은 그리기뿐만 아니라 만들기, 꾸미기 등과 같이 평면 및 입체 조형을 통한 창의적 표현 활동이 이루어지는 곳이므로 그리기 같은 평면 활동과 모양 빚기 같은 입체 조형 활동이 모두 가능하도록 준비한다. 그러나 예술적 차원의 창작 활동이 아니므로 섬세한 기술을 요하는 작품을 완성하는 데 중점을 두기보다는 영유아가 다양한 자료를 다루고 표현해 보는 과정 그 자체를 즐길 수 있게 구성하도록 한다. 그러므로 교사는 영유아가 작품을 완성하기까지의 과정을 잘 관찰하고 각 영유아에게 적절한 인정, 격려, 도움을 베풀어 영유아의 자신감을 발달시켜야 한다. 또한 영유아는 계획된 작품을 완성하기 위해 자르고, 찢고, 뿌리고, 문지르는 등의 조형 활동을 통해 불만이나 긴장감을 해소하여 정서적 만족감을 얻는다.

이러한 미술 영역은 다양한 재료를 이용하여 그리기, 만들기, 꾸미기와 같은 표현이 이루어지고 완성된 작품을 감상하는 기회를 제공하므로 활동실의 조용하고 밝은 곳에 위치하는 것이 좋다. 손쉽게 자료를 꺼내고 정리할 수 있는 자료장이 구비되어야 하고, 작품을 다 만든 후 말리거나 전시할 수 있는 설비가 있어야 하며, 물이 필요한 활동이나 정리를 위해 수도 시설이 가까이 있는 곳에 배치한다.

그 밖에 영유아는 개별 작업은 물론 또래 친구와 협력하여 작품을 만드는 것을 즐기는 연령이므로 공동 작업을 할 수 있는 공간이나 자료 등을 비치하여 다른 사람들의 작품을 감상할 때 아름다움에 대한 감성과 심미안이 발달하게 되며, 자신의 작품에 대한 자부심은 긍정적인 자아를 형성한다. 미술 영역에 비치할 수 있는 놀잇감은 다음과 같다.

(1) 기본 교구

작품 건조대, 작업 가운 등

(2) 종이류

흰 도화지, 색도화지, 색종이, 골판지, 포장지 등

(3) 폐품류

상자류, 플라스틱 병류, 병뚜껑, 다양한 천 조각과 가죽 조각 등

(4) 그리기 도구

크레파스, 색연필, 연필, 볼펜, 색분필, 물감, 한국화 물감, 먹물, 붓, 사인펜, 매직 등

(5) 만들기 도구

가위, 풀, 테이프, 스테이플러, 펀치, 본드 등

(6) 기타 자료

찰흙, 밀가루 반죽, 고무 점토, 톱밥, 나무젓가락, 빨대, 실, 솜, 스펀지, 수수깡 등

그림 6-3 미술 영역의 구성

4) 음률 영역

음률 영역은 영유아가 노래를 부르고 음악을 감상하며, 여러 가지 악기를 자유롭게 다루거나 시험해 보고, 음악 또는 악기 연주에 맞춰 율동을 펼쳐 보일 수 있는 곳이다. 특히 모든 영유아는 음악적 재능을 갖고 태어나므로 이러한 부분을 개발하여 음악이나 율동을 통해 자신의 느낌을 표현할 수 있는 기회를 제공하도록 한다. 따라서 음률 영역은 활동적이고 소음이 많으므로 다른 영역에 방해가 되지 않도록 조용한 영역과는 떨어진 곳에 배치하거나 필요한 기간 동안만 운영하기도 한다.

이러한 음률 영역에는 다양한 소리가 나는 악기나 교구를 제공해야 한다. 다양한 악기와 소리가 나는 물건들을 두드리고, 긁고, 치는 경험 역시 영유아의 부정적인 감정을 해소하는 데 도움을 준다. 그러므로 서양악기와 우리나라 전통악기를 포함하여 영유아가 쉽게 다룰 수 있는 리듬악기나 타악기부터 시작하여 점차적으로 멜로디악기로 확장해 가면서 균형 있게 경험할 수 있도록 준비한다.

이 영역은 교구장, 낮은 탁자, 선반, 가리개, 천정, 벽면 등을 음악적인 분위기가 느껴지도록 꾸미는데, 벽면에는 그림으로 된 간단한 노래 악보나 악기 연주 악보를 붙여 영유아가 보고 노래나 연주를 할 수 있도록 한다. 영유아는 리듬뿐만 아니라 멜로디의 탐색도 가능하므로 음악의 다양한 측면을 경험하고 창의적인 음악 활동이 이루어질 수 있도록 준비하여 영유아가 음률을 통해 자신의 감정을 자연스럽게 표현하고 타인의 감정을 민감하게 의식하는 능력을 기르는 데 좋은 매개체가 될 수 있도록 구성한다. 음률 영역에 비치할 수 있는 놀잇감은 다음과 같다.

(1) 기본 교구

녹음기, 헤드폰, 노래 테이프, 음악가와 악기에 관련된 사진 자료, 그림 악보 등

(2) 우리나라 전통악기류

소고, 장구, 북, 징, 꽹과리, 가야금 등

(3) 서양악기류

① 리듬악기류

탬버린, 캐스터네츠, 트라이앵글, 방울, 우드블록, 마라카스 등

② 멜로디악기류

실로폰, 멜로디언, 피아노 등

③ 다른 나라 전통악기 등

(4) 각종 소품

각종 동물 가면, 리본 테이프, 공, 탈춤 소품 등 신체 표현에서 사용할 소품류

그림 6-4 음률 영역의 구성

5) 수 · 조작 영역

수 · 조작 영역은 사물의 수나 양을 파악하고 사물이 가진 속성을 준거에 따라 분류하거나 조각 그림 맞추기, 바느질하기, 그룹 게임판, 조작적 게임 등과 같은 활동을 통해 교구와 놀잇감을 탐색할 수 있는 곳이다. 이러한 활동은 수량, 부피, 분류, 측정에 대한 개념의 이해뿐만 아니라 언어와 사회성 발달, 감각 기능이나 소근육 발달에도 좋다. 특히 전조작기(2~4세) 영유아는 수에 대한 개념이 충분히 발달되지 못

했으므로 수 개념 형성 이전의 논리적 사고나 판단을 도와줄 수 있는 경험을 제공해야 하며, 기계적으로 수를 암기하는 것보다 영유아에게 친숙한 물체를 구체적인 상황에서 세어 보게 하는 활동이 필요하다.

수 · 조작 영역은 영유아가 소근육, 논리적 사고, 문제 해결과 관련된 활동을 하는 곳으로 개별적 활동이 주로 이루어진다. 조용한 곳에 배치하여 책상을 놓고 교구들은 보육 주제에 맞춰 1~2주에 한 번씩 교체하는데, 영유아의 개인차를 고려하여 난이도에 차이를 둔다.

놀잇감은 흥미를 끌 수 있도록 잘 보이게 놓고 정리도 쉽게 할 수 있도록 바구니나 쟁반에 담아 주는 것이 좋으며, 영유아는 대소 근육의 발달이 어느 정도 이루어진 상태로 다양한 게임을 즐기고 전략적 사고를 할 수 있는 시기임을 고려하여 영역을 구성한다.

따라서 판 게임이나 카드 게임에서 영유아가 다른 사람의 전략을 예측하거나 측정하기, 그래프 그리기, 공간과 도형에 관한 활동에서 수학에 관한 기초적 경험 등을 할 수 있는 기회를 제공해야 하며, 영유아는 작은 구슬을 끼우거나 스스로 단추를 채우고 여러 조각의 퍼즐을 완성했을 때 자신의 능력에 대한 자신감과 성취감을 얻을 수 있다. 수 · 조작 영역에 비치할 수 있는 놀잇감은 다음과 같다.

(1) 퍼즐

그림 맞추기, 숫자 퍼즐, 색 퍼즐, 도형 퍼즐 등 보육 주제와 관련된 다양한 퍼즐

(2) 구성하기 관련 자료

레고 블록, 코코 블록, 다목적 블록, 꽂 블록, 오색 만능 띠 등

(3) 일상생활 관련 자료

열쇠와 자물쇠 맞추기, 볼트와 너트 맞추기, 옮겨 담기(물 · 콩 · 쌀 등), 바느질 카드 등

(4) 수학 활동 관련 자료

일대일 대응, 분류, 비교, 순서 정하기, 부분과 전체, 측정, 공간과 도형, 규칙성 등의 개념 발달에 도움이 되는 생활 주제와 관련된 자료

(5) 게임 관련 자료

보육 주제와 관련된 판 게임이나 카드 게임 등

그림 6-5 수 · 조작 영역의 구성

6) 블록 영역

블록 영역은 다양한 종류의 모양, 색, 크기, 형태의 블록을 이용하여 일상생활에서 볼 수 있거나 상상하는 것을 구성해 볼 수 있는 공간이다. 블록놀이를 통해 영유아는 다양한 사물의 형태와 크기, 공간 구성력이나 분류 능력 등을 형성한다. 영유아는 함께 블록을 조립하면서 서로 돕고 양보하며 규칙을 지키는 사회적 기술을 발달시키고, 스스로 완성한 작품에 의해 자신감을 얻어 긍정적인 자아 개념이 형성되며, 정신적 긴장을 자연스럽게 해소하여 안정된 정서 상태를 유지하게 된다.

이 밖에도 블록을 나르고 쌓는 과정을 통해 신체가 발달하고, 작품을 발표하는 과정에서 언어 능력과 논리적 사고력을 기를 수 있다. 블록 영역에서는 특히 안전 관리를 철저히 해야 하는데, 무거운 나무 블록의 경우 영유아의 키 이상으로 쌓지 말아야 하며, 블록을 옮길 때도 두 손으로 잡고 한두 개씩만 옮기게 한다.

블록 영역은 시끄럽고 소음이 발생하는 활동적이며 건조한 영역이므로 주로 역할

놀이 영역 옆에 위치하는 것이 좋으며, 블록을 쌓고 넘어뜨리는 과정의 소음을 줄이기 위해 바닥에 카펫이나 자리를 깔아 인접 영역에 피해를 주지 않도록 한다. 또한 블록을 최대한 활용하여 구성할 수 있도록 충분한 공간을 확보하고 블록을 넣어 두는 교구장은 밑에 바퀴를 달아 영역을 재배열하거나 학습 활동을 위해 움직일 때 이동을 원활하게 한다.

큰 블록은 높은 곳에 있으면 영유아가 이를 꺼내다 떨어뜨려 다칠 수 있기 때문에 주로 아래쪽에 쌓고 작은 것은 위에 쌓도록 한다. 블록은 여러 명이 동시에 놀이를 할 수 있도록 충분히 준비하고 주제나 계절에 따라 소품을 추가할 수 있다.

영유아는 블록 영역에서 다양한 구조물을 구성하고 경험한 내용들을 중심으로 친구들과 협의하여 다소 복잡한 구조물을 만드는 것도 가능하다. 이러한 점을 고려하여 블록 영역을 구성하며, 영유아는 원하는 구조물을 완성하는 과정에서 오는 성취감, 자신이 만든 구조물에 대한 만족감, 실패를 극복하면서 느끼는 자신감 등을 경험할 수 있고, 자신이 만든 것을 부수면서 공격 욕구나 불안감과 같은 부정적 정서를 해소할 기회를 갖게 된다.

따라서 교사는 보육 주제와 관련하여 영유아가 학습한 지식을 표상하거나 다른 영역들과 연계하여 종합적인 구성 활동이 이루어질 수 있도록 다양한 종류의 블록들을 적절한 시기에 제시하고 블록과 함께 사용할 수 있는 모형이나 소품 등을 제공해야 한다. 소품은 영유아가 직접 제작한 것을 활용할 수도 있는데, 예를 들면 미술 영역에서 만든 여러 가지 동물 모형을 블록 영역에 두고 동물원을 만들거나 꾸밀 때 다른 블록과 함께 놀이에 사용할 수 있다. 이를 위해서는 공간을 별도로 마련하는 것이 좋다. 블록 영역에 비치할 수 있는 놀잇감은 다음과 같다.

(1) 기본 블록

단위 블록, 벽돌 블록, 우레탄 블록, 속이 빈 나무토막, 공간 블록, 널빤지, 스펀지 블록, 상자나 빈 통조림 깡통을 활용한 블록 등

(2) 각종 모형 및 소품

① 인형류

모형 동물, 사람, 로봇, 공룡, 폐품을 이용하여 만든 인형 등

② 탈것류

기차, 트럭, 레미콘, 병원차, 소방차, 경찰차, 버스, 택시, 봉고차, 잠수함, 유람선, 소방선, 여객선, 화물선, 전투기, 여객기, 우주선, 비행기 등

③ 기타 보육 주제와 관련된 소품

동물 가면, 교통 표지판, 신호등, 간판 표시물, 운전대, 가면, 경찰 · 소방관 모자, 오토바이용 모자, 상자갑 건물이나 집, 선반, 상자 등

(3) 기타 자료

블록놀이에 도움이 되는 책, 화보, 활동 제시 카드 등

그림 6-6 블록 영역의 구성

7) 과학 영역

과학 영역은 여러 가지 자료를 직접 탐색 및 실험해 보는 기회를 통해 다양한 과학적 개념을 형성할 수 있는 곳이다. 그러므로 관찰력, 탐구력, 객관적 사고력을 모두 발휘할 수 있는 살아 있는 곳이 되도록 구성함으로써 영유아의 호기심을 불러일으켜 직접 들여다보고, 만져 보고, 실험할 수 있는 실습장의 역할을 해야 한다.

이 영역은 동식물을 키울 수도 있으므로 햇빛이 잘 드는 곳을 택하여 조용한 곳에 배치하며, 소집단으로 집중하여 활동에 몰입할 수 있도록 영유아가 관찰하기 쉬운 낮은 탁자 등을 구비한다.

과학 영역의 자료들은 계절, 주제, 영유아의 흥미에 기초하여 다양한 자연물이나 실물을 제시한다. 예를 들면 열매 · 식물 · 꽃 · 솔방울 · 곤충 · 조개껍질 등 주변에서 볼 수 있는 것이 좋으며, 한꺼번에 모두 제시하기보다는 꾸준히 바꾸고 보충하는 것이 좋다.

그 밖에 감각기관을 활용하여 자발적으로 탐색할 수 있는 자료를 제공하고 영유아가 함께 찾아볼 수 있는 관련 과학 그림책이나 사전, 비디오, 사진 등을 풍부하게 준비한다. 과학적 탐색 활동 중에 자료들을 벽에 부착할 수 있으므로 쉽고 안전하게 붙일 수 있는 작은 게시판을 걸어 둔다.

과학 영역은 일회적인 실험이나 탐구 또는 교사의 일방적인 가르침에 의해 단편적인 사실이나 개념을 습득하는 활동보다는 영유아가 지속적으로 탐색하고, 관찰하고, 예측하고, 실험을 반복하는 과정에서 자신의 행위와 결과를 관련지음으로써 스스로 지식을 구성하고 심화 및 확장해 나갈 수 있는 활동을 제공하는 것이 바람직하다.

영유아는 이렇게 다양한 과학적 경험을 통해 미처 몰랐거나 궁금했던 문제들을 하나하나 해결하면서 성취감과 만족감, 생명 존중 등을 느끼게 된다. 예를 들면 작은 애벌레가 나비가 되는 과정에서 스스로 먹이를 주고 돌봐 성충이 되었을 때 영유아는 정서적 안정감을 갖게 되며, 과학적 경험을 할 때마다 새로운 어휘를 배우고 여럿이 모여 질문한 후 이에 대한 답을 찾아가는 과정에서 다른 사람의 이야기를 잘 듣고 이해하는 능력을 기를 수 있다. 따라서 여러 사물을 관찰할 수 있고, 생물에 대한 친숙함을 느끼며, 물리적 현상들을 직접 조작하고 탐구할 수 있도록 구성해야 한다. 과학 영역에 비치할 수 있는 놀잇감은 다음과 같다.

(1) 기본 교구

거울, 자석, 돋보기, 프리즘, 못, 핀 등

(2) 물체와 물질의 특성 및 움직임과 관련된 도구

여러 가지 물체와 물질, 측정 도구, 기계류, 널빤지, 바퀴가 달린 놀잇감, 바퀴와 부속품, 도르래, 투명하고 단단한 플라스틱류, 튜브와 관 종류, 그릇류 등

(3) 생명체 관련 자료

① 꽃, 야채 등 식물

② 자연에서 수집한 자연물

나뭇잎, 열매, 씨앗, 나뭇가지, 꽃잎, 솔방울 등

③ 식물 관련 자료

다양한 종류의 식물, 식물에 관한 책, 삽, 흙손 등

④ 동물

거북이, 금붕어, 달팽이, 햄스터, 병아리 등

⑤ 동물과 관련된 자료

먹이, 동물에 관한 책 등

(4) 자연 현상 관련 자료

자연 현상과 관련된 사진, 온도계, 습도계 등

(5) 기타 자료

관찰 용지, 필기도구 등

그림 6-7 과학 영역의 구성

2. 실외 환경과 놀잇감

실외 환경은 영유아의 신체 운동을 발달시킬 수 있을 뿐만 아니라 실내에서 계속적인 주의 집중으로 인해 생긴 긴장으로부터 해방감을 느끼게 한다. 놀이 중 교사는 특정 집단의 영유아와 상호작용을 하면서도 항상 실외놀이 영역 전체를 감독할 수 있어야 한다.

실외놀이는 기관에서 오랫동안 생활하는 영유아가 신선한 공기를 마시고 햇볕을 쬘 수 있는 기회이므로 매일 일과에 포함되어야 한다. 실외에서 활동하는 동안 영유아는 신체적인 측면뿐만 아니라 자연을 탐색하고 친구들과 함께 놀이를 하면서 사회성을 기른다. 물과 모래를 가지고 놀면서 긴장감을 해소하기도 하고, 그늘진 조용한 곳에서 휴식을 취하기도 한다.

이러한 영유아의 놀이를 도와주기 위해 실외놀이 공간은 다양한 재료로 바닥을 구성하고 햇볕이 드는 공간과 그늘진 공간을 확보하여 안전하게 꾸며야 한다.

실외놀이 영역의 환경을 구성할 때는 실내놀이실과 연결하여 영유아가 쉽게 이동할 수 있도록 배려하고 대근육 활동을 위한 영역, 물놀이와 모래놀이 영역, 동식물 기르기 영역, 조용한 영역 등 흥미 영역으로 구성하는 것이 바람직하다.

실외 환경의 면적 중 3분의 1은 조용한 활동 공간으로, 나머지 3분의 2는 활발한 놀이 공간으로 활용하면 좋다. 실외 놀이터의 바닥은 잔디, 시멘트, 자갈, 모래, 흙 등으로 다양하게 구성하면 좋으나 오르기 시설물이 있는 곳은 영유아의 안전을 위해 탄력성이 있는 바닥재를 설치해야 한다.

실외 놀이터에는 영유아를 외부의 차량이나 사람들로부터 보호하고 영유아 혼자 밖으로 나가지 않도록 울타리를 설치한다. 울타리는 영유아가 기어오르지 못하고 머리 등 신체 일부분이 끼지 않는 자재를 사용한다.

1) 대근육 활동을 위한 영역

대근육 활동을 위한 영역에는 그네, 미끄럼틀, 시소, 오름대 등의 고정 놀이기구들을 배치하고 그 바닥에는 모래나 쿠션이 있는 재료를 깔아 영유아가 넘어지거나 떨어져도 큰 상처를 입지 않도록 안전을 고려하여 구성한다. 나무상자, 널빤지, 플라스틱 용기, 로프, 속이 빈 블록 등 고정되지 않은 도구를 비치하면 뛰고 달리는 행동 외에 다양한 형태의 움직임을 경험할 수 있다.

그 밖에도 공, 줄, 자전거 등을 비치하면 신체 조절 능력, 평형 감각, 리듬 감각 등을 기를 수 있다. 5세 유아를 위한 대근육 활동 영역에는 달리기, 구르기, 오르내리기, 미끄러지기, 균형 잡기, 뛰어내리기 등과 같은 다양한 신체적 경험을 할 수 있도록 시소, 그네, 정글짐, 복합 놀이기구, 자전거, 평균대, 뜀틀, 매트, 여러 종류의 공, 훌라후프, 굴렁쇠 등을 비치한다.

그림 6-8 대근육 활동을 위한 영역의 구성

2) 물놀이와 모래놀이 영역

물과 모래는 특정한 결과물을 요구하지 않기 때문에 영유아에게 실패나 좌절의 감정을 주지 않고 내적인 불만이나 긴장 등을 발산하거나 해소시켜 줄 수 있다.

모래놀이 영역은 일반적으로 복합 놀이기구 밑에 위치하는 경우가 많은데 독립된 영역으로 제시하는 것이 바람직하며, 물놀이 영역은 모래놀이 영역과 인접하여 설치하면 놀이가 확장될 수 있다.

학기 초에는 물과 모래 자체를 만지고 놀면서 다양한 방법으로 탐색할 수 있는 환경을 마련하고 이후에는 여러 가지 소품을 제공하여 놀이가 확장될 수 있도록 한다. 모래놀이를 하는 동안에는 모래가 눈에 들어가거나 삽 등의 도구로 상처를 입지 않도록 안전에 유의할 것을 당부하고 지도한다. 물놀이와 모래놀이 시설은 오랫동안 영유아가 앉아서 놀게 되므로 그늘을 만들어 주면 좋다. 물놀이와 모래놀이 영역에 비치할 수 있는 놀잇감은 다음과 같다.

(1) 물놀이

물놀이 통, 다양한 크기와 모양의 그릇, 숟가락, 작은 양동이, 물뿌리개, 주전자, 바가지, 깔때기, 여러 종류의 페인트용 붓, 스펀지와 솔, 여러 종류의 폐품, 가운, 수도, 호스 등

(2) 모래놀이

모래밭, 다양한 크기와 모양의 그릇, 여러 종류의 병, 숟가락, 삽, 갈퀴, 깔때기, 작은 양동이, 물뿌리개, 주전자, 바가지, 구멍의 크기가 다른 체, 낮은 의자, 트럭, 불도저 등의 장난감 자동차, 수도, 호스 등

그림 6-9 물놀이와 모래놀이 영역의 구성

3) 동식물 기르기 영역

동식물 기르기 영역은 꽃, 나무, 풀을 탐색하고 토끼, 개, 닭, 오리 같은 동물들을 관찰할 수 있도록 준비한다. 식물은 실외 환경 전반에 걸쳐 작은 꽃과 풀에서 큰 나무에 이르기까지 조화롭게 조성되어야 하지만 독성이나 가시가 있는 것은 제외한다. 꽃과 나무를 교사가 미리 심어 놓을 수도 있으나 계절과 지역에 따라 영유아가 직접 씨를 뿌리고 재배하는 경험을 제공할 수도 있다. 동물은 사육장을 만들어 청결하게 관리하고 영유아가 너무 다가가지 않도록 안전 울타리를 설치한다. 동식물 기르기 영역에 비치할 수 있는 놀잇감은 다음과 같다.

(1) 동물

동물 사육장, 닭, 다람쥐, 토끼, 오리 등

(2) 식물

꽃과 꽃씨, 꽃삽, 채소 모종, 채소 씨앗, 팻말, 물뿌리개 등

(3) 기타 자료

돋보기, 앞치마, 물뿌리개, 줄자, 저울, 관찰 용지, 필기도구, 온도계 등

그림 6-10 동식물 기르기 영역의 구성

4) 조용한 영역

영유아가 실외에서 장시간 활동을 하면 쉽게 지치기 때문에 놀이 중에 언제라도 휴식할 수 있는 장소를 제공해야 한다. 날씨가 좋으면 그리기, 책 보기, 동화 들려주기, 미술 활동과 같이 실내에서 하던 조용한 활동을 실외에서 할 수도 있고, 간식을 밖에서 먹을 수도 있으며, 공간이 허락한다면 그늘이 드리우도록 등나무를 올리거나 지붕이 있는 정자를 설치하고 그 아래에 모여 앉을 수 있는 평상이나 의자를 둘 수도 있다.

공간이 충분하지 않다면 의자나 돗자리 등을 준비하고 움직임이 많은 영역에서 떨어진 곳에 배치하여 영유아가 놀이에 집중할 수 있도록 배려한다. 텐트나 놀이집

을 설치하는 것도 좋은 방법이다. 조용한 놀이와 휴식 영역에 비치할 수 있는 놀잇감은 다음과 같다.

(1) 미술

찰흙, 종이, 분필, 물감, 붓, 이젤, 가운, 수건, 걸레 등

(2) 책 보기

보육 주제와 관련된 책 등

그림 6-11 조용한 영역의 구성

우리의 놀이 6-1

빨래놀이

1. 준비물 : 없음
2. 놀이 방법
   (1) 자신이 빨래가 되어 세탁기에 들어가 있는 것처럼 상상한다(영유아에게 실제로 세탁기에 들어가서는 안 된다는 사실을 반드시 주지시킨다).
   (2) 어떤 종류의 빨래가 될 것인지 결정한다(예 여왕의 양말, 월드컵 축구 선수의 셔츠, 앞치마 등).
   (3) 참가자들은 세탁기 프로그램에 따른 지시가 있을 때까지 세탁기 속의 빨래가 된 것처럼 자유롭게 움직인다.
   (4) 진행자가 "세탁" 하고 외치면 주위를 돌아다니면서 몸을 위아래로 움직이거나 다른 사람들 사이를 누비듯이 전후좌우로 움직인다.
   (5) 진행자가 "헹굼" 하고 외치면 몸을 흔들고 그 자리에서 뱅글뱅글 돈다.

(6) 진행자가 "탈수" 하고 외치면 몸을 비틀면서 돈다.
(7) 진행자가 "멈춤" 하고 외치면 마룻바닥에 납작 엎드린다.
(8) 진행자는 "좀 더 빨리" 또는 "좀 더 느리게"의 구호를 통해 참가자로 하여금 세탁기의 강도를 조정할 수 있다.

토론 과제

01 놀잇감 관찰보고서를 작성한 후 다음의 준거를 참고하여 토론해 보아요(놀잇감 사진, 안전성에 근거한 평가, 발달의 적합성에 근거한 평가).

02 교육기관에서 자유 선택 활동을 교육적으로 운영하려면 어떻게 해야 하는지 구체적으로 토론해 보아요.

Chapter 7

치료적 놀이

1 | 놀이 치료
2 | 치료놀이
3 | 미술 치료

CHAPTER 07 치료적 놀이

영유아에게 놀이는 세상에 대해 많은 것을 학습할 수 있는 매개체이기도 하지만 영유아 자신의 갈등이나 상처를 정화하고 심리적인 문제를 치료하는 유용한 수단이기도 하다. 이렇듯 놀이에는 분명히 심리 치료의 측면이 있으나 모든 놀이가 치료적인 것은 아니다.

치료적 놀이는 놀이의 심리 치료적 힘과 요소를 이용하여 영유아가 내면의 긴장, 불안, 공격성, 두려움 등을 표현하는 기회를 가짐으로써 나름대로 자신의 문제 상황을 해결하거나 극복하도록 도와주고 나아가 건전한 자아상을 확립하도록 이끌어 주는 개입 활동을 의미한다.

이러한 치료적 놀이에는 놀이 치료, 게임놀이 치료, 모래놀이 치료, 치료놀이, 미술 치료, 음악 치료, 독서 치료, 이야기 치료 등의 기법이 포함된다. 이 기법들은 영유아의 심리 문제에 접근하는 방법들로, 특히 나이 어린 영유아를 대상으로 하는 심리 치료 기법은 모두 '놀이'가 중심이 되는 방식이다. 왜냐하면 영유아는 자신의 의지, 감정, 욕구, 생각 등을 언어로 표현하는 데 한계가 있으므로 대신 자기표현의 수단인 놀이를 통해 접근하는 기법을 사용하는 것이 필수적이기 때문이다. 본 장에서는 영유아에게 발달적으로 적합한 놀이 접근 방식의 치료적 놀이 중 놀이 치료, 치료놀이, 미술 치료에 대해 살펴보고자 한다.

1. 놀이 치료

1) 개념

영유아에게 놀이는 생각과 감정을 표현하도록 도와주는 자연스러운 자기표현의 매개체다. 이는 마치 성인이 언어로 내면을 발산하는 것과 유사하다. 즉 영유아는 자신의 불안, 근심, 걱정, 두려움 등을 언어가 아닌 자유로운 놀이를 통해 발산한다. 바로 이러한 측면이 놀이가 영유아에게 치료적 매개체가 될 수 있음을 증명한다. 다시 말하면 놀이를 통해 영유아는 내부에 자리 잡고 있던 감정을 표출할 기회를 얻어 그 감정을 표면으로 떠올리고 이와 직면하여 해소하거나 조절하는 능력을 학습하게 된다. 그리고 이 같은 경험과 기회를 통해 자신을 새롭게 인식하고, 스스로 결정을 내리면서 심리적으로 보다 성숙해진다. 그러므로 놀이는 영유아를 바르게 성장하도록 도와주고 궁극적으로는 자신을 실현하도록 돕는다. 이러한 의미에서 볼 때 놀이는 치료적 도구임이 분명하다.

이와 같이 놀이가 영유아의 자기표현의 매개체라는 사실에 기초를 두고 접근하는 치료적 놀이가 바로 놀이 치료다. 놀이 치료는 수동적으로 겪은 스트레스와 외상적 경험에 대한 해소 효과가 영유아 놀이의 치료적 힘을 보장하는 중요한 역할을 한다고 본다. 이는 영유아의 놀이 행동 속에 내재한 심리 치료적 요소를 최대한 활용하여 스스로 문제를 극복하도록 도와주고, 영유아에게 잠재되어 있는 발달 가능성을 극대화시키는 과정이 바로 놀이 치료라는 것을 의미한다.

놀이 치료에 대한 정의는 이론적 접근 방법에 따라 조금씩 다른 견해를 보이고 있다. 대표적인 두 이론을 간략하게 살펴보면, 먼저 정신분석적 놀이 치료에서는 영유아의 심리를 분석하는 데 주요한 도구로 놀이 치료를 활용한다. 즉 정신분석적 입장에서의 놀이 치료는 영유아를 정상적인 발달 통로로 복귀시키는 과제를 위한 장면을 제공하기 위해 놀이에 대한 영유아의 자연스러운 경향을 이용한다는 것이다(송영혜 · 이승희 역, 2000). 그러므로 치료자는 놀이라는 매개체 안에서 영유아가 표현한 희망, 불안, 갈등 등을 해석하여 영유아와 치료적 동맹을 맺고 그것을 유지해야 한다.

다음으로 아동 중심적 놀이 치료는 영유아가 자신의 문제를 스스로 해결할 수 있는 힘이 있다고 보기 때문에 치료의 방향과 책임을 영유아에게 맡기는 비지시적인 방법을 취한다. 즉 아동 중심적 입장에서의 놀이 치료는 영유아가 자신의 문제를 해결할 수 있는 기회와 잠재되어 있는 능력을 발견하고 개발하도록 돕는 것이며, 놀이를 통해 영유아가 진정한 자신을 알고 그것을 있는 그대로 수용할 수 있게 된다는 것이다. 따라서 치료자는 영유아가 성장할 수 있는 안전하고 수용적이며 영유아를 존중해 주는 적절한 환경을 제공하여 그들이 잠재력을 발견하도록 도와야 한다.

2) 치료적 원리와 요인

놀이 치료의 원리와 치료적 요인은 단순히 영유아가 자유롭고 즐겁게 놀이를 하고 기분이 좋아진다는 것 이상의 중요한 기능이 있다. 즉 놀이의 치료적 요인은 놀이 과정에서 영유아에게 도움이 되는 요인으로 증상을 개선하거나 바람직한 행동을 확대시키는 데 도움을 준다. 그러므로 영유아에게 긍정적인 영향을 주며, 그 결과 바람직한 변화를 가져오게 하는 놀이의 치료적 요인을 파악하는 일은 매우 중요하다.

Schaefer(1993)는 놀이 치료에 대해 훈련된 치료사가 심리적 문제를 가진 영유아를 돕기 위해 놀이의 치료적 요인을 체계적으로 적용하는 대인 관계의 과정이라고 정의하면서, 영유아가 치료로부터 이익을 얻을 수 있게 하는 치료적 원리와 요인에 대해 다음과 같이 제시하고 있다.

(1) 저항 극복 요인

치료적 관계(라포rapport)를 형성하기 위한 요인을 말한다. 놀이 치료에서 무엇보다 우선되어야 하는 것은 바로 치료자와 영유아 간에 치료적 관계를 형성하는 것이다. 일반적으로 영유아를 대상으로 하는 상담은 대개 영유아가 성인에 의해 이끌려 오기 때문에 초기에는 놀이 치료에 강한 저항과 거부감을 보인다.

이러한 저항을 극복하고 라포를 형성하고자 할 때 놀이 치료가 매우 유용하다. 놀이치료실은 영유아가 좋아하는 놀잇감들로 가득 채워져 있으며, 놀이 자체가 영유아에게 흥미 있고 재미있고 자연스러운 행동이기 때문이다. 그래서 놀이를 통해 치료와 치료자에 대한 거부나 저항이 사라지고 이와 같은 환경을 제공한 치료자와는 친밀감을 형성한다. 치료자와 영유아 간에 친밀한 관계가 형성되면 영유아는 놀이치료실에 오는 것을 좋아하게 되고, 치료자와 함께 자신의 인지적 · 정서적 · 행동적 측면에서 필요한 변화를 일으킬 수 있게 된다.

(2) 의사표현 요인

내적 감정의 표현을 통해 자신과 자신의 감정을 이해하기 위한 요인을 말한다. 영유아는 말로 자신의 감정, 욕구, 생각을 다른 사람에게 전하는 데 어려움을 겪는다. 그래서 놀이는 영유아의 또 다른 언어이자 세상과 소통하는 특별한 방법이 된다. 즉 놀이는 언어 능력이 제한적인 영유아에게 성인의 언어와 같이 자기표현을 가능하게 하는 매개체라는 것이다. 따라서 영유아는 놀이를 통해 의식적인 생각과 감정뿐만 아니라 무의식적인 소망, 사고, 욕구, 갈등을 표현한다.

놀이는 의식적 수준과 무의식적 수준의 놀이로 나눌 수 있는데, 의식적 수준의 놀이는 영유아가 말로는 표현할 수 없지만 인식하고 있는 생각과 감정의 표출을 의미한다. 무의식적 수준의 놀이에는 영유아의 무의식적인 소망과 갈등이 표현되는데, 이로 인해 자신을 이해하는 데도 도움이 된다.

(3) 능력 요인

숙달감을 통해 유능함을 경험하고 자존감을 향상시키기 위한 요인을 말한다. 숙달감은 영유아가 스스로 어떤 일을 해결할 수 있게 되었을 때 최초로 형성된다. 숙달의 경험은 여러 형태로 나타나는데, 레고나 기타 블록들로 구조물을 스스로 만들거나 퍼즐을 완성했을 때와 같은 경우가 이에 해당한다. 이와 같이 영유아는 누군가의 칭찬에 의해서가 아니라 자신에게 내재된 만족에 의해 숙달감을 경험한다(서명원 외 역, 2012). 즉 숙달감은 영유아가 자신이 하고 싶은 놀이나 활동을 직접 선택하여 그 놀이를 반복하는 과정에서 자기 향상을 실감할 때 발달된다. 그리고 이러한 과정을 통해 영유아는 보다 더 유능한 존재로 성장하고 나아가 자존감이 향상된다. 이와 같은 놀이의 치유적 기능은 영유아에게 강력하게 작용하여 스스로 유능해지고 건강해지는 기분을 경험하게 한다.

반면에 새로운 신체적 · 사회적 기술을 성취할 수 있는 결과를 제공하는 놀이를 경험할 기회가 없으면 대부분의 영유아는 놀이 활동을 계속하고자 하는 동기가 유발되지 않을 것이고, 이로 인해 유능감을 발달시킬 수 없으며 최종적으로 자존감 또한 향상시킬 수 없다.

(4) 정화 요인

정서적 발산과 카타르시스의 경험을 위한 요인을 말한다. 놀이 치료에서는 영유아로 하여금 투사와 정화의 기능을 수행하도록 도움을 줄 수 있는 최선의 매개체가 놀이라고 본다(김광웅 외, 2004). 정화는 강렬한 감정을 분출하여 해소하는 것을 말하는데, 놀이 치료에서는 영유아가 수동적 스트레스나 외상적 경험을 놀이로 표현함으로써 자기 치유가 이루어진다고 말한다. 즉 수동적으로 겪은 스트레스와 외상적 경험에 대한 해소 효과가 영유아 놀이의 치료적 힘을 보장하는 중요한 역할을 한다는 것이다.

(5) 소산 요인

외상에 대한 적응과 치유의 경험을 제공하기 위한 요인을 말한다. 소산 요인은 과거에 스트레스를 받았던 사건과 그것에 관련되는 감정을 재생해 내는 것이다. 다시 말해 영유아는 자신이 겪은 사건을 놀이를 통해 반복적으로 표현하면서 그 사건을 다시 경험하고 재구성한다. 이러한 사건에 대한 반복적인 재경험과 재구성을 통해 영유아는 자신의 외상을 점차 극복해 나갈 수 있게 된다.

(6) 비유적 교육 요인

새로운 행동을 연습하고 공감하기 위한 요인을 말한다. 영유아는 놀이를 통해 이전에 생각하지 못한 새로운 행동을 연습할 수 있다. 또한 놀이 속에서 다양하게 타인의 역할을 경험함으로써 자신을 다른 사람의 입장에서 객관적으로 볼 수 있으며 다른 사람의 생각, 감정, 행동을 이해할 수 있는 공감 능력이 발달한다. 아울러 상징적이고 은유적인 이야기 속의 인물과 동일시하는 과정에서 새로운 힘을 얻고 현실에 적응할 수 있는 해결책을 발견해 간다.

(7) 상상 요인

상상적 보상을 위한 요인을 말한다. 영유아는 자연적으로 상상하는 성향을 가지고 있다. 그렇기 때문에 영유아의 상상력을 활용하는 것은 놀이의 치료적 가치로서 중요한 의미를 지닌다. 영유아는 현실 세계에서 충족되지 못하는 욕구를 놀이 안에서 상상을 통해 보상 받을 수 있다. 즉 현실에 적응하지 못하는 영유아도 상상의 놀이 속에서는 현실을 자신의 바람과 일치시킬 수 있다.

이와 같이 상상은 실제 생활에 적응하지 못하고 통제할 수 없는 영유아에게 큰 힘이 된다. 따라서 상상놀이를 할 수 있는 기회를 많이 제공하는 것은 놀이 치료의 필수적인 구성 요소이며, 이는 영유아가 자신을 자유롭게 하고 강화하는 데 필요하다.

(8) 긍정적 정서 요인

스트레스를 해소하기 위한 요인을 말한다. 영유아는 외적 동기에 의한 것이 아니라 놀이 행동 그 자체의 즐거움으로 인한 내적 동기에 의해 놀이를 한다. 이렇게 놀이를 즐기는 과정에서 수반되는 즐거움 같은 긍정적 정서는 중요한 치료적 가치를 지닌다.

놀이 속에서 경험하는 재미나 즐거운 마음은 영유아에게 행복감과 안녕감을 주고, 스트레스에 대해 강력한 해독제 역할을 한다. 이로 인해 놀이가 주는 긍정적 정서 요인은 영유아가 보다 용기 있고 희망에 찬 삶을 영위할 수 있는 원초적 힘을 제공한다.

3) 치료의 실제

(1) 치료 과정

영유아를 대상으로 놀이 치료를 실제적으로 실시하기 위해서는 기본적인 치료 과정을 이해해야 한다. 놀이 치료는 초기 과정, 중기 과정, 말기 과정, 종료 과정으로 이루어진다.

① 초기 과정

놀이 치료의 성패에 중요한 영향을 미치는 것은 바로 상담 초기의 경험이다. 특히 초기 과정은 영유아가 상담실과 치료자를 탐색하는 단계이므로 치료자는 영유아와 치료적 관계를 구축하기 위해 노력을 기울여야 하는 시기다. 그러므로 초기 과정의 주요 목표는 치료자와 영유아 간의 치료적 관계를 형성하는 것이다. 치료적 관계의 형성이란 치료자와 영유아 간에 편안하고 믿을 수 있는 관계를 맺는 것을 의미한다.

이러한 치료적 관계를 형성하기 위해 치료자는 놀이 과정 중에 수용적인 태도로 영유아의 모든 감정을 받아들여야 한다. 그러나 치료실에서의 행동의 한계는 확실하게 엄수하는 일관된 반응을 보여야 하며, 시간적 · 공간적 한계도 분명하게 알려 주어야 한다. 이때 영유아와 치료자 간의 치료적 관계가 촉진된다.

② 중기 과정

중기 과정은 놀이 치료의 대부분을 차지하는 긴 시간이다. 중기 과정의 가장 중요한 목표는 영유아가 과거의 외상적 사건을 재경험하도록 돕고, 부모와의 관계에서 결핍되거나 왜곡된 부분을 충족하고 수정하도록 이끄는 데 있다. 즉 영유아는 중기 과정 동안 교정적인 경험을 하게 되고 치료자의 해석을 통해 과거에 일어났던 충격적인 사건을 재통합하면서 성장한다.

③ 말기 과정

이 단계가 되면 영유아는 자신의 문제를 있는 그대로 수용할 수 있으며, 자신의 장단점을 존중하고 자아 존중감이 향상되어 적극적으로 현실에 대처하는 모습을 보인다. 이때 집단 치료를 병행하면 현실 상황에 구체적으로 적응하는 기술을 습득하고 자신의 목표를 구축하는 데 큰 도움이 된다. 발달이 지연되거나 결핍된 부분에 대한 재교육도 병행하여 성장과 발달을 도와야 한다.

이 말기 과정에서 무엇보다 중요한 것은 종료를 위한 사전 계획을 수립하는 것이다. 이 단계에서는 반드시 영유아와 종료에 대한 합의를 이루어야 한다. 특히 영유아의 경우에는 그 연령의 수준에서 받아들일 수 있도록 고안된 방법을 사용해야 한다.

④ 종료 과정

언제 놀이 치료를 종료해야 하는지를 아는 것은 쉬운 일이 아니다. 놀이 치료가 진행되는 동안 또 다른 문제가 발생할 수 있고, 좀 더 다루고 싶은 문제가 변할 수도 있어 종료를 결정하기가 어려운 것이다. 따라서 치료자는 종료를 결정할 때 매우 신중해야 한다.

대체적으로 초기에 설정한 치료 목표가 달성되었을 때 종료를 하게 된다. 영유아는 성인과 달라서 놀이 치료가 종료된 후에도 발달 단계에서 어려움을 겪는 상황이 생길 수 있으므로 힘들면 언제든지 다시 만날 수 있다는 믿음을 부모에게도 주어야 한다.

(2) 실제의 경험

우리의 놀이 7-1

스티커로 얼굴 꾸미기

1. 준비물 : 스티커(캐릭터 · 숫자 · 모양 등 다양하게 준비하기), 주사위
2. 놀이 방법
   (1) 두 사람씩 짝을 짓는다.
   (2) 가위바위보를 한다.
   (3) 이긴 사람이 주사위를 던진다.
   (4) 주사위를 던져서 나온 숫자만큼 스티커를 떼어 상대방의 얼굴에 재미있게 구성하며 붙인다. 이와 같은 방식으로 진행한다.
   (5) 활동이 끝나면 상대방의 얼굴을 사진으로 찍어 준다.
   (6) 놀이가 끝나면 참가자가 돌아가면서 느낌을 이야기한다.

우리의 놀이 7-2

지니에게 소원을 말해 봐!

1. 준비물 : 지니 깡통(짱그랑 소리가 날 수 있는 통), 동전 세 개
2. 놀이 방법
   (1) 4~6명으로 한 조를 구성하여 원형으로 앉은 다음 자신의 소원 세 가지를 생각해 놓도록 한다.

(2) 가위바위보를 해서 최종적으로 이긴 사람 한 명을 뽑아 그 참가자부터 시작한다.
(3) 각자 자기 차례가 되었을 때 자신의 동전 한 개를 들고 눈을 감은 채 소원을 마음속으로 빈 다음 동전을 지니 깡통에 넣은 후 옆에 있는 참가자에게 깡통을 넘긴다.
(4) 이러한 방식으로 모든 참가자가 첫 번째 소원을 빌고 다시 처음 시작한 참가자에게 지니 깡통이 도착하면 두 번째 소원 빌기 활동을 시작한다.
(5) 두 번째 소원 빌기가 모두 끝나면 세 번째 소원 빌기 활동을 시작한다.
(6) 세 번째 소원 빌기가 모두 끝나고 다시 지니 깡통이 처음 시작한 참가자에게 도착하면, 그때부터는 지니 깡통을 들고 깡통 속 지니가 소원을 이루어 줄 것을 상상하며 첫 번째 소원을 다른 참가자에게 공개하고 다음 참가자 순서로 넘어간다.
(7) 같은 방식으로 세 번째 소원까지 모두 공개한다.
(8) 놀이가 끝나면 참가자가 돌아가면서 느낌을 이야기한다.

2. 치료놀이

1) 개념

치료놀이는 부모-자녀 관계에 어려움이 있는 이들이 건강한 관계를 재형성하도록 돕기 위한 것으로, Bowlby의 애착 이론에 기초하여 성인이 주도권을 갖고 놀이 상황에서 신체 접촉을 통해 긍정적이고 반응적이며 즐거운 방식으로 영유아에게 접근해 문제를 해결하고자 한다. 즉 건강한 상호작용을 통해 영유아의 건강한 성장과 발달에 필수 요건인 안정된 애착 관계를 형성하는 것이다. 이와 같이 건강한 부모-영아 관계를 기반으로 하는 치료놀이의 특징과 핵심 개념은 다음과 같다.

첫째, 부모-자녀의 상호작용적인 관계, 즉 건강한 부모-자녀 관계의 확립에 초점을 둔다. 치료놀이는 인간 행동의 주된 원동력이 관계를 맺으려는 욕구라는 전제에서 출발한다. 특히 부모-자녀 간의 초기 관계는 영유아의 자기self와 성격 발달에서 필수적인 환경이다. 다행히 초기 관계는 회복이 가능하며, 이러한 변화의 근본적 요소는 부모-자녀 간의 보다 긍정적인 관계 창출에 기반한다. 따라서 영유아는 건강한 초기 관계의 경험을 통해 스스로를 사랑스럽고 특별하며 유능하고 영향력 있는 존재로 인식하며, 타인을 사랑하고 배려하고 신뢰할 수 있게 된다.

둘째, 성인 주도적이다. 즉 관계적 측면에서 성인이 활동을 주도해야 한다. 건강한 부모는 자녀와의 강한 상호작용을 위해 적극적인 방법을 취하기 때문이다. 성인이 주도해야 하는 또 다른 중요한 이유는 경계와 제한을 설정하여 영유아가 더욱 안전하도록 보호하기 위해서다. 따라서 치료놀이에서는 치료자가 영유아의 욕구를 파악하여 치료 시간에 활용할 치료 활동을 세심하게 계획하고 구성하며 나아가 진행을 총괄한다. 물론 치료 활동을 하는 동안 치료자는 영유아의 참자기가 성장할 수 있도록 반응적이며 신뢰가 가는 치료적 환경을 제공해야 한다.

셋째, 정서적 조율이 전제된 놀이이며 반응적이고 공감적이다. 즉 치료놀이는 영유아에 대한 정서적 조율이 전제된 상호적 신체놀이다. 이러한 정서적 조율은 영유아가 자기감정을 인식하고 조절하는 능력을 기르는 것뿐만 아니라 타인의 감정을 이해하는 데도 도움이 된다. 또한 다른 사람의 생각, 느낌, 행동에 공감할 수 있는 힘을 발달시킨다. 이와 같이 반복적인 정서적 조율, 반응, 공감은 다른 사람의 감정을 반영하는 중요한 능력으로 이어진다.

넷째, 지금-여기의 경험이다. 치료놀이는 영유아가 생의 초기에 경험한 것과 동일한 직접적이고 실제적인 방식으로 부모-자녀 관계에 대해 지금-여기에서 회복적인 경험을 갖도록 영유아와 치료자 사이에 실제로 일어나는 일에 초점을 둔다. 또한 지금-여기에 초점을 둔 치료놀이의 중요성은 1차 상호 주관성의 개념에 의해 지지를 받는데, 1차 상호 주관은 서로 얼굴을 마주한 상태로 감정이나 행동을 공유하는 조율을 의미한다(이향숙 외, 2010).

다섯째, 감각적 자극이 포함된다. 치료자는 신체 전체가 포함된 상호작용으로 영유아에게 개입한다. 특히 감각적 자극은 자아에 대한 감각을 발달시키고 사람과 사물을 동적이고 정서적으로 대할 수 있는 능력 계발과 긴밀하게 연결되어 있기 때문에 영유아의 발달에 매우 중요한 요인이다.

이 밖에도 치료놀이는 치료자와 영유아가 조율된 재미있는 상호작용을 통해 우뇌 발달을 증진시켜 자기 조절 능력을 도모할 수 있으며, 영유아는 치료놀이를 통해 대인과의 관계나 특정 상황에서 정서적으로 긍정적인 자극을 더 많이 경험할 수 있다.

2) 치료적 원리와 요인

치료놀이의 원리는 구조structure, 도전challenge, 개입engagement, 양육nurture의 네 가지 차원으로 구성된다. 여기에 재미playfulness가 추가되는데, 이는 매 치료 시간마다 치료 활동이 재미있어야 한다는 것을 의미한다.

(1) 구조structure

일반적으로 영유아의 일상생활에는 규칙적인 수유와 수면 시간 같은 질서와 리듬이 있다. 또한 영유아가 자라나면서 부모나 성인은 해도 되는 것과 해서는 안 되는 것에 관한 규칙도 많이 설정한다. 즉 연령이 높아지면서 영유아가 지켜야 할 규칙이 점차 늘어나는 것이다. 예를 들면 플라스틱 장난감은 던질 수 있지만 유리로 된 물컵은 던지면 안 된다거나, 이것저것을 만져 보는 것은 괜찮지만 난방기나 전구 소켓은 만지면 위험하다고 당부하는 것이다. 이와 같이 영유아의 세계는 주 양육자에 의해 시간과 공간이 구조화되고 이로 인해 영유아는 예측과 안전에 대한 감각을 갖게 된다.

치료놀이도 마찬가지다. 치료놀이에서 치료자는 활동 내용을 계획 및 주도하고 이를 책임져 영유아에게 치료 시간은 보호 받고 안전하다는 느낌을 주어야 한다. 그렇기 때문에 각 세션에는 명확한 규칙과 함께 시작과 끝이 있으며 '어느 누구에게도 상처를 입혀서는 안 된다.'와 같은 단서나 조항들이 있다. 그러므로 구조 활동을 통해 영유아는 세상이 항상 재미있기만 한 것이 아니라 규칙과 제한이 있음을 알게 되고, 자기의 역할을 잘 수행하는 책임감 있는 성인으로 성장하게 된다. 또한 구조 활동은 영유아에게 자신을 통제하는 방법을 가르쳐 주며 외적인 무질서를 극복하여 내적인 질서를 세우게 한다. 이를 위해 구조 활동은 처벌하지 않으며 재미있는 놀이를 통해 영유아의 자존감을 높이면서 수용적으로 이루어져야 한다는 것을 기억해야 한다.

구조는 영유아에게 '내가 너를 잘 돌보고 있기 때문에 너는 안전해.'라는 메시지를 전하며, 특히 자기 조절 능력이 부족한 충동적인 영유아, 과잉 행동을 하거나 집중력이 떨어지는 영유아, 무엇이든지 자기 마음대로 하려는 폭군 같은 영유아에게 특히 더 요구되는 부분이다.

(2) 도전challenge

도전은 생애 초기부터 시작된다. 즉 영유아는 인생의 초기부터 새로운 것을 끊임없이 탐색하며 위험을 무릅쓰고 기술을 숙달하고자 하는 등 자신을 둘러싼 미지의 세계에 지속적으로 도전한다. 예를 들어 누워 있던 영아가 잘 걷게 되기까지 영아는 넘어지거나 부딪치는 좌절을 극복하면서 그 발달 과업을 성취한다. 이렇게 영유아는 도전을 통해 성취감과 자신감 그리고 자기 확신에 대한 느낌을 길러 간다.

이와 같은 이유로 치료놀이에서는 영유아에게 그 연령에 적절한 위험을 준다. 탑 쌓기 놀이에서 쌓고 부수는 행동을 반복하면서 재미와 충족감을 느끼는 것, 조금 높은 곳에서 뛰어내리기 등은 도전 활동의 대표적인 예다.

도전 활동에서 중요한 점은 새로운 기술의 숙달이 영유아의 능력 범위 안에서 시작되어야 한다는 것이다. 이는 영유아로 하여금 실패의 경험보다는 성취감을 맛보게 하기 위해서다. 또한 도전 활동은 재미있어야 하고 활동하는 가운데 영유아의 긴장감이 많이 해소되어야 한다. 이러한 치료놀이를 통해 즐거운 상호작용 속에서 영유아의 건전한 정신적 기능을 증진시킨다.

도전이 주는 메시지는 '너는 할 수 있어.' 또는 '너는 세상에 꼭 필요한 좋은 사람이 될 수 있어.'와 같은 자신감이다. 도전 활동은 내재된 울분을 풀어야 하는 영유아, 즉 과보호로 인해 소심하고 겁이 많으며 위축되어 있거나 불안하고 초조한 영유아, 공격적인 영유아에게 더욱 유익하다.

(3) 개입engagement

정상적인 부모, 즉 안정된 애착을 형성하는 부모라면 영유아인 자녀를 혼자 외롭게 내버려 두지 않고 다양한 방법으로 함께 즐겁게 놀며 차츰 그들의 세계 속으로 들어간다. 이는 일반적으로 안정된 애착을 형성하는 부모는 자녀에게 민감하고 다양한 상호작용 반응을 보인다는 뜻이다. 예를 들면 간지럼 태우기, 부드럽게 귓속말하기, 배에 입 맞추기, 목마 태우기, 까꿍놀이 하기, 비행기 태우기 등의 다양하고 즐거운 방법들로 영유아와의 상호작용을 이끌어 낸다.

이러한 활동을 반복하는 과정에서 영유아는 흥분하고 재미를 느낀다. 그리고 무엇보다 예상하지 못했던 기대를 통해 세상은 모험해 볼 만하며 즐거울 수 있다는 사실을 깨닫는다. 영유아는 자신이 누구인지에 대해 또 몸의 경계에 대해 배우고, 자신이 부모에게 기쁨을 주는 원천이라는 것을 알게 된다. 이것이 바로 개입이다.

이와 같이 개입에는 '나와 함께 있는 것이 즐겁지!' 또는 '너는 다른 사람과도 즐겁고 재미있게 지낼 수 있어!' 라는 메시지가 담겨 있다. 따라서 치료놀이에서도 종종 치료자들이 놀라움과 자극적인 방법으로 영유아에게 개입한다. 즐겁고 감각적인 놀라운 개입 활동은 건전한 자아를 발전시키기 위해 필요한 초기 활동을 재창조한 것들로 치료놀이 초반에 필수적으로 제공된다.

개입 활동은 모든 영유아에게 필요하지만 특히 지나치게 위축되고 경직된 영유아, 자폐아와 같이 보호막을 높이 치고 있는 회피적인 영유아에게 더욱 유용하다.

(4) 양육 nurture

양육은 모든 영유아에게 필수적이다. 부모는 먹이고, 흔들어 주고, 얼굴을 비비거나 쓰다듬고, 껴안고, 눈을 맞추는 등의 다양한 방법으로 어린 자녀에게 사랑과 헌신을 표현한다. 이러한 질적인 양육을 통해 영유아는 스스로 가치 있고 사랑스럽고 안전하다는 느낌을 갖게 된다.

그런 이유로 치료놀이에서는 매 세션마다 치료자가 영유아에게 양육을 제공한다. 예를 들면 로션이나 파우더 발라 주기, 먹여 주기, 마사지 해주기 등과 같은 활동을 한다. 양육 활동은 생애 초기에 이러한 경험의 부재 혹은 결핍으로 인해 충족되지 못한 사랑과 의존 욕구를 영유아에게 채워 준다. 그렇게 함으로써 영유아는 욕구가 충족되고 긴장 이완을 경험하며 세상을 보다 따뜻하고 안전한 곳으로 느낀다. 뿐만 아니라 다소 퇴행적 행동 속에서 결핍된 애정을 충족시키게 되므로 자신이 소중하고 사랑스러운 존재라는 신념과 긍정적인 내적 표상을 형성한다.

양육에는 '너는 사랑스러운 아이야.' 또는 '난 네가 보살핌과 칭찬이 필요하다는 걸 알아. 그럴 때는 얼마든지 내게 의지해도 돼.' 라는 메시지가 있다. 양육 활동은 공격적이고 과잉 행동을 보이며 조숙한 척하는 영유아에게 특히 유용하다.

3) 치료의 실제

(1) 치료 과정

영유아를 대상으로 치료놀이를 실제적으로 실시하기 위해서는 전체적인 치료 과정을 이해해야 한다. 그러나 치료놀이는 단기 치료로도 많이 활용되기 때문에 전체적인 과정을 일괄적으로 제시하기에는 무리가 따른다. 따라서 여기서는 치료놀이의 매 세션별 치료 과정을 소개하고자 한다. 세션별 치료 과정도 영유아의 즉각적인 욕구에 따라 다양해질 수 있지만 대부분 다음의 요소를 포함한다.

① 시작 단계

- 인사하기

  인사하기의 목적은 누군가가 자신을 발견했다는 것에 대해 영유아가 기쁨을 느끼게 하는 것이다. 그러므로 치료자는 영유아를 만났을 때 목소리나 얼굴 표정, 그리고 언어 선택을 통해 새로운 친구를 만났거나 오랜 친구와 다시 만난 것처럼 기쁨과 흥분을 전달해야 한다. 예를 들어 '와! 이게 누구야? 긴 머리를 보니 내 친구 지선이 아냐!', '오늘도 반짝이는 눈동자와 예쁜 미소로 와 주었구나!', '널 만나길 손꼽아 기다렸단다!' 등과 같은 인사는 친밀감을 더하고 강도 높은 즐거움을 전한다.

- 점검하기

  점검하기는 전형적으로 치료실에 들어오자마자 이루어진다. 치료자는 영유아를 주의 깊게 살펴보고, 장점을 찾아내며, 키를 전 주와 비교하는 등의 점검 시간을 가진다. 이러한 점검의 목적은 치료자와 영유아가 친해지는 것, 영유아에게 자신감을 주는 것, 영유아에게 성장할 수 있고 성장하고 있다는 사실을 알리는 것이다.

② 본 활동 단계

활동적인 것과 조용한 것을 반복적으로 계획하는 것에 추가하여 치료자가 진단한 영유아의 특별한 욕구에 적합한 구조 활동, 도전 활동, 개입 활동, 양육 활동을 선택한다. 이때 하나 혹은 둘 이상의 활동을 조합해서 선택한 후 실행한다.

③ 마무리 단계

- 헤어지기

  헤어지기의 목적은 치료자와 영유아 간의 관계를 끊지 않으면서 세션을 종료하고 영유아가 일상생활로 잘 돌아갈 수 있도록 격려하는 것이다.

- 인계하기

  영유아에게 다음 주에 다시 만날 것을 상기시키면서 주 양육자나 책임이 있는 성인에게 직접 데려다 준다.

(2) 실제의 경험

우리의 놀이 7-3

쿠킹 포일 손(구조)

1. 준비물 : 쿠킹 포일 두 장(손과 손목까지 감쌀 수 있는 크기)
2. 놀이 방법
   (1) 두 사람씩 짝을 짓는다.
   (2) 가위바위보를 한다.
   (3) 진 사람이 오른손을 편 채로 책상 위에 올려 둔다.
   (4) 이긴 사람은 두 장의 포일 중 한 장으로 진 사람 손의 본을 뜬다. 이때 손가락 사이에서 포일이 찢어지지 않도록 주의한다. 본을 다 뜬 후에 남은 한 장을 오른손 위에 놓고 다시 한번 분명하고 튼튼하게 본을 뜬다.
   (5) 두 장으로 본뜨기가 완성되면 진 사람의 손에서 포일을 떼어 낸다.
   (6) 역할을 바꿔 같은 방식으로 진 사람이 이긴 사람의 손에서 포일로 본을 뜬다.
3. 기타 놀이
   (1) 상대방의 손을 종이 위에 대고 그려 주기
   (2) 노래 속도에 맞춰 손탑 쌓기

우리의 놀이 7-4

미라 되기(도전)

1. 준비물 : 두루마리 화장지
2. 놀이 방법
   (1) 4~6명으로 한 조를 구성한다.
   (2) 각 조별로 가위바위보를 하여 순번을 정한다.
   (3) 1번 참가자가 미라가 된다. 즉 1번 참가자는 원하는 자세로 서서 동상처럼 움직이지 않는다.
   (4) 나머지 참가자들이 두루마리 화장지로 1번 참가자를 미라처럼 될 때까지 빙빙 둘러서 감싼다.
   (5) 작업이 완성된 후 미라가 된 1번 참가자를 향해 "탈출!"이라고 외치면 1번 참가자가 몸을 활짝 펼치면서 휴지로부터 탈출한다.
   (6) 같은 방식으로 다음 순번이 미라가 된다.
3. 기타 놀이
   (1) 짝과 엄지손가락 씨름하기
   (2) 신문지 펀치

우리의 놀이 7-5

솜공 터치 릴레이(개입)

1. 준비물 : 솜공(참가자 각 한 개씩)
2. 놀이 방법
   (1) 6~8명이 한 조가 되어 각자 솜공 한 개를 들고 원형으로 앉는다.
   (2) 활동을 처음 시작할 참가자, 즉 출발자를 선정한다.
   (3) 출발자가 솜공으로 오른쪽에 앉아 있는 친구의 코를 살짝 건드리며 '전달'이라고 말한다. 전달을 받은 오른쪽의 참가자도 똑같이 자신의 오른쪽에 앉은 사람에게 자신의 솜공으로 코를 건드리며 '전달'이라고 말한다. 이와 같은 방법으로 계속 오른쪽 옆 사람에게 옮겨 가며 릴레이 형식으로 진행한다. 이때 부적절한 신체 부위를 터치해서는 안 된다.
   (4) 솜공 터치가 한 바퀴를 돌아 출발자에게 오면, 이번에는 오른쪽 참가자의 다른 신체 부위를 솜공으로 터치하며 다시 릴레이를 시작한다.
3. 기타 놀이
   (1) 서로 다른 신체 동작 네 가지를 이어서 재미있는 인사 만들기
   (2) 풍선을 크게 분 다음 옆 사람의 귀에 대고 부드럽게 동화 들려주기

우리의 놀이 7-6

로션놀이(양육)

1. 준비물 : 로션
2. 놀이 방법
   (1) 6~8명이 한 조가 되어 원형으로 앉는다.
   (2) 참가자 중에서 로션을 짜줄 한 명을 선정한다.
   (3) 선정된 참가자는 다른 참가자들의 왼쪽 손바닥에 밤알 크기만큼 로션을 짜준다. 이때 다른 손으로 로션을 만지거나 손바닥에 짜둔 로션이 바닥에 떨어지지 않도록 주의를 준다.
   (4) 모든 참가자의 손바닥에 로션을 짜준 후 마지막으로 자신의 왼쪽 손바닥에 로션을 짠다.
   (5) 참가자 전원은 왼쪽 손바닥을 위로 향하게 하고, 오른손을 오른쪽에 앉은 참가자의 왼쪽 손바닥에 올려놓는다.
   (6) 참가자 전원이 자신의 오른쪽 손바닥으로 옆 참가자의 왼쪽 손바닥에 있는 로션을 비비기 시작한다.
   (7) 점차적으로 손 전체나 손목 윗부분까지 로션으로 비비고 손가락 사이로 미끄러지듯 훑기도 한다.
3. 기타 놀이
   (1) 짝이 된 상대방의 다친 부분이나 특별한 부분을 찾아 밴드나 스티커 붙여 주기
   (2) 짝에게 음식 먹여 주기

3. 미술 치료

1) 개념

미술 치료는 미술art과 치료therapy의 합성어로 용어에서도 미술 치료, 예술 치료 등으로 다양하게 사용되고 있다. 좀 더 구체적으로 미술 치료와 예술 치료의 정의를 살펴보면 예술 치료는 미술만이 아니라 놀이, 음악, 춤, 연극, 소설, 시, 창작 작업 등 자기표현을 매개로 한 모든 치료를 포함하는 데 반해 미술 치료는 그림, 조소, 디자인, 서예, 공예 등 미술의 전 영역을 이용하는 것을 말한다. 즉 미술 치료는 다양한 예술 영역 중 미술 영역만을 치료에 도입한 것이라고 정의할 수 있다.

이와 같이 미술 치료는 미술을 매개로 한 치료를 말한다(주리애, 2000). 자신도 모

르게 내면에 쌓인 경험, 말로 표현하기 어려운 생각과 감정, 성격, 욕망, 소망 등을 미술 활동을 통해 표출함으로써 내면 상태를 진단할 뿐만 아니라 심리적 갈등에 스스로 직면하여 해결하도록 도와준다는 것이다.

최근 심리학이나 의학 분야는 언어로 표현하지 못하는 인간의 감정을 이해하기 위한 대체적 진단 수단으로 시각적 심상의 역할과 중요성에 주목하고 있다. 관련 학계에서 미술 치료는 비언어적 표현 방법인 미술 작업을 통해 인간 심리를 진단하여 개인의 문제를 해결하면서 원천적인 내적 갈등의 원인을 이해할 수 있는 중요한 표현 수단으로 간주된다(고현 외, 2008).

이러한 미술 치료의 특성, 즉 진단과 표현을 통한 치료는 영유아를 대상으로 하는 심리 치료에도 유용하게 활용되고 있다. Winnicott은 영유아와의 심리 치료 면담에서 미술놀이, 즉 '스퀴글 게임'이라는 그림을 주고받는 놀이 형식의 미술 활동을 사용했다. 스퀴글 게임은 치료자가 눈을 감고 어떤 그림을 그려서 영유아에게 건네주면 영유아는 그 그림을 다른 것으로 바꾸고, 그다음에는 영유아가 그림을 그려서 치료자에게 주면 치료자가 그것을 다른 것으로 바꾸는 방식으로 진행된다. Winnicott은 선천적으로 손가락 사이가 붙어 있는 유아와 스퀴글 게임을 활용하여 치료 면담을 실시했는데, 그 유아는 Winnicott이 만든 첫 번째 스퀴글을 물갈퀴가 있는 오리발 그림으로 변형했다. 즉 그림에 자연스럽게 자신의 장애를 드러냈던 것이다. 바로 이러한 특성이 치료자와 처음 만나는 낯선 상황인 심리 치료 면담을 성공적으로 이끌었다.

이를 통해 알 수 있듯이 영유아가 그린 그림은 치료 면담이라는 특별한 환경에서 그들이 어떤 상태에 있는지를 알려 준다는 점, 그리고 그동안 분명히 드러나지 않았던 성격 요소들과 지각 능력을 보여 준다는 점에서(이재훈 역, 1998) 실질적으로 매우 중요한 자료가 된다.

이상을 종합해 보면 미술 치료에서 미술은 영유아의 자신을 둘러싼 세상에 대한 지각을 나타내는 언어이며 다른 언어적 표현 수단과는 달리 저항감 없이 자기도 모르게 내면 상태, 즉 말로 표현하지 못하는 감정, 갈등, 걱정 등을 드러내는 가장 자연스러운 방법이 된다. 특히 나이 어린 영유아를 대상으로 하는 미술 치료는 '작업'이라기보다는 '놀이'가 중심이 되는 방식으로 이루어질 때 자기표현 능력이 최상으로 발휘될 것이다.

2) 치료적 원리와 요인

미술 치료는 미술 활동을 활용하여 심리 치료를 하는 것이다. 이는 미술이 지니고 있는 치료적 속성을 심리 치료에 활용한다는 뜻이다. 미술이 지니고 있는 치료적 요인으로는 심상, 승화, 창조성을 들 수 있다(정현희, 2006 ; 주리애, 2010).

(1) 심상

심리 치료에서는 무의식의 세계와 개인의 경험을 이해하는 것이 필요하다. 이때 활용할 수 있는 것이 바로 미술이다. 미술은 심상의 표현이며, 이 심상은 영유아가 언어로 인식하기 전에 자신의 경험을 통해 이미 형성되기 때문이다. 따라서 그림에 나타난 심상으로 영유아의 경험을 이해할 수 있다. 다시 말해 심상을 통해 영유아 자신이 잘 모르는 정신세계를 일깨워 주고 무의식을 의식으로 가져올 수 있는 것이다. 이처럼 미술은 심상을 표현하는 것이라는 속성이 미술을 심리 치료에 활용할 수 있는 근거가 된다.

(2) 승화

미술 활동은 영유아로 하여금 사회적으로 수용되고 해롭지 않은 방법으로 분노, 적대감, 두려움 등의 감정을 해소할 수 있는 승화의 기능을 가지고 있다. 이것이 바로 미술 활동의 중요한 특성이다. 따라서 심리 치료가 내면에 존재하는 부정적인 감정을 적절하게 해소하게 함으로써 심리적 성장을 가져오는 것이라고 볼 때, 미술 활동의 중요한 특성인 승화는 미술이 심리 치료에 활용될 수 있는 근거가 된다.

미술 치료에서 승화가 효과적으로 이루어지기 위해 치료자는 영유아의 흥미가 집중되어 있는 대상의 변화, 지향하는 목표의 변화, 목적을 이루고자 하는 활동에 대한 몰입 정도의 변화를 기다려야 하며, 자아를 고양시키는 활동을 하게끔 유도해야 한다. 미술 치료에서 승화의 근거에는 미술 작품의 질과 상징성, 영유아의 미술 과정에 대한 몰입 정도, 미술 작품에 대한 태도, 집착의 감소 등이 포함된다.

분노(화)의 감정을 색이나 모양으로 표현하기

(3) 창조성

미술 치료에서 창조성은 엔진과도 같은 역할을 한다. 미술 치료에서 말하는 창조성은 다음과 같은 능력으로 나타난다.

첫째, 이미지화 능력이다. 미술 치료에서는 어떤 대상이나 자신의 생각, 느낌을 이미지로 만들 수 있어야 한다. 그러므로 치료자는 이미지의 표현을 위한 영유아의 창조성을 북돋아 주어야 하는데, 이는 영유아가 눈에 보이는 대로 작품을 만들도록 부추기는 것이 아니라 마음에 느껴지는 대로 작업하도록 격려해야 한다는 의미다.

둘째, 작품 완성 능력이다. 미술 치료 시 영유아는 자신의 마음을 표현하는 창조 과정에서 생각한 대로 그림이 잘 그려지지 않는다거나 사용한 색이 마음에 들지 않는다는 등 다양한 부분에서 자신의 작품에 대해 불만족을 느낀다. 이러한 좌절과 불

나를 동물로 표현한다면?

내 가족을 동물로 표현한다면?

만족은 영유아의 창조성에 문제를 일으키는데, 특히 치료자가 완성도에 초점을 두는 경우 영유아의 창조성은 소멸되고 말 것이다. 미술 치료에서의 창조성은 완성도를 의미하는 것이 아니다. 창조성은 영유아가 얼마나 몰두해서 자신의 작품을 만들어 내는가에 달려 있다. 다시 말해 치료자가 결과물보다는 작품 활동 과정을 중요시하고 창조적 표현을 격려하면서 고무시킬 때 영유아는 난관을 극복하고 자신의 작품을 창조적으로 끝까지 완성할 수 있다.

미술 치료에서 영유아의 창조성을 끌어내기 위한 전제 조건은 바로 자유로움이다. 즉 영유아가 자유로움을 느낄 수 있는 심리적 · 물리적 환경이 필요하며, 이러한 환경에는 치료자가 제공하는 분위기, 표현을 위한 재료, 공간, 시간 등이 포함된다.

3) 치료의 실제

(1) 치료 과정

영유아를 대상으로 미술 치료를 실제적으로 실시하기 위해서는 치료 과정을 이해해야 한다. 여기서는 미술 치료의 전체적인 과정보다는 한 세션에서의 치료적 과정을 소개하고자 한다. 일반적으로 미술 치료 과정은 도입, 활동, 토론의 순서로 진행된다.

① 도입

도입 과정에서 무엇보다 중요한 것은 치료자와 영유아가 서로 친밀해지고 편안한 분위기를 조성하는 것이다. 치료자는 치료가 시작되기 전에 치료의 목표와 내용을 설정하고 규칙을 정하여 영유아가 이해할 수 있도록 분명하게 설명하고 미술 치료에 대한 전반적인 내용도 알려 주어야 한다.

② 활동

영유아가 적극적으로 작업을 하는 단계다. 이 과정에서 치료자는 영유아가 자신의 활동에 몰입하여 깊은 경험을 할 수 있도록 불필요한 대화를 삼가야 한다.

③ 토론

치료자가 영유아의 작품을 함께 관찰하고 감상하는 과정이 필요하다. 이 과정에서 치료자와 영유아, 영유아와 작품 사이에 상호작용이 일어난다. 이때 관계가 신뢰있고 안정적일수록 더 많은 정보와 느낌을 공유할 수 있다.

(2) 실제의 경험

우리의 놀이 7-7

난화 상호 이야기법

1. 준비물 : 연필, 크레파스, 볼펜, 사인펜, 도화지와 A4 용지 각각 한 장
2. 놀이 방법
   (1) 두 명씩 짝을 지은 후 각자 자신의 종이에 테두리를 그린다(혹은 테두리를 그린 종이를 진행자가 참가자들에게 나눠 줄 수도 있다). 그다음 자신의 종이에 간단한 모양이나 선을 그려서 상대방에게 건네준다.
   (2) 각자 상대방이 그린 난화에 심상을 투영하여 형상을 찾아 완성한다(상대방이 그려 준 난화를 이용하여 그림을 완성한다).
   (3) 각자 다른 종이에 그린 그림이 무엇인지 이야기한다.
   (4) 각자 두 장의 그림으로 이야기를 만든 후 함께 대화를 나눈다.
   (5) 놀이가 끝나면 참가자가 돌아가면서 느낌을 이야기한다.
3. 기타 놀이

위의 그림처럼 한 장에 두 컷, 혹은 네 컷으로 구성된 난화를 이용하는 활동도 가능하다.

우리의 놀이 7-8

나의 장점과 단점

1. 준비물 : A4 용지나 도화지(각자 1~2장씩), 사인펜
2. 놀이 방법
   (1) 두 명씩 짝을 짓는다.
   (2) 한 사람이 자신의 종이에 손을 올려놓으면 상대방이 사인펜으로 그 오른손과 왼손의 본을 뜬다(한 사람의 작업이 끝나면 다른 사람의 손도 모두 본을 뜬다).
   (3) 오른손에는 자신의 장점을, 왼손에는 단점을 적거나 그림으로 표현하도록 한다.
   (4) 작업이 모두 끝나면 표현한 것에 대해 상대방과 이야기를 나눈다.
   (5) 놀이가 끝나면 참가자가 돌아가면서 느낌을 이야기한다.

토론 과제

01 놀이 치료의 치료적 요인을 설명해 보아요.

02 치료놀이의 치료적 요인을 설명해 보아요.

03 미술 치료의 치료적 요인을 설명해 보아요.

Part 2

놀이지도 실제편

Chapter 8

쌓기놀이

1 | 쌓기놀이의 교육적 가치
2 | 쌓기놀이의 발달 특징
3 | 교사의 역할과 지도 시 유의점
4 | 실제 활동

CHAPTER 08

쌓기놀이

쌓기놀이는 여러 종류의 모양, 색, 형태, 질감, 크기의 나무나 플라스틱 또는 종이 재질을 이용한 블록 조각으로 집, 건물, 도시, 동물원, 밀림, 우주기지, 공룡 나라 등 일상생활에서 볼 수 있는 사물이나 상상하는 것을 입체적 구조물로 조립하고 구성하는 놀이다. 적목놀이, 블록놀이 등의 용어로도 불리는 쌓기놀이는 종이 블록을 길게 연결하여 기찻길을 만들고 레고를 이용하여 사람, 동물, 나무, 자동차, 비행기 등을 조립하며 나무 블록으로 도미노 형식의 놀이나 쌓기 게임 등의 활동을 하면서 교육 과정의 주제에 맞는 다양한 개념을 학습할 수 있는 기회를 제공한다.

1. 쌓기놀이의 교육적 가치

영유아는 자신의 발달 수준과 경험이 반영된 쌓기놀이를 하면서 만족감, 성취감, 도전 의식이 생기고 다양한 학습을 통합할 수 있게 된다. 블록을 의도한 대로 활용하여 구성물을 만드는 과정에서 신체 발달을 이루고 또래와 상호작용을 하면서 사회적 · 정서적으로도 발달하며 수학적 · 과학적 능력도 발달한다. 쌓기놀이의 교육적 가치는 다음과 같다.

(1) 정서 발달

영유아는 블록을 쌓고 무너뜨리는 과정을 통해 내재된 분노, 질투, 공포, 공격성,

억압, 긴장, 스트레스 등 부정적인 감정을 정화한다. 만들고 싶은 것들을 블록으로 구성하는 과정에서 성취감과 만족감도 얻어 자아 형성에 대한 긍정적인 정서가 유발되고 발달한다.

(2) 다양한 어휘와 언어의 발달

영유아는 쌓기놀이를 하면서 친구들과 대화를 나누고 블록으로 만든 자신의 구조물을 설명하면서 다양한 어휘를 획득하고 의사소통 능력이 향상된다. 즉 소풍을 다녀온 후 동물원을 조립하고 구성하면서 다양한 동물의 이름과 특징, 기타 경험을 재미있게 이야기하는 가운데 언어 발달의 기회를 얻는다.

(3) 수학적 · 과학적 개념의 학습 제공

여러 가지 블록을 모양 · 크기 · 색깔 · 높이 · 넓이 · 부피에 따라 분류하고, 비교하고, 서열화하면서 수학적 개념을 학습할 수 있다. 특히 블록 조각을 조립하면서 부분과 전체의 관계, 분수의 개념을 익힌다. 벽돌 블록을 이용한 도미노 게임에서는 균형과 공간을 예측함으로써 과학적 개념이 발달한다.

(4) 신체 발달

블록을 나르고 쌓고 부수는 과정을 통해 대근육이 발달하고, 레고와 같은 작은 블록을 사용함으로써 눈과 손의 협응력과 소근육이 발달한다. 또 나무 블록으로 기찻길을 만들어 놓고 걸어 보면서 신체 균형과 조절력을 익힌다.

(5) 사회적 기술 발달

영유아는 쌓기놀이를 통해 자연스럽게 친구들과 어울린다. 이러한 과정에서 블록을 나누거나 공유하기도 하며, 서로 돕고 협력하는 친사회적 행동이 발달한다. 친구들과 함께 주제를 정하면서 상대방의 의견이나 생각을 수용하고 존중하는 사회적 기술도 습득한다.

2. 쌓기놀이의 발달 특징

1) 연령별 발달 특징

표 8-1 쌓기놀이의 연령별 발달 특징

연령	쌓기놀이의 내용과 자료 제공
2세	• 관심과 흥미를 가지고 쌓기놀이를 할 수 있도록 탐색의 기회를 제공한다. • 천이나 헝겊을 이용한 블록, 가벼운 스펀지 블록, 종이 블록 등을 통해 색, 모양, 재질 등을 경험할 기회를 제공하여 다양한 감각을 자극한다. • 블록을 가지고 이동하면서 놀이를 할 수 있도록 끈 달린 수레나 덤프트럭을 제공한다.
3세	• 다툼이 생기지 않도록 여러 종류의 블록보다는 같은 종류의 블록을 부족하지 않게 충분히 제공한다. • 구체적인 구조물을 만들기보다는 단시간에 쉽게 쌓을 수 있도록 부피가 있는 블록을 제공한다. • 실물과 유사한 동물과 사람 모양의 작은 인형, 미니 자동차, 나무토막 등의 다양한 소품을 제공한다.
4세	• 주제에 맞는 복잡한 구조물을 만들고 여러 종류의 블록을 함께 사용하여 확장된 놀이를 구성한다. • 도미노 게임처럼 펼쳐 놓거나 탑처럼 쌓기 게임을 할 수 있는 여러 형태의 블록을 제공한다.
5세	• 구조물 화보를 쌓기 영역에 붙여 놓고 유아가 창의적으로 만든 것을 사진으로 찍어 준다. • 다양한 형태의 블록을 제공하여 창의적으로 구성하도록 지원하고 역할을 상상하며 꾸밀 수 있도록 작은 소품을 제공한다.

2) 놀잇감의 종류

쌓기놀이에 사용되는 놀잇감의 종류는 다음과 같다.

(1) 유니트 블록unit blocks

유니트 블록은 20세기 초에 미국의 유아교육자 Pratt이 고안했다. 가로 7cm, 세로 14cm, 높이 3.5cm인 직사각형 블록을 기본 단위로 하며, 다른 블록은 여러 기본 배수의 배수와 분수로 확대 또는 축소되어 반 단위, 두 배 단위, 네 배 단위의 사각형 블록들과 그 밖의 원기둥, 사각기둥, 경사로, 곡면기둥 등의 블록으로 구성되어 있다.

유니트 블록은 나무색 그대로 사용하는 것이 싫증도 덜 나고 영유아의 상상력을 자극할 수 있으며, 블록의 모서리가 직각으로 고르게 잘리고 크기의 비율이 정확하게 맞아야 한다. 블록의 수량이 너무 적으면 단조로운 형태의 구조물을 만들고, 반대로 수량이 너무 많으면 블록을 효율적으로 사용하지 못한다. 따라서 연령이나 블록놀이 경험 정도를 고려하여 적절한 수량의 단위 블록을 제공해야 한다(이숙재, 2008).

(2) 종이 벽돌 블록 cardboard blocks

두꺼운 종이를 이용하여 만든 벽돌 형태의 블록으로 직육면체와 원기둥 모양이다. 종이 블록의 특징은 가볍고 안전하며 쌓기놀이를 하는 동안에 비교적 소음이 적다는 것이다. 크기와 모양은 단순하나 유아들은 이 종이 벽돌 블록만으로도 무궁무진한 구조물과 놀이를 만들어 활용한다(박찬옥, 2002).

(3) 플라스틱 블록

플라스틱 벽돌 모양으로 색깔이 다양하고 원색이며, 손으로 끼워 조립하면서 구조물을 만드는 놀잇감으로 레고 블록이라고 정의한다. 블록의 윗면에 요철이 있고 아랫면에는 홈이 파여 서로 끼우고 뺄 수 있으며 직사각형, 정사각형, 아치형 등 요철과 홈의 수에 따라 여러 가지의 모양과 형태가 있다.

(4) 우레탄 블록

매우 가볍고 누르면 탄력이 있는 우레탄으로 제작되어 쉽고 안전하게 놀이를 할 수 있다. 형태는 다양한 직육면체, 정육면체, 기둥 모양으로 되어 있다.

(5) 카프라 블록

나무로 만든 직사각형 모양의 블록이다. 카프라 단위 블록의 크기는 가로 12cm,

세로 2.3cm, 높이 0.8cm로 블록들 중에는 작은 편에 속한다. 크기가 작기 때문에 다양한 형태의 구조물을 표현할 수 있으며, 구조물을 만들 때 균형을 잡기 위해 많은 집중력을 요하는 블록이다.

(6) 쌓기놀이에 필요한 소품

쌓기놀이가 재미있게 진행되기 위해서는 실감 나게 즐길 수 있도록 도와주는 여러 가지 소품들이 필요하며, 이러한 것들을 함께 활용함으로써 극놀이로 발전할 수 있다. 따라서 나무토막이나 플라스틱의 작은 사람 모형과 동물 모형, 여러 종류의 자동차 장난감, 교통놀이에 필요한 신호등과 표지판, 작은 점토 인형, 실제 잡지에서 오린 실물 그림이나 사진 등이 필요하다.

3. 교사의 역할과 지도 시 유의점

1) 교사의 역할

쌓기놀이를 지도하기 위해서는 교사가 중재자, 안전관리 지도자, 놀이 환경 제공자의 역할을 수행해야 한다.

(1) 중재자 역할

교사는 놀이 방법을 모르거나 실패의 두려움이 있는 경우, 혹은 또래와 잘 어울리지 못하는 영유아를 주의 깊게 살펴보고 흥미를 가질 수 있도록 여러 방법으로 도와주어야 한다. '여기에 어떤 블록을 놓으면 울타리가 될까?', '차고 안에 어떤 자동차를 넣을까?', '우물의 넓이는 이 정도면 충분할까?' 등의 적절한 질문을 하거나 조언을 하여 놀이가 확장될 수 있도록 중재자 역할을 수행해야 한다.

(2) 안전관리 지도자 역할

블록을 사람에게 던지거나 친구를 때리지 않도록 잘 살피고, 나무 블록은 무겁기 때문에 쌓았다가 무너뜨리는 과정에서 다칠 수 있으므로 너무 높게 쌓지 않도록 지도한다. 특히 플라스틱 조각을 조립하면서 모서리에 피부가 다칠 위험이 있기 때문에 조각의 손상 여부를 늘 교사가 세심히 관찰하며 안전에 신경 써야 한다. 미리 안전에 대한 규칙을 영유아들과 함께 정하고 이를 잘 지키도록 규칙판을 만들어 블록 영역에 전시해 지도하도록 한다.

(3) 놀이 환경 제공자 역할

영유아가 만족을 느끼며 충분히 놀이를 할 수 있도록 시간과 놀이 환경을 만들어 주고, 영유아가 만든 구조물을 사진으로 찍어 전시하거나 함께 감상한다. 특히 놀이를 확장하여 계속하고 싶으면 정리하는 것을 잠시 미루고 쌓기놀이가 이루어지도록 연계한다. 정리와 정돈은 시간이 오래 걸리므로 미리 정리할 시간을 알려 주고 그에 맞추도록 지도한다.

2) 지도 시 유의점

(1) 연령에 따라 쌓기놀이의 내용이 다르기 때문에 연령에 맞는 놀이가 이루어지도록 알맞은 자료를 제공한다.

(2) 쌓기놀이 시 영유아에게 갈등이 생기지 않도록 공간을 충분히 확보한다.

(3) 공간이 허락된다면 며칠에 걸쳐 구조물을 재구성하여 쌓기놀이가 진행되도록 조치한다.

(4) 쌓기놀이 구조물을 만든 후 극놀이로 확장하거나 미술 또는 언어 영역 등 다른 영역과 연계하여 활동할 수 있도록 돕는다.

(5) 블록을 잘 사용하고 정리할 수 있도록 바닥에 밑그림을 그려 붙여 준다.

(6) 블록에 소품들을 적절히 제시하여 좀 더 재미있게 놀이하도록 변화를 준다.

(7) 쌓기놀이를 지도할 때는 다음과 같은 긍정적인 발문법을 사용해야 한다.

① 수 개념과 언어 발달을 고무할 수 있는 발문

- ○○이는 블록을 많이 사용했군요.

- ○○이는 블록을 많이 쓰지 않았군요.
- ○○이는 다섯 개의 블록이 필요하군요.

② 형태와 크기에 따라 짝 맞추기와 분류를 고무할 수 있는 발문
- 이것과 똑같은 형태나 크기의 블록을 찾을 수 있나요?

③ 측정, 문제 해결을 고무할 수 있는 발문
- 이쪽의 도로를 저쪽의 도로만큼 길게 만들 수 있나요?
- 이쪽을 저쪽만큼 높게 만들 수 있나요?
- 어떻게 해야 블록의 탑을 연결할 수 있을까요?

④ 분수, 공간 관계, 언어 발달, 이름 붙이기를 고무할 수 있는 발문
- 자, 볼까요? 두 개의 정사각형 블록이 합쳐져 한 개의 직사각형 블록이 되었어요.
- 이 직사각형 블록의 반은 정사각형 블록 하나와 크기가 같군요.

4. 실제 활동

1) 내 키만큼 블록 쌓기

[1] 대상 연령 : 만 1세

[2] 활동 목표
- 스스로 블록을 쓰러뜨리지 않고 쌓는다.
- 형태와 높이의 개념이 발달한다.

[3] 활동 자료 : 우레탄 블록

[4] 활동 방법

(1) 도입

영아들의 키에 대해 이야기한다.

(2) 전개

① 영아와 함께 쌓기 영역에서 블록을 높이 쌓는 놀이를 하면서 다음과 같은 대화를 나눈다.

- 어떤 모양의 블록인가요?
- 블록을 높이 쌓는 놀이를 해볼까요?

② 영아가 자신의 키만큼 블록을 쌓도록 지도한다.

- 블록을 얼마나 높이 쌓을 수 있을까요?
- 친구들의 키만큼 블록을 쌓아 볼까요?

③ 친구를 세워 놓고 친구의 키만큼 블록을 쌓게 한다.

④ 높이 쌓인 우레탄 블록 앞에서 키를 재보도록 한다.

(3) 마무리 및 평가

영아들의 키 높이에 맞춰 단계적으로 쌓아 보면서 내 키만큼 블록 쌓기 활동이 어떠했는지 이야기한다.

- 블록이 친구들의 키만큼 쌓였나요?
- 친구의 키와 비교해 보니 어떤가요? 누가 더 높은가요?
- 다음에는 키가 더 자라서 높이 쌓아 보아요.

[5] 주의 사항

영아들이 블록을 높이 쌓을 때 무너져서 다치는 일이 없도록 조심한다.

2) 우리 집 만들기

[1] 대상 연령 : 만 1세

[2] 활동 목표

- 눈과 손의 협응력을 기른다.
- 블록을 탐색하고 구성한다.

[3] 활동 자료 : 우레탄 블록

[4] 활동 방법

(1) 도입

블록 영역으로 이동하여 우레탄 블록을 탐색하고 집들의 사진을 보여 준다.

- 어떤 모양의 블록들인가요?
- 친구들이 살고 있는 집은 어떻게 생겼을까요?
- 사진 속의 집들을 본 적이 있나요?

(2) 전개

① 우레탄 블록을 이용하여 집과 울타리를 만든다.

- 선생님과 집을 만들어 볼까요?
- 집처럼 만들려면 어떻게 해야 할까요?

② 다양한 방법으로 우레탄 블록을 이용하여 집처럼 표현한다.

- 블록을 쌓거나, 길게 줄지어 놓아 볼까요?
- 이렇게 하면 집처럼 만들 수 있을까요?

(3) 마무리 및 평가

다음과 같이 영아의 작품을 칭찬하고 격려하면서 우리 집 만들기 활동이 어떠했는지 이야기한다.

- 우리 집 만들기 쌓기놀이를 참 잘했어요.
- 어떤 점이 재미있었나요?
- 다음에는 살고 싶은 멋진 집을 만들어 보아요.

3) 징검다리 만들기

[1] 대상 연령 : 만 1세

[2] 활동 목표

- 신체의 균형 감각을 기른다.
- 길이와 넓이의 개념을 이해한다.

[3] 활동 자료 : 우레탄 블록, 벽돌 블록

[4] 활동 방법

(1) 도입

징검다리를 건넌 경험을 이야기하거나 사진을 보여 준다.

- 징검다리를 건넌 적이 있나요?
- 건널 때 어떻게 해야 할까요?

(2) 전개

① 블록을 탐색하며 대화를 나눈다.
- 여기에는 어떤 블록들이 있을까요?

② 교사와 영아가 함께 다리를 만든다.
- 징검다리는 어떻게 생겼을까요?
- 선생님과 함께 다리를 만들어 볼까요?

③ 함께 만든 다리 위를 건너간다.

- 우리 함께 다리를 건너 볼까요?
- 선생님이 손을 잡아 줄게요. 다리를 건너 보아요.

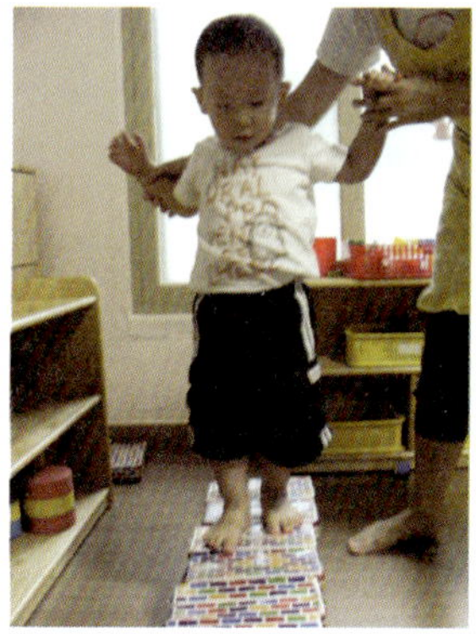

(3) 마무리 및 평가

징검다리놀이를 한 후 정리를 하면서 징검다리 만들기 활동이 어떠했는지 이야기 한다.

- 징검다리놀이가 재미있었나요?
- 징검다리를 건널 때는 넘어지지 않도록 조심해야 해요.

[5] 주의 사항

영아가 혼자 징검다리를 건널 때는 중심을 잡기 힘들 수 있으므로 교사가 보호해야 한다.

4) 스펀지 헝겊 블록 쌓기

[1] 대상 연령 : 만 1세

[2] 활동 목표

- 스펀지 헝겊 블록을 만지고 쌓아 보면서 즐거움을 느낀다.
- 눈과 손의 협응력을 기른다.

[3] 활동 자료 : 스펀지 헝겊 블록

[4] 활동 방법

(1) 도입

영아에게 스펀지 헝겊 블록에 대해 이야기한다.

- 이것은 스펀지 헝겊 블록이라는 것이에요. 꺼내 볼까요?
- 헝겊으로 만들었어요. 함께 만져 보아요.

(2) 전개

① 영아와 함께 스펀지 헝겊 블록을 만지고 쌓아 본다.

- 느낌은 어떤가요? 부드럽고 가벼운가요?
- 그림도 있네요. 어떤 모습의 그림인가요?

② 다른 영아도 함께 참여할 수 있도록 유도한다.

- 와! 높이높이 쌓으니까 무엇처럼 보이나요?

③ 모양에 관한 대화를 나눈다.

(3) 마무리 및 평가

놀이를 마친 후 정리를 하면서 스펀지 헝겊 블록 활동이 어떠했는지 이야기한다.

- 블록을 만지고 쌓아 보았는데, 참 잘했어요.

• 친구들과 함께 놀아 보고 주사위처럼 던져도 보니 재미있었나요?

[5] 주의 사항

영아들이 스펀지 헝겊 블록을 입에 넣지 않도록 주의한다.

5) 기차 만들기

[1] 대상 연령 : 만 2세

[2] 활동 목표

- 모양 구성 능력을 기른다.
- 기차놀이를 통해 사회성이 발달한다.

[3] 활동 자료 : 종이 벽돌 블록, 나무 블록

[4] 활동 방법

(1) 도입

기차를 탄 경험에 대해 이야기하거나 사진을 보여 준다.

• 기차를 탄 적이 있나요?

• 기차 사진을 보니 어떻게 생겼나요?

• 기차의 특징은 무엇일까요?

(2) 전개

① 블록을 이용하여 만들 수 있는 것을 이야기한다.

• 블록으로 기차를 만들 수 있을까요?

• 선생님과 함께 만들어 볼까요?

• 블록을 길게 연결해서 기차를 만들어 볼까요?

② 완성된 기차 모형을 이용하여 기차놀이를 한다.

• 친구들과 기차놀이를 해볼까요?

• 어서 타요. 칙칙폭폭, 기차가 나갑니다!

• 어디로 갈까요?

(3) 마무리 및 평가

기차놀이를 한 후 정리를 하면서 기차 만들기 활동이 어떠했는지 이야기한다.

• 기차놀이가 재미있었나요?
• 함께 기차를 잘 타려면 어떻게 해야 할까요?
• 기차를 탈 때는 친구들과 차례차례 사이좋게 타도록 해요.

[5] 기타 사항

많은 영아가 함께 놀이를 하고 싶을 때는 교사가 블록을 뒤쪽에 더 연결하여 다 같이 참여시킨다.

6) 개미집 구성하기

[1] 대상 연령 : 만 3세

[2] 활동 목표

- 벽돌 종이 블록으로 개미집을 구성한다.
- 문제 해결 능력과 구성 능력을 기른다.

[3] 활동 자료 : 벽돌 종이 블록, 개미집 모형, 작은 상징물의 개미 모양 소품

[4] 활동 방법

(1) 도입

개미집의 사진과 그림을 보여 준다.

- 개미집을 본 적이 있나요?
- 본 적이 있다면 언제 보았나요?
- 사진을 보니 개미와 개미집이 어떻게 생겼나요?

(2) 전개

① 개미집 모형을 블록 영역에 제시한다.

② 개미집에는 여러 개의 방이 있음을 확인하고 벽돌 종이 블록을 이용하여 폐쇄 공간을 만든다.

- 개미집을 어떻게 만들면 좋을까요?

③ 먹이방, 여왕개미방, 알방의 블록을 각각 정하여 여러 개의 방을 만든다.

- 어떤 방법으로 만들까요?
- 개미는 어디서 알을 낳을까요?

④ 방마다 유아들이 소품을 만들어 넣어 개미집을 완성한다.

⑤ 구성된 개미집의 블록 안에 개미 모형을 역할에 맞게 배치한다.

- 개미를 어디에 넣을까요?
- 개미는 무엇을 먹을까요?

(3) 마무리 및 평가

개미집놀이를 마친 후 정리를 하면서 개미집 구성하기 활동이 어떠했는지 이야기 한다.

- 개미집에는 어떤 방들이 있나요?
- 개미집놀이의 어떤 점이 재미있었나요?
- 다음에는 바깥놀이 시간에 개미집을 만들어 보아요.

7) 대문 만들기

[1] 대상 연령 : 만 4세

[2] 활동 목표

- 대문의 구조를 이해한다.
- 창의적 구성 능력을 기른다.

[3] 활동 자료 : 플라스틱 끼우기 블록, 대문 사진과 그림

[4] 활동 방법

(1) 도입

여러 종류의 대문 사진과 그림을 보여 준다.

- 대문을 본 적이 있나요?
- 사진 속의 대문들은 어떤 모습인가요?
- 대문은 어떻게 만들 수 있을까요?

(2) 전개

블록을 이용하여 대문을 만든다.

- 어떤 대문을 만들까요?
- 어떤 방법으로 만들지 함께 생각해 보아요.
- 어떻게 하면 쓰러뜨리지 않고 높이 쌓을 수 있을까요?

(3) 마무리 및 평가

벽에 붙여 실제감이 돋보이도록 구성하고, 붙일 때 조심해야 할 점을 이야기한다.

[5] 기타 사항

여러 종류의 대문 사진이나 그림을 쌓기 영역에 붙여 준다.

8) 미용실 구성하기

[1] 대상 연령 : 만 4세

[2] 활동 목표

- 미용실에 대해 알고 직업을 이해한다.
- 문제 해결 능력과 창의적 구성 능력을 기른다.

[3] 활동 자료

여러 가지 블록, 미용실 사진, 미용실에 방문한 손님들의 모습이 담긴 사진

[4] 활동 방법

(1) 도입

미용실과 손님들의 모습이 담긴 사진을 붙여 놓는다.

• 미용실에 간 적이 있나요?

- 미용실에 갔을 때 무엇을 했나요?
- 사진 속 미용실은 어떤 모습인가요?

(2) 전개

① 미용실에 있는 다양한 기구와 물건의 생김새를 알아보고 어떤 블록으로 만들 수 있는지 생각해 본다.

- 미용실을 꾸미려면 무엇이 필요할까요?

② 블록과 의자를 이용하여 머리를 감는 곳과 손님들이 기다리는 공간을 만든다.

- 머리를 감는 곳은 어떻게 만들까요?
- 손님들이 기다리는 공간은 어디에 꾸밀까요?

③ 역할 영역과 연계하여 미용실놀이를 활용할 수 있다.

(3) 마무리 및 평가

역할을 정하여 미용실놀이를 한 후 정리를 하면서 미용실 구성하기 활동이 어떠했는지 이야기한다.

- 미용사와 손님의 역할을 바꿔 가면서 잘 놀았나요?
- 손님 역할을 맡은 친구들은 머리 모양이 마음에 들었나요?
- 블록의 양이 부족하거나 아쉬운 점은 없었나요?

9) 방송국 세트 구성하기

[1] 대상 연령 : 만 4세

[2] 활동 목표

- 창의적 구성 능력을 기른다.
- 눈과 손의 협응력을 기른다.

[3] 활동 자료 : 종이 블록, 우레탄 블록, 사람 인형

[4] 활동 방법

(1) 도입

방송국에 간 경험을 이야기하거나 사진을 보여 준다.

- 방송국에 간 적이 있나요? 언제 갔나요?
- 사진 속 방송국은 어떤 모습이고 사람들은 어떤 일을 하나요?

(2) 전개

① 블록을 이용하여 방송국 세트를 구성한다.
- 방송국을 만들려면 어떤 것들을 구성해야 할까요?
- 어떤 방법으로 만들까요?

② 방송국 세트에 필요한 것들과 일하는 사람들의 역할을 알아본다.
- 세트는 어디에 만들까요?
- 일하는 사람은 어디에 배치할까요?

③ 공간을 고려하여 다양한 형태의 방송국 세트를 구성한다.
- 사진 속에 있는 세트의 모습을 보고 구성해 보아요.

(3) 마무리 및 평가

방송국의 세트 모습이 잘 구성되었는지 보고 정리를 하면서 본 활동이 어떠했는지 이야기한다.

• 사진 속의 방송국 모습처럼 잘 구성되었나요?
• 재미있었던 점과 아쉬운 점이 있다면 무엇인가요?

[5] 기타 사항

• 방송국 견학에서 찍어 온 사진을 쌓기 영역에 붙여 준다.
• 방송국 세트를 활용하여 역할놀이를 진행한다.

10) 탑 만들기

[1] 대상 연령 : 만 4세

[2] 활동 목표

- 탑의 구조를 이해한다.
- 창의적 구성 능력을 기른다.
- 공간 지각 능력을 기른다.

[3] 활동 자료 : 벽돌 종이 블록

[4] 활동 방법

(1) 도입

여러 종류의 탑 사진과 그림을 보여 준다.

• 탑을 본 적이 있나요?
• 사진과 그림 속 탑의 모습은 어떤가요?

(2) 전개

① 블록을 이용하여 탑을 구성한다.
- 사진이나 그림 속에서 어떤 탑을 보고 만들까요?
- 얼마나 높이 만들까요?

② 높이 쌓아 올리는 구조물을 이해하고 서로 협력하도록 지도한다.
- 탑이 무너지지 않도록 조심해요.
- 친구들과 협동해서 만들어요.

(3) 마무리 및 평가

탑을 만든 후 나무와 사람 모형 등을 적당한 위치에 배치한다.
- 친구와 사이좋게 협력하면서 탑을 만들었나요?
- 탑을 쌓아 올리면서 아쉬운 점은 없었나요?
- 무너뜨릴 때 친구와 사이좋게 정리하기 위한 방법을 생각해 보아요.

[5] 기타 사항

여러 종류의 탑 사진이나 그림을 쌓기 영역에 붙여 준다.

11) 용 만들기

[1] 대상 연령 : 만 5세

[2] 활동 목표

- 길이의 개념을 이해한다.
- 몸의 길이와 다리의 개수를 고려하면서 구성 능력을 기른다.

[3] 활동 자료 : 플라스틱 끼우기 블록, 레고 블록, 용의 사진과 그림

[4] 활동 방법

(1) 도입

용의 사진과 그림을 보여 준다.

- 사진과 그림을 보니 용의 모습이 어떻게 생겼나요?
- 용의 특징은 무엇일까요?

(2) 전개

① 블록을 이용하여 용의 머리와 몸통을 구성한다.

- 어떤 블록으로 만들까요?
- 몸의 길이는 어느 정도가 좋을까요?

② 다리를 끼워 보고 몇 개의 다리가 필요한지 예상하여 적절하게 구성한다.

- 블록을 얼마나 길게 늘어놓을까요?

(3) 마무리 및 평가

놀이를 마친 후 정리를 하면서 용 만들기 활동이 어떠했는지 이야기한다.

- 용의 몸통에서 적절한 위치에 다리를 잘 끼웠나요?
- 용을 길게 만든 후 놀아 보니 재미있었나요? 아쉬운 점은 없나요?
- 어떻게 하면 용의 모습을 잘 표현할 수 있을지 이야기해 보아요.

[5] 기타 사항

유아 스스로 다리의 위치와 개수를 조정할 수 있도록 지도한다.

12) 교통안전 표지판을 이용한 찻길 만들기

[1] 대상 연령 : 만 5세

[2] 활동 목표

- 교통안전 표지판이 나타내는 의미를 이해한다.
- 크기와 형태 개념이 발달한다.
- 공간 지각 능력이 발달한다.

[3] 활동 자료 : 다양한 유니트 블록, 교통안전 표지판 그림

[4] 활동 방법

(1) 도입

교통안전 표지판에 대해 이야기한다.

- 교통안전 표지판을 본 적이 있나요? 언제 보았나요?
- 교통안전 표지판은 어떤 의미가 있나요?
- 도로에는 차가 다니는 길과 사람이 다니는 길이 따로 있어요(차도와 인도에 대해 이야기한다).

(2) 전개

① 유니트 블록을 활용하여 큰길과 골목길을 만든다.

• 큰길과 골목길을 어디에 만들면 좋을까요?
• 어떤 블록을 사용할까요?

② 작은 블록과 미니 자동차를 활용하여 차도와 인도를 구분하고 횡단보도를 구성한다.

• 어떤 방법으로 차도와 인도를 구분할까요?
• 자동차는 어디에 놓을까요?
• 사람은 어디에 놓을까요?

③ 교통안전 표지판이 의미하는 내용에 따라 다음의 예와 같이 알맞은 곳에 표지판을 설치한다.

• 낙석주의 : 블록을 불규칙적으로 쌓아 올린다.
• 공사 중 : 포클레인을 옆에 둔다.

(3) 마무리 및 평가

교통안전 표지판의 의미를 정리하고 놀이를 평가하면서 찻길 만들기 활동이 어떠했는지 이야기한다.

• 표지판이 의미하는 내용을 알고 있나요?
• 차도와 인도를 지키고 조심하면서 안전에 유의하려면 차와 사람들이 어떻게 해야 할까요?
• 일상생활에서 길을 오갈 때 교통안전을 잘 지켜야 해요.

[5] 기타 사항

유아들이 협력하여 도로를 구성하고 표지판을 설치하면서 표지판의 의미를 정확하게 알 수 있도록 지도한다.

13) 부모가 근무하는 회사 구성하기

[1] 대상 연령 : 만 5세

[2] 활동 목표

■ 부모가 하는 일에 관심을 갖는다.

■ 창의적 구성 능력을 기른다.

[3] 활동 자료

사무실 사진, 다양한 블록, 컴퓨터와 키보드, 노트북 사진을 부착한 벽돌 블록, 기타 소품

[4] 활동 방법

(1) 도입

부모가 근무하는 회사에 대해 이야기한다. 사전에 부모로부터 사무실 사진을 받아 준비해 놓는다.

- 부모님이 하시는 일이 무엇인가요?
- 부모님이 다니시는 회사의 사진을 보고 이야기해 볼까요?

(2) 전개

① 사무실 사진을 보면서 어떻게 구성되어 있고 어떤 것들이 있는지, 지금의 교실과 어떻게 다른지 이야기한다.

- 사진을 보니 부모님이 다니시는 회사의 모습이 어떻게 생겼나요?
- 회사에서 일하는 사람들은 어떤 모습인가요?
- 우리 교실과 다른 점이 있다면 무엇인가요?

② 책상을 여러 개 만들고 컴퓨터 사진이 부착된 블록을 올려놓은 후 의자를 배치하여 일할 수 있는 공간을 구성한다.

③ 책상 사이에 블록으로 칸막이를 세워 사무실 환경을 구성한다. 사무실 안에 회의실과 휴게실도 구성해 본다.

- 칸막이는 무엇으로 만들까요?
- 회의실과 휴게실을 만들려면 무엇이 필요할까요?
- 어떤 방법으로 만들까요?

(3) 마무리 및 평가

회사놀이를 한 후 정리를 하면서 부모가 근무하는 회사 구성하기 활동이 어떠했는지 이야기한다.

- 회사놀이의 어떤 점이 재미있었나요?
- 부모님이 일하시는 회사를 만들어 보니 부모님의 다양한 일들에 대해 더욱 관심을 갖게 되었나요?
- 부모님이 하시는 일들 가운데 어려운 점은 없었나요?

[5] 기타 사항

인근에 회사가 있을 경우 사전 견학으로 경험한 후 구성하면 더 효과적이다.

Chapter 9

역할놀이

1 | 역할놀이의 교육적 가치

2 | 역할놀이의 발달 특징

3 | 교사의 역할과 지도 시 유의점

4 | 실제 활동

CHAPTER 09

역할놀이

역할놀이는 영유아가 가장 좋아하며 즐겨 하는 놀이다. 영유아의 가정, 사회 등 주변의 모든 환경을 통해 자신이 알고 있는 지식을 놀이로 구성하여 친구들과 함께 표현하는 활동이라 할 수 있다. 엄마아빠놀이, 선생님놀이, 미용실놀이, 병원놀이, 우주놀이, 시장놀이, 직업놀이, 텔레비전이나 책의 캐릭터놀이 등이 여기에 해당된다. 즉 역할놀이는 사건 혹은 대상을 표현하거나 새롭게 상상과 환상을 덧붙여 가작화하는 놀이라고 정의할 수 있다.

1. 역할놀이의 교육적 가치

역할놀이는 가정이나 주변 환경 요소, 영유아가 흥미를 느꼈던 경험 등을 모방하고 가장하여 놀이 속에서 재현함으로써 상상력이 발휘되고 창작적 표현의 기쁨을 맛보게 된다. 즉 가족을 비롯한 대리 역할을 체험하면서 일상생활을 이해하게 된다. 역할놀이의 교육적 가치는 다음과 같다.

(1) 사회적 기술 습득

영유아는 물활론적인 사고의 특성으로 사람과 동물 모양의 인형이나 기타 놀잇감을 이용하여 자신을 재현하고 역할을 동일시한다. 이러한 과정에서 자연스럽게 친구들과 함께 어울리는 협동적인 놀이 경험을 하고 그로 인해 탈중심화가 이루어진다.

따라서 사회적 구성원의 관계와 가치를 소중히 여기며 또래와의 인간관계를 통해 사회적 기술을 습득하게 된다.

(2) 정서 발달

영유아는 다양한 역할을 통해 감정을 표현하고 발산함으로써 부정적이고 나쁜 감정은 해소하고 즐거움과 행복을 느끼는 등 간접적으로 여러 가지 정서를 경험하며 발달시킨다. 즉 욕구에 따라 공주나 왕자가 되어 자신의 모습을 사랑하고 소중히 여기기도 하며, 때로는 도둑놀이나 해적놀이를 통해 화, 분노, 죄책감, 억울함을 표현하고 발산하는 경험을 통해 긍정적인 정서를 발달시킨다.

(3) 창의성 증진

역할놀이는 영유아의 사회적인 맥락에서 새롭고 유용하다고 인정할 수 있는 놀이로 재생산된다. 예를 들면 생일잔치놀이를 통해 친구가 좋아할 만한 새로운 선물들을 생각해 내고, 감정이 있는 차라고 여기면서 자동차놀이를 하며, 아기 돼지 삼형제의 동화 속에서 만약 늑대가 친구가 필요하여 삼형제의 집을 방문했다면 어떨지 반전을 상상하면서 사고의 전환을 경험한다. 이러한 사고의 전환을 통해, 즉 인물, 장소, 사물, 상황이나 사건에 대해 영유아 나름대로 재창조한 역할놀이를 하면서 창의성이 풍부해진다.

(4) 다양한 언어의 발달

영유아는 여러 친구들과 함께 역할놀이를 하면서 새로운 어휘를 습득하고, 서로 의사소통을 하는 가운데 문장 구성력도 향상된다. 예를 들면 시장놀이에서 의식주에 관련된 상품의 종류와 이름을 말해 보고 물건 사용법에 대해 친구들과 상호작용을 하는 과정에서 언어와 의사소통 능력이 발달한다.

(5) 인지적 발달

영유아는 역할놀이를 하면서 경험을 쌓고 학습을 한다. 그러므로 자신이 성장하여 어른이 되면 어떤 일을 할지 미리 놀이를 통해 그 직업의 종류와 특징을 알아볼 수 있다. 가령 은행놀이를 통해 화폐의 가치나 거스름돈을 계산하고 좋아하는 공룡놀이를 하면서 공룡의 종류와 서식지를 알게 된다. 이처럼 사람이나 동물을 흉내 내고 모방하면서 상황과 사건 등을 이해하고 지식을 확장하면서 인지적 발달이 증진된다.

2. 역할놀이의 발달 특징

1) 연령별 발달 특징

표 9-1 역할놀이의 연령별 발달 특징

연령	역할놀이의 내용과 자료 제공
2세	• 사전에 준비한 주제나 내용으로 놀이를 표현하려 해도 상황이나 즉흥적인 흥미에 따라 달라지고 일상생활의 단순한 표상놀이로 재현하려는 경향이 있다. • 소꿉놀이 세트, 다양한 종류의 사람 인형과 옷, 장난감 전화기, 가족의 역할을 표현하는 옷과 소품 등을 제공한다.
3세	• 어휘력이 향상되고 언어 표현이 활발해진다. 또래 친구들과 적극적으로 상호작용을 하며 놀이를 계획하고 함께 어울린다. • 엄마아빠놀이, 선생님놀이, 생일잔치놀이, 견학놀이, 소풍놀이, 자동차놀이, 동물놀이 등을 통해 가족과 교육기관에 관련된 놀이를 표현한다. • 실물과 유사한 일상생활 소품, 여러 종류의 동물 인형, 음식 모형, 자동차와 캐릭터 장난감 등을 제공한다.
4세	• 사고가 발달하면서 주변 생활에 대한 관심을 놀이로 재현하고 다양한 역할을 상상하며 표현하려고 한다. • 놀이에 필요한 다양한 소품과 도구를 활용하여 미장원놀이, 병원놀이, 경찰놀이, 음식점놀이, 은행놀이 등을 한다. • 다양한 실제 소품 세트를 제공한다(예 시장놀이 세트, 병원놀이 세트, 냉장고 세트, 햄버거 세트, 은행놀이 세트, 캐릭터 인형 세트).
5세	• 동화 속 인물이나 텔레비전 주인공의 역할을 상상하며 창의적으로 표현하고 놀이를 스스로 구성하며 확장한다. • 놀이 시 필요한 소품은 직접 만들어 활용하는 경향이 있으므로 다양한 미술 재료와 도구, 재활용품, 그림 자료, 책 등을 제공한다.

2) 놀잇감의 종류

① 역할놀이 영역에는 여러 종류의 직업을 표현할 수 있는 옷이나 도구를 제공한다.
② 영유아가 자신의 모습을 보고 관찰할 수 있도록 전신 거울을 준비한다.
③ 역할을 보다 더 잘 표현하고 놀이를 촉진하기 위해 실제와 비슷한 소품이나 물건들을 제공한다.
④ 남녀 차별 없이 소품을 사용하며, 남녀의 특징을 모두 나타내는 옷이나 물건 등을 사용하도록 유도한다.
⑤ 영유아가 스스로 소품을 만들어 사용할 수 있도록 재료와 도구를 구비해 둔다.

3. 교사의 역할과 지도 시 유의점

1) 교사의 역할

역할놀이를 지도하기 위해서는 교사가 관찰자, 계획자, 안내자의 역할을 수행해야 한다.

(1) 관찰자 역할

교사는 교실에서 이루어지는 역할놀이의 성향을 면밀히 관찰해야 한다. 왜냐하면 놀이의 주제는 무엇인지, 각 영유아의 역할은 무엇이며 잘 해내고 있는지, 필요한 소품과 장난감이 무엇인지, 영유아의 언어적 상호작용이 잘 이루어지고 있는지를 알아야 하기 때문이다. 이에 따라 영유아가 주로 어떤 역할을 맡고 있는지, 선호하는 역할과 꺼리는 역할은 무엇인지를 알아보고 놀이 확장을 위해 부족한 놀잇감이나 자료를 준비한다.

(2) 계획자 역할

교육 계획안의 주제와 내용을 알 수 있도록 생활 중심의 역할놀이 주제를 선정한다. 놀이 주제를 위한 이야기 나누기 시간, 동화 시간, 음악과 동작 시간, 현장 관찰이나 견학 등을 통해 영유아가 놀이를 이해할 수 있도록 교수 방법을 계획한다. 예컨대 공룡이라는 주제로 놀이를 하기 위해 필요한 놀잇감과 연계 활동을 계획하여 최적의 공룡놀이가 이루어지도록 돕는다.

(3) 안내자 역할

교사는 영유아가 역할놀이 시 편안하고 수용적인 분위기에서 자신의 생각과 느낌을 창의적으로 표현하고 놀이에 적용할 수 있도록 도와주어야 한다. 경우에 따라서는 놀이 시 직간접적으로 개입하기도 한다. 예를 들어 생일잔치를 하는데 초대 받은 친구가 적다면 교사가 친구 역할을 맡아 직접 개입하여 놀이를 진행시키고, 만약 소극적인 영유아가 있다면 적절한 질문을 하거나 생각을 제시하는 등의 간접 개입을 통해 놀이를 지원해야 한다. 교사는 이러한 안내자 역할을 통해 놀이가 풍부하게 잘 진행되도록 돕는다.

2) 지도 시 유의점

① 연령에 맞는 놀이가 이루어지도록 알맞은 자료를 제공한다. 이숙재(2008)에 의하면 역할놀이를 확장할 수 있도록 교사는 영유아에게 익숙한 내용(가게놀이 · 병원놀이 등), 조금 익숙한 내용(주유소놀이 · 방송국놀이 등), 덜 익숙한 내용(이삿짐센터놀이 등)에 관련된 놀이 자료를 제공하고 연령이나 놀이 경험에 따라 다양하게 지도해야 한다.

② 놀이의 활성화를 위해 가정과 연계하여 주제에 맞는 책, 그림, 생활용품, 장난감 등의 소품을 제공 받고 역할에 맞는 직업의 부모를 초청하여 경험담을 들을 수 있도록 해당 부모의 도움을 받는다. 예컨대 은행놀이가 주제일 경우 가정에 있는 여러 가지 모양의 화폐나 동전을 가지고 와서 놀이에 활용하고, 여러 나라가 주제일 경우 가정에 있는 의상과 고유 물건들을 전시하고 착용한 후 돌려주는 방식으로 조치하여 역할놀이가 확장될 수 있도록 한다.

③ 놀이 지도 시에는 영유아에게 강요하지 않는 것이 좋다. 영유아들은 그날의 건강 상태나 기분에 따라 컨디션이 달라질 수 있기 때문에 놀지 않고 혼자 있고

싫거나 소극적인 태도를 보일 때가 있다. 따라서 교사는 이를 잘 관찰하여 몸이 아파 소극적일 때는 휴식을 취할 수 있도록 도와주고, 혼자 있고 싶은 경우에는 독립된 공간에 머물게 하여 놀이에 참여하고 싶은 마음이 들 때 놀 수 있도록 기다리며 보살핀다.

④ 다양한 활동과 공간에서 역할놀이가 이루어질 수 있도록 환경을 구성한다. 역할놀이를 자유 선택 시간에 소그룹으로 진행할지, 주제극을 통해 대그룹으로 진행할지, 장소는 어디를 이용할지 등을 고려하여 다양한 활동과 공간에서 문제없이 실행될 수 있도록 적절한 환경을 구성한다.

⑤ 역할에 대한 창의적인 아이디어가 표현될 수 있도록 격려한다. 고정적인 역할보다는 새로운 역할을 창조하도록 격려하고, 영유아가 스스로 생각해 낸 창의적인 대사나 동작 표현에 대해 지적하기보다는 적극적으로 수용하고 칭찬해야 한다. 이렇게 할 때 영유아는 자신의 아이디어를 창의적으로 잘 표현하게 된다.

4. 실제 활동

1) 엄마아빠놀이

[1] 대상 연령 : 만 2세

[2] 활동 목표

- 엄마와 아빠에게 필요한 물건을 이해한다.
- 엄마와 아빠의 모습을 모방하여 가작놀이를 한다.

[3] 활동 자료 : 엄마와 아빠에게 필요한 물건(앞치마 · 구두 · 옷 등)

[4] 활동 방법

(1) 도입

엄마와 아빠의 역할에 대해 이야기한다.

• 엄마는 어떤 일들을 하시고 어떤 모습인가요?
• 아빠는 어떤 일들을 하시고 어떤 모습인가요?

(2) 전개

① 준비된 놀잇감을 보여 주면서 엄마와 아빠가 어떻게 사용하는 물건인지 이야기한다.
  • 엄마와 아빠가 사용하시는 물건은 각각 어떤 것인가요?
  • 엄마는 이 물건을 어떻게 사용하시나요?
  • 아빠는 이 물건을 어떻게 사용하시나요?
② 다양한 놀잇감으로 다양한 모습의 엄마와 아빠를 표현하며 놀이를 한다.

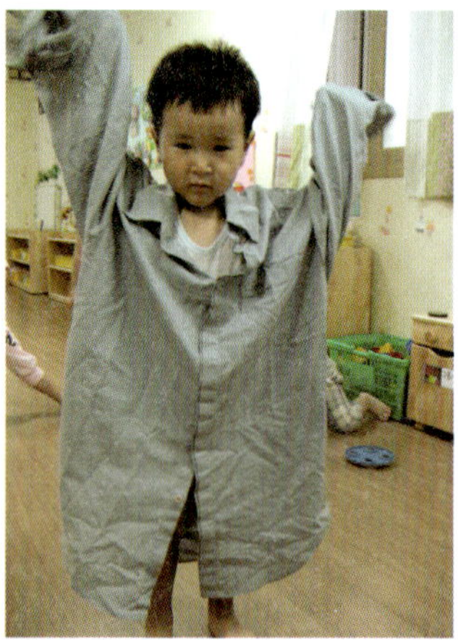

(3) 마무리 및 평가

엄마아빠놀이를 마친 후 본 활동이 어떠했는지 이야기한다.
• 엄마와 아빠가 하시는 일들은 무엇일까요?
• 엄마아빠놀이의 어떤 점이 재미있었나요?
• 어렵거나 아쉬운 점은 무엇이었나요?

[5] 기타 사항

남아와 여아 모두 이성에 대한 역할도 할 수 있도록 돕는다.

2) 아기돌보기놀이

[1] 대상 연령 : 만 3세

[2] 활동 목표

- 인형으로 아기를 돌보는 경험을 한다.
- 아기를 사랑하는 마음을 느낀다.

[3] 활동 자료 : 아기 인형, 인형놀이 소품

[4] 활동 방법

(1) 도입

아기를 돌본 경험에 대해 이야기한다.

- 아기를 직접 보거나 돌본 적이 있나요?
- 아기를 봤을 때 어떤 느낌과 생각이 들었나요?
- 아기는 어떤 물건을 사용할까요?

(2) 전개

① 아기 인형을 준비한다.

② 아기의 특징에 대해 이야기하고 어떻게 돌봐야 할지 알아본다.

- 아기의 특징은 무엇일까요?
- 아기는 어떻게 목욕시킬까요?
- 아기에게 우유를 먹이는 방법은 어떻게 표현할까요?
- 아기 기저귀는 어떻게 갈아 줄까요?
- 아기를 돌볼 때는 어떻게 해야 할까요?

③ 아기 목욕시키기, 옷 입히기, 우유 먹이기, 기저귀 갈기, 안기, 재우기 등을 실제로 해본다.

④ 아기용품들을 정리하고 처리하는 방법을 실제로 해본다.

(3) 마무리 및 평가

아기돌보기놀이를 마친 후 본 활동이 어떠했는지 이야기한다.

- 아기를 돌보기가 어떠했나요?
- 어떤 점이 어려웠나요?
- 앞으로 동생이나 어린 아기를 돌볼 경우 어떻게 하면 더 좋을까요?
- 아기는 사랑으로 보살펴야 해요.

[5] 기타 사항

- 아기 데리고 산책하기, 아기와 놀이하기 등 엄마의 역할놀이를 해본다.
- 아기를 돌볼 때 필요한 물건을 충분히 준비하여 놀이가 원활하게 진행될 수 있도록 지원한다.

3) 결혼식놀이

[1] 대상 연령 : 만 3세

[2] 활동 목표

- 결혼식을 이해한다.
- 결혼식에 필요한 것들을 안다.

[3] 활동 자료 : 웨딩드레스, 면사포, 턱시도, 부케, 반지, 마이크, 결혼식 사진

[4] 활동 방법

(1) 도입

결혼식에 대해 이야기한다.

- 결혼식에 간 적이 있나요?
- 결혼식에 무슨 일로 갔나요?
- 결혼식에서 무엇을 보았나요?

(2) 전개

① 유아들과 함께 결혼식놀이를 계획한다.
- 결혼식놀이에는 어떤 물건이 필요할까요?
- 결혼식 소품은 어떻게 만들까요?

② 결혼식놀이에 대해 이야기한다.
- 결혼식놀이를 어떻게 해야 할까요?
- 결혼식은 어떤 순서로 진행할까요?

③ 역할을 정하면서 대화를 나눈다.
- 결혼식에는 어떤 사람들이 필요할까요?(신랑, 신부, 부모님, 사회자, 주례, 하객들, 반주자 등)
- 주례는 누가 할까요?
- 신랑과 신부는 누가 할까요?

④ 결혼식놀이를 한다.

(3) 마무리 및 평가

놀이를 한 후 역할을 바꿔 보고 본 활동이 어떠했는지 이야기한다.
- 결혼은 어떤 의미일까요?
- 다음에는 신랑과 신부 역할을 나눠서 해보아요.

[5] 기타 사항

- 결혼식과 관련된 사진, 책, 화보를 역할 영역에 제공한다.
- 결혼식과 관련된 비디오(유아의 부모 결혼식 비디오)를 시청한다.

4) 신호등놀이

[1] 대상 연령 : 만 3세

[2] 활동 목표

안전하게 횡단보도를 건너는 방법을 이해한다.

[3] 활동 자료 : 횡단보도판, 신호등, 박스로 만든 자동차

[4] 활동 방법

(1) 도입

횡단보도를 건넌 경험에 대해 이야기한다.

- 횡단보도를 건넌 적이 있나요?
- 어떻게 길을 건너야 할까요?
- 신호등의 의미를 알아볼까요?

(2) 전개

① 횡단보도판과 신호등을 살펴보며 길을 건너는 방법에 대해 이야기한다.

- 횡단보도에서 가장 먼저 해야 할 일은 무엇일까요?
- 횡단보도는 어느 쪽으로 건너야 더 안전할까요?
- 횡단보도를 건널 때 왜 손을 들어야 할까요?
- 신호등이 깜박거릴 때는 어떻게 하는 것이 안전할까요?

② 날씨에 따라 횡단보도를 건너는 방법에 대해 이야기한다.

- 비 오는 날, 눈 오는 날, 바람이 많이 부는 날 길을 건널 때 주의할 점은 무엇일까요?

③ 보행자, 신호등, 자동차의 역할을 정하여 직접 횡단보도를 건너는 놀이를 한다.

(3) 마무리 및 평가

역할을 바꿔 놀이를 한 후 본 활동이 어떠했는지 이야기한다.
- 신호등놀이의 어떤 점이 재미있었나요?
- 교통 규칙을 꼭 지키며 안전하게 횡단보도를 건너야 해요.

[5] 기타 사항

어린이교통공원을 직접 방문한다.

5) 수영장놀이

[1] 대상 연령 : 만 3세

[2] 활동 목표

- 수영장에서의 경험을 회상하고 안전에 유의하면서 수영장놀이를 한다.
- 놀이를 통해 협동하고 즐거움을 느낀다.

[3] 활동 자료 : 수영복, 수영 모자, 돗자리, 수건, 음식 모형, 도시락

[4] 활동 방법

(1) 도입

수영장에 대해 이야기한다.
- 수영장에 간 적이 있나요?
- 언제 누구와 함께 갔나요?

(2) 전개

① 필요한 물건에 대해 이야기한다.
- 수영장놀이에는 어떤 물건이 필요할까요?
- 수영장에 가면 어떤 시설이 있나요?
- 다이빙대, 쉴 수 있는 그늘막, 미끄럼틀 등이 있어요.

② 수영장놀이를 하는 방법에 대해 이야기한다.

- 수영장에 들어가기 전에 해야 할 일은 무엇인가요?
- 수영을 하다가 춥거나 불편하면 어떻게 해야 할까요?

③ 수영장놀이에 필요한 역할을 의논하여 결정한다.

- 수영장에 가면 어떤 사람들이 있나요?
- 어떻게 역할을 분담할까요?

(3) 마무리 및 평가

수영장놀이를 마친 후 본 활동이 어떠했는지 이야기한다.

- 수영장은 어떤 곳인가요?
- 수영장에 들어가기 전에 지켜야 할 안전 규칙을 이야기해 볼까요?
- 수영장놀이의 어떤 점이 재미있었나요?

6) 음식점놀이

[1] 대상 연령 : 만 3세

[2] 활동 목표

- 음식점에서 일하는 사람과 그 역할을 이해한다.
- 친구들과 협동하여 놀이에 적극적으로 참여한다.

[3] 활동 자료 : 여러 가지 음식 모형, 그릇, 쟁반, 바구니

[4] 활동 방법

(1) 도입

음식점에 대해 이야기한다.

- 음식점에 간 적이 있나요?
- 음식점에 갔을 때 무엇을 했나요?

(2) 전개

① 역할놀이 영역에서 음식을 만들며 놀이를 하는 유아들과 대화를 나눈다.
- 음식 모형을 이용하여 음식을 만들어 볼까요?
- 만든 음식을 그릇에 담아 직접 먹거나 다른 친구에게 대접해 보아요.

② 음식을 만드는 사람, 배달하는 사람, 손님 등 각자 역할을 정한다.
- 음식을 만드는 사람은 누가 할까요?
- 주문은 어떻게 할까요?
- 배달원은 음식이 나오면 어떻게 해야 할까요?

③ 배달 시 음식을 담을 그릇과 주의 사항에 대해 이야기한다.
- 음식은 어디에 담을까요? 쟁반과 바구니도 필요한가요?
- 음식을 배달할 때 주의할 점은 무엇일까요?

④ 역할을 나눠 음식점놀이를 한다.
- 음식을 만드는 사람, 배달하는 사람, 손님의 역할을 바꿔서 음식점놀이를 해 볼까요?

(3) 마무리 및 평가

교사는 유아들이 놀이를 하면서 자신의 역할과 상황에 맞는 적절한 대화를 사용하도록 지도하고 놀이를 마친 후 본 활동이 어떠했는지 이야기한다.
- 음식을 만드는 사람, 배달하는 사람, 손님의 역할에는 어떤 다른 점이 있나요?
- 음식점놀이의 어떤 점이 재미있었나요?

7) 꽃가게놀이

[1] 대상 연령 : 만 4세

[2] 활동 목표

- 대상이나 상황에 맞게 적절한 언어를 표현하고 참여한다.
- 꽃가게에서 하는 일을 이해한다.

[3] 활동 자료

말린 꽃, 조화, 유아들이 만든 꽃, 화분, 계산기, 상자, 용기, 물뿌리개, 분무기, 간판, 포장지, 리본, 다양한 식물 화보, 꽃바구니

[4] 활동 방법

(1) 도입

꽃가게로 현장 학습을 다녀온 후 그곳에서 보았던 여러 종류의 꽃에 대해 알아보고 꽃가게놀이에 필요한 물건과 소품, 역할을 이야기한다.

- 어떤 꽃들을 진열하고 팔까요?
- 우리가 준비할 수 있는 것은 무엇일까요?
- 꽃가게놀이에는 어떤 사람이 필요할까요?(꽃을 진열하는 사람과 포장하는 사람, 계산하는 사람 등)

(2) 전개

① 놀이에 필요한 소품을 어떻게 준비할 것인지 이야기한다.

- 꽃과 화분은 어떤 것으로 준비할까요?
- 소품을 이용하여 조화, 물뿌리개, 분무기를 준비해 볼까요?

② 역할에 대해 이야기한다.

- 주인은 어떤 일을 할까요?(손님에게 공손히 대하기, 친절하게 설명하기, 꽃 진열하기, 꽃 포장하기, 계산하기, 정리하기 등)
- 손님은 꽃가게 안에서 무엇을 할까요?(인사하기, 둘러보기, 꽃을 함부로 만지지 않기, 궁금한 것 물어보기, 물건 고르기, 계산하기 등)

(3) 마무리 및 평가

역할을 골고루 분담하여 꽃가게놀이를 한 후 본 활동이 어떠했는지 이야기한다.

- 꽃가게놀이의 어떤 점이 재미있었나요?
- 역할 때문에 속상하거나 기분이 상한 친구는 없었나요?

[5] 기타 사항

- 상황에 따라 만들 소품과 구입할 소품, 지원 받을 소품을 정한다.
- 사전에 꽃가게를 직접 방문하는 것도 좋다.

8) 미용실놀이

[1] 대상 연령 : 만 4세

[2] 활동 목표

- 미용실에서 일하는 사람과 그 역할을 이해한다.
- 다양한 직업을 이해하고 경험한다.

[3] 활동 자료

간판, 여러 종류의 유아 헤어스타일 모델 사진(화보), 큰 인형, 큰 거울, 헤어드라이어 모형, 가위 모형, 빗, 머리핀, 리본 보자기, 여러 종류의 가발, 미용사 앞치마, 손님 가운

[4] 활동 방법

(1) 도입

미용실에 대해 이야기한다.

- 미용실에 간 적이 있나요?
- 미용실에서 무엇을 보았나요?
- 미용실에서 파마, 머리 자르기, 염색 등을 해보았나요?

(2) 전개

① 미용실에서 사용하는 미용 도구의 종류와 사용법에 대해 알아본다.

- 미용실놀이에는 어떤 물건이 필요할까요?
- 헤어드라이어, 가위, 빗은 어떻게 사용할까요?

② 역할놀이 영역에 상반신을 볼 수 있는 큰 거울과 책상을 이용하여 미용실을 꾸민다.

- 미용실을 어느 장소에 구성할까요?
- 거울과 책상은 어디에 놓을까요?

③ 미용실놀이에 필요한 역할을 정한다.

- 미용실에서는 어떤 일을 할까요?
- 미용실에는 어떤 손님이 와서 무엇을 하고 갈까요?

(3) 마무리 및 평가

역할에 따라 미용실놀이를 한 후 본 활동이 어떠했는지 이야기한다.

- 미용실놀이를 하기 위해 무엇이 필요했나요?
- 미용실에 직접 가서 머리를 꾸민다면 무엇을 하고 싶나요?
- 미용실에서 머리를 손질하면 어떤 기분이 들까요?

[5] 기타 사항

미용실을 직접 방문하여 궁금한 것을 물어볼 수 있는 기회를 제공한다.

9) 가게놀이

[1] 대상 연령 : 만 4세

[2] 활동 목표

- 돈의 용도를 이해한다.
- 돈을 직접 사용해 보는 경험을 한다.
- 친구들과 협동하여 놀이에 적극적으로 참여한다.

[3] 활동 자료 : 가게 그림판, 물건 그림 카드, 물건값이 적힌 종이 화폐

[4] 활동 방법

(1) 도입

가게 그림판에 있는 여러 가지 물건과 가격을 살펴본다.

- 가게에는 어떤 물건들이 있나요?
- 사고 싶은 물건이 있나요? 있다면 어떤 물건인가요?

(2) 전개

① 유아에게 적절한 질문을 하여 물건에 따른 금액의 차이를 비교할 수 있도록 유도한다.

- 돈(화폐)의 단위를 알아볼까요?
- 가장 많은 돈이 필요한 것(비싼 물건)은 무엇인가요?
- 가장 적은 돈이 필요한 것(싼 물건)은 무엇인가요?
- 물건과 가격이 적당한가요?

② 가게에서 사고 싶은 물건 그림 카드를 하나 고른다. 그 물건의 가격을 알아보고 알맞은 물건값이 적힌 종이 화폐를 찾아 물건 그림 카드 아래에 붙인다.

- 어떤 물건을 골랐나요?
- 가격은 얼마로 정할까요?
- 가격이 비싸거나 싸다고 생각하나요?

③ 같은 방법으로 물건을 고르고 적당한 물건값의 종이 화폐를 붙인다.

(3) 마무리 및 평가

가게놀이를 마친 후 돈(화폐)의 단위와 보관에 대해 이야기한다.

- 이제 돈을 잘 사용하고 보관할 수 있을 것 같나요?
- 돈의 용도를 알아보고 돈을 소중히 다루도록 해요.

[5] 기타 사항

가게를 포함한 주변의 마트나 슈퍼마켓을 직접 방문한다.

10) 병원놀이

[1] 대상 연령 : 만 4세

[2] 활동 목표

■ 병을 예방하고 치료하는 병원을 이해한다.

■ 직접 의사가 되어 환자를 치료하는 경험을 한다.

[3] 활동 자료

의사 가운, 간호사 옷, 병원놀이 세트 혹은 실물 자료(청진기, 바늘을 뺀 주사기 등), 혈압계, 체온계, 체중계, 신장계, 가위, 핀셋, 붕대, 반창고, 약병, 페트병으로 만든 링거 병, 반사경, 진료 카드, 의료보험 카드, 병원 간판, 필기구, 약봉지, 시력 검사표, X-ray 사진

[4] 활동 방법

(1) 도입

① 병원에 대해 이야기한다.

• 병원에 간 적이 있나요?

• 병원에 무슨 일로 갔나요?

• 병원에서 무엇을 했나요?

② 역할놀이 영역에서 공간을 확보하고 바구니에 진찰실, 주사실, 약제실, 접수창구 등에서 사용하는 물건을 나눠서 넣어 둔다.

• 병원놀이에는 어떤 장소가 필요할까요?

• 병원놀이에는 어떤 물건이 필요할까요?

(2) 전개

① 가정에서 병원과 관련된 물품을 지원 받아 병원의 각 영역을 구성한다.

• 병원 이름은 무엇으로 할까요?

• 환자가 오면 접수하는 곳(접수창구)은 어디에 만들까요?

• X-ray 사진을 찍는 곳은 어디에 만들까요?

• 환자를 치료하는 곳(치료실)은 어떻게 꾸밀까요?

② 의사 반사경, 각 영역에 필요한 안내 표시 등은 미술 영역에서 만든다.

③ 병원놀이에 필요한 역할을 정한다.

• 의사, 간호사, 환자 역할은 누가 할까요?
• 접수하는 사람과 계산하는 사람도 필요한데 이 역할은 누가 할까요?

④ 진찰하기, 주사 맞기, 약 지어 가기, 입원하기 등 병원놀이를 한다.

(3) 마무리 및 평가

놀이가 끝나면 역할을 바꿔서 다시 해보고 본 활동이 어떠했는지 이야기한다.

• 병원은 어떤 일을 하는 곳인가요?
• 병원놀이의 어떤 점이 재미있었나요?
• 아파서 병원에 가면 의사나 간호사가 어떻게 도와주나요?
• 병원놀이를 하면서 어려운 점이 있었다면 무엇인가요?

[5] 기타 사항

■ 동네 병원을 직접 방문한다.

■ 조형 영역에서는 진료 카드, 의료보험 카드, 의사 이름표, 병원과 진료 과목 간판, 간호사 모자, 의사 반사경, 약 등을 만들 수 있도록 한다.

11) 교통경찰놀이

[1] 대상 연령 : 만 5세

[2] 활동 목표

■ 교통경찰의 역할에 관심을 갖는다.

■ 교통경찰의 일을 이해하고 고마움을 느낀다.

[3] 활동 자료

교통 표지판, 신호등, 횡단보도, 호루라기, 여러 종류의 자동차(경찰차, 소방차, 소리 나는 구급차, 자가용, 학교 버스), 역할 의상(경찰복과 모자, 119 구조대 옷과 모자, 의사

가운)

[4] 활동 방법

(1) 도입

차를 타고 다녔던 경험을 이야기한다.

- 차를 타고 다녔던 경험을 이야기해 볼까요?
- 차를 타고 도로를 다니면서 사고나 위험한 일을 겪었던 경험이 있나요?

(2) 전개

① 유아들과 함께 교통경찰놀이를 계획한다.
- 교통경찰놀이에는 어떤 사람이 필요할까요?
- 교통경찰놀이에는 어떤 물건이 필요할까요?
- 교통경찰은 어떤 옷을 입나요?
- 횡단보도, 신호등, 거리의 교통 표지판에 대해 알아볼까요?

② 횡단보도, 교통 표지판을 이용하여 역할놀이 영역을 도로로 꾸민다.

③ 역할을 나눠 그 역할에 맞는 의상과 소품을 착용하고 교통경찰놀이를 한다.
- 교통경찰 역할은 누가 할까요?
- 교통경찰을 하고 싶은 친구가 많은데 어떻게 하면 좋을까요?
- 자동차를 운전하는 역할은 누가 할까요?
- 거리에 차가 다닐 때는 교통 규칙이 있으니 꼭 지켜야 해요.

④ 사고 상황에 대해 이야기한다.
- 교통 규칙을 지키지 않고 무시한다면 어떤 일들이 일어날까요?
- 어떤 경우에 자동차나 횡단보도에서 사고가 날까요?
- 교통사고가 나면 어떻게 처리해야 할까요?
- 119에 신고하거나 경찰관을 불러야 해요.

(3) 마무리 및 평가

교통경찰놀이를 마친 후 본 활동이 어떠했는지 이야기한다.

• 교통경찰놀이의 어떤 점이 재미있었나요?
• 경찰 아저씨의 어려운 점은 무엇일까요?
• 경찰 아저씨가 도로에 없다면 어떤 일들이 생길까요?
• 경찰 아저씨의 고마운 점과 교통 규칙을 지키는 것이 중요하다는 사실을 알아야 해요.

[5] 기타 사항

동네 교통경찰을 직접 초대하여 이야기를 나누는 자리를 마련한다.

12) 택배놀이

[1] 대상 연령 : 만 5세

[2] 활동 목표

- 택배원의 역할과 직업을 경험한다.
- 택배원에게 고마움을 느낀다.

[3] 활동 자료 : 상자, 택배 스티커, 다양한 물건, 휴대 전화

[4] 활동 방법

(1) 도입

택배를 받은 경험에 대해 이야기한다.

• 택배를 받은 적이 있나요?
• 택배원은 어떤 일을 하나요?

(2) 전개

① 유아들과 함께 택배놀이를 계획한다.

• 택배놀이에는 어떤 물건이 필요할까요?
• 택배놀이에는 어떤 사람이 필요할까요?
• 택배원, 주문 받는 사람, 포장하는 사람의 역할이 필요해요.

② 역할놀이 영역을 주문 받는 곳, 상품 포장하는 곳, 배달하는 택배 차량 등으로 꾸민다.

- 물건 주문을 받는 곳은 어디에 만들까요?
- 주문한 상품을 포장하는 곳은 어디에 만들까요?
- 배달하는 택배 차량은 어떻게 꾸밀까요?

③ 역할을 나눠 그 역할에 맞게 택배놀이를 한다.

- 무겁거나 깨지기 쉬운 물건은 어떻게 배달할까요?
- 집에 사람이 없으면 물건을 어떻게 할까요?

(3) 마무리 및 평가

택배놀이를 마친 후 본 활동이 어떠했는지 이야기한다.

- 택배놀이의 어떤 점이 재미있었나요?
- 택배원의 어려운 점은 무엇일까요?
- 택배원이 없다면 어떤 일들이 생길까요?

[5] 기타 사항

유아 스스로 놀이를 계획할 수 있도록 지도한다.

13) 세탁소놀이

[1] 대상 연령 : 만 5세

[2] 활동 목표

- 세탁소의 기능과 역할을 이해한다.
- 다양한 역할과 직업을 경험한다.

[3] 활동 자료

여러 가지 옷, 옷걸이, 옷걸이대, 고장 난 다리미, 헌 다리미판, 세탁기 모형, 분무기, 종이돈, 간판

[4] 활동 방법

(1) 도입

세탁소에 대해 이야기한다.

- 세탁소에 간 적이 있나요?
- 세탁소에서는 어떤 일들을 하나요?
- 세탁소에서 일하는 사람에 대해 이야기해 볼까요?

(2) 전개

① 역할놀이 영역에 있는 더러워진 옷을 보면서 대화를 나눈다.

- 옷이 더러워지면 어떻게 할까요?
- 물로 빨지 못하는 옷에는 어떤 것들이 있는지 알아볼까요?
- 수선이 필요한 옷은 무엇일까요?
- 세탁소놀이에는 어떤 물건이 필요할까요?
- 세탁소에서 옷을 세탁하려면 무엇이 필요할까요?

② 세탁소놀이에 필요한 물건들을 만든다.

③ 필요한 물건이 준비되면 세탁소를 어떻게 꾸밀지 의논한다.

④ 놀이에 필요한 역할을 정하고 놀이를 시작한다.

- 옷을 세탁하는 역할은 누가 할까요?
- 옷을 다리는 사람과 옷을 맡기고 찾는 사람(손님)은 누가 할까요?

(3) 마무리 및 평가

세탁소놀이를 마친 후 본 활동이 어떠했는지 이야기한다.

- 세탁소놀이의 어떤 점이 재미있었나요?
- 세탁소에서는 어떤 일들을 하는지 알게 되었나요?

[5] 기타 사항

세탁소에서 일하는 사람을 초대하거나 세탁소를 직접 방문한다.

14) 소방서놀이

[1] 대상 연령 : 만 5세

[2] 활동 목표

- 소방서의 기능과 역할을 이해한다.
- 소방대원이 위험에 대처하는 방법을 배운다.

[3] 활동 자료 : 소방차, 119 구조대원 옷과 모자, 무전기, 호스

[4] 활동 방법

(1) 도입

소방차의 사진이나 동영상을 보면서 대화를 나눈다.

• 불이 났어요. 소방차가 출동하네요.

• 사진이나 뉴스에서 불을 끄는 소방차와 소방대원을 본 적이 있나요?

(2) 전개

① 유아들과 함께 소방서놀이를 계획한다.

• 소방서놀이에는 어떤 물건이 필요할까요?

• 소방서놀이에는 어떤 사람이 필요할까요?

② 소방대원이 되어 소방차의 여러 기구들을 가지고 놀이를 한다.

• 불을 끄는 모습은 어떻게 표현할까요?

• 무전기로 연락하기, 사이렌 소리 내기, 호스로 불 끄기 등의 표현이 필요해요.

• 어떤 사고가 났다고 가정할까요?

• 불을 끄는 역할과 구조대원의 역할을 각각 누가 할까요?

(3) 마무리 및 평가

소방서놀이를 마친 후 본 활동이 어떠했는지 이야기한다.

• 소방서놀이의 어떤 점이 재미있었나요?

- 불을 끄거나 사람을 구조하는 모습을 잘 표현했나요?
- 아쉬웠던 일이나 고칠 점이 있었나요?
- 119에 장난으로 전화하지 않도록 해요.

[5] 기타 사항

소방대원을 초대하거나 직접 소방서를 견학한다.

15) 기상캐스터놀이

[1] 대상 연령 : 만 5세

[2] 활동 목표

- 일기예보에 필요한 것들을 알아보고 놀이에 참여한다.
- 기상캐스터의 역할을 이해한다.

[3] 활동 자료 : 일기예보와 기상캐스터 관련 소품

[4] 활동 방법

(1) 도입

일기예보와 기상캐스터에 대해 이야기한다.

- 일기예보를 들은 적이 있나요?
- 기상캐스터를 뉴스에서 보았나요? 역할은 무엇일까요?

(2) 전개

① 일기예보에 필요한 도구와 소품을 만든다.

- 일기예보에 맞는 상황 카드로는 무엇이 필요할까요?
- 기상캐스터의 역할에 어울리는 소품은 무엇일까요?

② 날씨 카드와 지도를 만들거나 준비한다.

- 오늘은 날씨가 어떤가요?

- 여러 날씨의 상황들을 알아볼까요?
- 천둥과 번개가 치면 어떻게 할까요?
- 날씨의 상황과 지도에 맞게 카드를 붙여 볼까요?

③ 날씨와 관련된 기본 문구를 만들어 준비하는 것도 좋다.

④ 날씨에 어울리는 의상을 준비하여 활용할 수도 있다.

- 기상캐스터 역할은 누가 할까요?
- 기상캐스터의 소품으로는 무엇이 좋을까요?

(3) 마무리 및 평가

기상캐스터의 역할을 골고루 맡아 놀이를 한 후 본 활동이 어떠했는지 이야기 한다.

- 여러 가지 상황의 날씨에 대해 알게 되었나요?
- 기상캐스터의 역할을 해보니 어떠했나요?
- 어떤 점이 재미있었나요?
- 앞으로 날씨에 대해 관심을 가져 보아요.

[5] 기타 사항

유아 스스로 놀이를 계획할 수 있도록 지도한다.

Chapter 10

조작놀이

1 조작놀이의 교육적 가치
2 조작놀이의 발달 특징
3 교사의 역할과 지도 시 유의점
4 실제 활동

CHAPTER 10 조작놀이

조작놀이manipulative play는 영유아의 눈과 손의 협응력을 증진시키고 탐색적인 특징으로 집중력과 지구력을 길러 주는 활동이다. 이숙재(2008)는 조작놀이란 퍼즐이나 구슬 꿰기, 도미노 카드처럼 영유아가 주로 책상 위에서 손과 손가락의 소근육을 사용하여 놀잇감을 맞추고, 분리하고, 재배열하는 등 여러 가지 방법으로 다루는 놀이라고 정의했다. 특히 이진희 등(2006)은 조작놀이는 특정한 교육 목표나 성취 결과를 가르치도록 고안된 교육용 놀잇감으로 사회적 목표(예 신발 끈 묶기를 통한 자조 기술), 신체적 목표(예 줄에 구슬을 끼우는 놀이를 통한 소근육 기술), 인지적 목표(예 대문자와 소문자가 적혀 있는 카드의 짝을 맞춤으로써 일대일 대응 학습)의 학습이 포함된다고 했다.

1. 조작놀이의 교육적 가치

다른 놀이에 비해 정적이고 탐색적인 특징을 지닌 조작놀이는 영유아의 탐구력과 인내심을 길러 준다. 아울러 조작놀이를 통한 다양한 감각적 경험은 영유아의 정서 발달을 돕는다. 조작놀이의 교육적 가치는 다음과 같다.

(1) 눈과 손의 협응력과 소근육 운동 능력 향상

손으로 다양한 놀잇감을 만지고 조작하기 때문에 손가락 및 손목 등의 소근육 운동 능력이 향상되고, 정교한 조작 활동을 통해 눈과 손의 협응력이 발달한다.

(2) 인지 발달

여러 가지 조작놀이 놀잇감으로 모양을 분류하고, 패턴을 파악하고 무게와 질감을 느끼며 크기를 서열화하는 수학적 · 과학적 개념을 습득할 수 있어 인지 발달이 증진된다.

(3) 다양한 어휘와 언어의 발달

글자 카드나 사물 이름 맞추기 활동을 통해 글자의 형태와 의미를 학습하고 사물에 관한 다양한 어휘를 익히며 언어가 발달한다. 퍼즐놀이의 경우 다양한 형태에 대한 변별력 발달에 도움이 되며, 놀이에 참여한 친구와의 상호작용을 통해 의사소통 기술도 향상된다.

(4) 사회성 발달

친구들과 퍼즐놀이, 도미노 게임, 교구놀이 등을 하면서 규칙을 지키고 양보하는 가운데 사회성이 발달한다. 자신과 다른 생각을 가진 영유아와 의견을 조율하는 경험을 통해 다른 사람을 존중하고 이해하는 태도를 기를 수 있다.

(5) 성취감과 자신감 형성

끈 끼우기, 구슬 꿰기 등의 놀잇감을 탐색하고 조작하는 과정에서 좌절과 실패를 경험할 수도 있으나 포기하지 않고 자신이 생각한 것을 끝까지 만들어 완성하는 경험은 영유아에게 성취감을 주고 자신감을 갖게 한다.

2. 조작놀이의 발달 특징

1) 연령별 발달 특징

표 10-1 조작놀이의 연령별 발달 특징

연령	조작놀이의 내용과 자료 제공
1~2세	• 3~5쪽의 손잡이가 달린 퍼즐과 안전 및 위생을 고려한 놀잇감을 준비한다. • 색깔, 크기, 모양, 재질을 탐색할 수 있는 헝겊 인형과 촉감 공을 제공한다. • 딸랑이, 모빌, 촉감 책, 애벌레 인형, 천 주사위, 크기가 다른 플라스틱 병과 뚜껑을 제공한다.
3세	• 배경판에 그림이 있어 맞추기 쉬운 퍼즐을 제공한다. • 손으로 잡기 편한 다양한 색깔과 모양의 구슬과 끈을 제공한다. • 일상생활에 필요한 감각 훈련 교구인 단추 끼우기, 지퍼 올리기, 찍찍이(벨크로) 붙이기 등의 놀잇감을 제공한다. • 크기가 다른 컵 쌓기 놀이, 얼굴 반쪽 그림 맞추기 놀이, 낚시놀이, 롤러코스터를 제공한다.
4세	• 생활 주제에 따른 개념을 학습할 수 있는 다양한 종류의 퍼즐을 제공한다(예 도형과 숫자 퍼즐, 기본 생활 퍼즐, 동물 퍼즐, 세계지도 퍼즐). • 숫자에 맞게 물건 담기, 간단한 바느질놀이, 가족 물건 맞추기, 그림과 글자 카드 맞추기 등을 준비한다. • 색깔이나 모양에 따른 분류나 비교 활동은 개인의 난이도에 따라 준비하여 제공한다.
5세	• 15~30쪽의 퍼즐이 적당하나 개인차에 따라 그 이상도 가능하다. • 다양한 조작 활동을 할 수 있는 게임 자료를 제공한다(예 열쇠와 자물쇠, 윷놀이, 벤다이어그램, 숫자 매트릭스 게임, 바둑 세트). • 각 놀잇감의 사용 방법과 활동 순서 등을 제시한 설명서나 순서표를 준비한다.

2) 놀잇감의 종류

조작놀이에 사용되는 놀잇감의 종류는 다음과 같다.

(1) 퍼즐

퍼즐은 어떤 이미지를 여러 조각으로 나눈 뒤 다시 원래 모양으로 맞춰 완성하는 놀잇감이다. 퍼즐은 재료나 형태에 따라 종류가 매우 다양하며, 교육기관에서 여러 재료를 활용하여 직접 제작할 수도 있다. 따라서 교사는 발달 정도에 따라 플라스틱, 종이, 나무, 고무, 그림, 사진, 잡지 등을 제작에 활용해야 하며, 무엇보다 영유아의 수준에 맞춰 단순하고 쉬운 퍼즐로 시작하여 점차 난이도가 높고 어려운 퍼즐을 제공하는 것이 중요하다. 영유아의 흥미나 생활 주제에 따라 기본 생활 퍼즐, 세계지도 퍼즐, 명화 퍼즐, 계절 퍼즐 등 다양한 퍼즐을 제공하도록 한다.

(2) 감각 발달을 위한 조작 놀잇감

영유아의 감각 발달에 도움이 되는 놀잇감으로, 만졌을 때 소리가 나거나 촉감이 다르고 입이나 피부에 닿을 때 상처가 나지 않으며 쉽게 조작할 수 있는 것을 제공한다. 감각 발달을 위한 조작 놀잇감으로는 모빌, 딸랑이, 촉감 공, 촉감 도미노, 촉감 책, 일상생활 훈련 감각놀이 교구, 인형, 손 인형 등이 있다.

(3) 분류할 수 있는 조작 놀잇감

분류할 수 있는 조작 놀잇감을 이용하는 놀이로는 같은 색과 같은 모양의 구슬 꿰기, 같은 모양 양말 찾기, 하늘과 땅의 교통기관 알아보기, 가족이 사용하는 물건 나누기, 직업과 관련된 물건 맞추기 등이 있다.

(4) 수 활동을 위한 조작 놀잇감

수 활동을 위한 조작 놀잇감으로는 숫자 빨래집게, 숫자 기억 카드, 숫자만큼 도장 찍기, 벤다이어그램, 좋아하는 동물 수 그래프, 숫자 매트릭스 게임, 자, 저울, 측정 컵 등이 있다.

(5) 그룹 게임을 위한 조작 놀잇감

그룹 게임을 위한 조작 놀잇감으로는 판과 놀이용 말이 필요하며, 여러 가지의 그림 카드나 숫자 또는 글자 카드가 사용된다. 장보기 게임, 주차장 게임, 동물 게임, 곤충 게임, 판 게임, 가족 구성원 그림 카드 게임, 빙고 글자 카드 게임, 청백 깃발 게임, 기억력 게임, 체스, 바둑놀이 등이 그룹 게임에 속한다.

(6) 탱그램

여러 가지 도형을 사용하여 하나의 완성된 모형을 만드는 것으로, 좀 더 독창적인 모형을 고안하도록 유도하는 놀잇감이다. 삼각형, 사각형, 원형, 타원형 등의 조각을 이어 새로운 모습을 구성하게 한다. 대표적인 예로 우리나라의 칠교놀이는 직선의 변으로 되어 있는 일곱 개의 조각을 이용하여 여러 모형을 고안하도록 되어 있다(김수영 외, 2011).

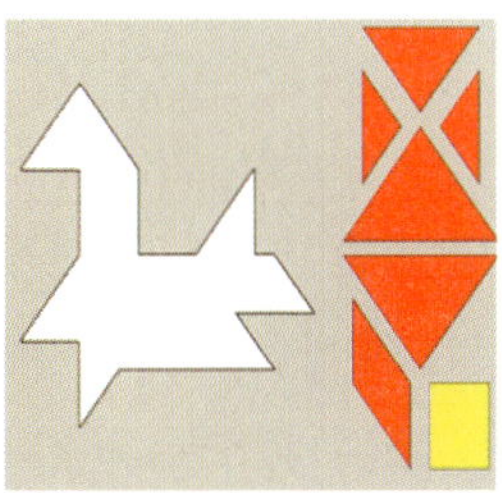

3. 교사의 역할과 지도 시 유의점

1) 교사의 역할

조작놀이를 지도하기 위해서는 영유아의 발달 단계를 잘 알아야 한다. 눈과 손의 협응이 발달하지 않은 영유아에게 어려운 구슬 꿰기나 조각이 많은 퍼즐을 준다든지, 숫자를 잘 알지 못하는 상태에서 대응이나 서열화 게임을 제공한다면 아무런 도움도 되지 않기 때문이다. 따라서 조작놀이는 쉬운 활동에서 복잡한 활동으로 점진적으로 제공하여 놀이의 기회를 확대해야 한다.

(1) 다양한 놀잇감 제공

사물의 다양한 경험을 위해 영유아가 스스로 만지고 조작하면서 탐색할 수 있는 여러 가지 놀잇감을 제공한다.

(2) 수 · 과학적, 논리적 사고 자극

조작놀이를 통해 영유아는 모양, 분류, 수, 질감 등과 같은 기초적인 수 · 과학적 개념을 형성한다. 그러므로 교사는 영유아가 조작 놀잇감으로 놀이를 하고 있을 때 수 · 과학적 사고를 향상시킬 수 있는 어휘를 사용하여 '어느 것이 많은가요?', '위와 아래 카드의 모양이 서로 다른가요?', '질감은 어떤가요?' 등의 질문을 해야 한다. 또 영유아의 논리적 사고가 발달할 수 있도록 다양한 종류의 퍼즐과 패턴 같은 조작 활동을 많이 지원해야 한다.

(3) 전략적 사고 자극

영유아가 같은 수준의 조작놀이만 하는 경우 교사가 개입하여 좀 더 어려운 단계의 놀이를 제안하거나, '이 카드를 이쪽에 두면 어떨까?' 또는 '이 바둑알은 여기에 놓는 거예요.' 하며 시범을 보임으로써 친구들과 상호작용을 할 수 있도록 전략적 사고를 돕는다.

⑷ 시행착오 수용

조작놀이는 실수나 시행착오를 인정하고 여러 번 다시 시도할 수 있도록 유도하여 문제를 해결할 수 있는 수용적인 분위기를 조성한다.

⑸ 정리 습관 지도

놀잇감의 특성상 작은 그림 조각이나 퍼즐은 낱개가 분실되지 않도록 점검하며, 필요할 때 쉽게 사용할 수 있도록 제자리에 두는 습관을 기르게 한다.

2) 지도 시 유의점

① 영유아의 연령과 발달 수준에 맞춰 조작 놀잇감의 수와 크기를 달리하여 제공한다. 한꺼번에 많은 양의 놀잇감을 주는 것보다 순차적으로 제공하여 단계별로 경험하도록 돕는다.

② 놀이 활동에 맞는 교실 환경을 구성한다. 조작놀이는 영유아가 집중할 수 있는 조용한 공간이 필요하다. 소그룹 게임 활동이므로 소음이 생기는 공간들을 분리하거나 이동용 교구대와 간이대를 사용하여 방해 받지 않는 공간을 제공한다. 특히 편안한 자세로 놀이를 할 수 있도록 책상과 의자를 준비하고, 판을 펼치거나 주사위를 던져야 하는 놀이를 할 때는 카펫을 깔아 바닥에서 활동할 수 있는 여건을 조성한다.

③ 조작놀이 교구를 항상 점검한다. 조작놀이 교구의 특성상 작은 조각이나 소품이 파손되거나 손실되는 경우가 많으므로 상태가 온전한지 점검하여 반드시 수리하고 보완하도록 한다.

④ 놀이 유형에 맞게 놀이 시간을 고려해야 한다. 소그룹으로 하는 규칙 있는 게임이나 도미노 카드놀이에는 여러 명이 함께하는 경우 충분한 시간을 할애하여 놀이가 원활히 잘 이루어지도록 배려한다.

4. 실제 활동

1) 칙칙폭폭 기차놀이

[1] 대상 연령 : 만 1세

[2] 활동 목표

- 기차 모양으로 흥미가 유발되고 푹신푹신한 기차에 앉아 활동하면서 감각이 발달한다.
- 차례차례 타는 습관을 기르고 대근육의 발달을 돕는다.

[3] 활동 자료 : 헝겊기차놀이 소품

[4] 활동 방법

(1) 도입

기차와 관련된 사진이나 그림을 보여 주면서 대화를 나눈다.

- 기차를 보거나 탄 적이 있나요?
- 사진 속의 기차는 어떤 모습인가요?

(2) 전개

① 기관사를 정하여 맨 앞에 타서 길을 인도하도록 하고 나머지 인원은 헝겊기차의 뒷자리에 차례대로 탄다. 이때 활동 인원은 네 명을 넘지 않도록 유의한다.

② 손잡이를 잘 잡고 기관사가 인도하는 대로 헝겊기차놀이를 한다.

- 떨어지지 않도록 조심하면서 기차를 타볼까요?
- 맨 앞의 기관사는 길을 잘 인도해 주어야 해요.

③ 앉는 순서를 바꿔 가면서 놀이를 한다.

(3) 마무리 및 평가

기차놀이를 마친 후 정리한다.

2) 모양 상자 끼우기

[1] 대상 연령 : 만 1세

[2] 활동 목표

- 단순한 형태의 끼워 맞추기 놀잇감을 맞춰 본다.
- 눈과 손의 협응력을 기른다.

[3] 활동 자료 : 모양 상자 끼우고 빼기 놀잇감

[4] 활동 방법

(1) 도입

모양 상자에 있는 여러 가지 모양을 보여 주면서 대화를 나눈다.

- 어떤 모양인지 알아맞혀 볼까요?
- 이것은 어떤 모양일까요?
- (예쁜 집 모양을 보여 주며) 여기에 누가 살고 있을까요?

(2) 전개

① 끼우는 부분의 모양 조각에 대해 이야기한다.
- 여기에 동그라미 모양이 있네요.
- 세모 모양, 네모 모양을 집 속에 넣어 볼까요?

② 영유아에게 모양 조각을 통에 맞춰 끼워 넣게 한다.
- 이것과 같은 모양을 구멍에 넣어 볼까요? 쏙 들어가네요.
- 다른 모양도 찾아서 넣어 볼까요?

(3) 마무리 및 평가

모양을 여러 번 맞춘 후 정리한다.

3) 뚜껑을 열어요

[1] 대상 연령 : 만 2세

[2] 활동 목표

- 일상생활에서 흔히 볼 수 있는 뚜껑에 대해 알아본다.
- 눈과 손의 조작 능력을 키우고 협응력을 기른다.

[3] 활동 자료 : 스티로폼 상자, 한지, 뚜껑이 있는 재활용품들

[4] 활동 방법

(1) 도입

뚜껑이 있는 재활용품들을 보면서 어디에서 본 것인지, 무엇에 쓰는 물건인지 이야기한다.

- 여러 가지 물건의 뚜껑을 살펴볼까요?
- 이 물건은 어디에서 보았나요?
- 이 물건은 어떻게 사용할까요?
- 뚜껑마다 색깔, 모양, 크기가 다르다는 것을 알 수 있나요?

(2) 전개

① 각 재활용품마다 뚜껑을 어떻게 열어야 하는지 살펴본다.

- 뚜껑을 어떻게 여는지 살펴볼까요?

② 재활용품의 뚜껑을 실제로 열고 닫아 본다.

(3) 마무리 및 평가

뚜껑을 맞춰 본 후 정리한다.

- 뚜껑을 맞출 때 어려운 점은 없었나요?
- 뚜껑이 잘 열리고 잘 잠겼나요?
- 뚜껑은 정리할 때 바구니에 모아 두어요.

4) 바느질놀이

[1] 대상 연령 : 만 2세

[2] 활동 목표

- 실 꿰기를 통해 집중력과 소근육의 활동 능력을 기른다.
- 동물 이름을 이야기하며 실 꿰기를 할 수 있다.

[3] 활동 자료 : 동물 모양의 실 꿰기 판, 실

[4] 활동 방법

(1) 도입

바느질에 대해 이야기한다.

- 바느질을 한 적이 있나요?
- 엄마가 바느질하시는 것을 본 적이 있나요?

(2) 전개

① 동물 모양의 바느질감을 보여 준다.

- 이 동물의 이름은 무엇일까요?
- 이 동물 모양에 뚫린 부분이 있는지 확인해 볼까요?

② 뚫려 있는 곳에 각각의 동물 모양대로 실을 꿰어 본다.

- 구멍이 있는 부분에 실을 넣어 볼까요?
- 넣었던 실이 반대 구멍으로 나오면 실을 잡고 다른 모양의 구멍에도 꿰어 보아요.

③ 실 꿰기가 완성되면 다른 친구들이 한 것과 비교해 본다.

(3) 마무리 및 평가

완성된 후에 바느질을 다시 풀고 정리한다.

- 차근차근 순서대로 바느질을 했나요?
- 바느질을 할 때 어렵고 불편한 점은 없었나요?

[5] 주의 시항

구멍에 잘 들어가도록 실의 끝에 테이프를 감고 한쪽 끝에 매듭을 지어 빠지지 않도록 한다.

5) 낚시놀이

[1] 대상 연령 : 만 3세

[2] 활동 목표

- 낚시를 이해한다.
- 낚시 도구의 용도를 이해한다.
- 대응 능력을 기른다.

[3] 활동 자료

여러 가지 블록, 자석을 매단 낚싯대, 바구니, 의자, 낚시터 모형, 클립을 끼운 물고기 그림

[4] 활동 방법

(1) 도입

낚시터에 간 경험을 이야기하고 사진과 그림을 보여 준다.

- 낚시터에 간 적이 있나요?
- 낚시터에서 무엇을 했나요?
- 사진 속 낚시터를 보고 어떤 곳인지 이야기해 볼까요?

(2) 전개

① 쌓기 영역에서 만든 낚시터를 보면서 대화를 나눈다.

- 어느 블록으로 낚시터를 만들까요?
- 블록의 크기가 적당한가요?
- 친구들이 만든 물고기들은 어디에 둘까요?

② 유아들과 함께 낚시놀이를 계획한다.

- 낚시는 몇 명이 하면 적당할까요?
- 낚싯대는 몇 개가 필요할까요?
- 잡은 물고기는 어디에 두면 좋을까요?

③ 낚시놀이를 하면서 필요한 규칙을 이야기한다.

- 어떻게 하면 물고기를 잘 낚을 수 있을까요?
- 낚싯줄이 서로 꼬이지 않게 하는 방법은 없을까요?
- 어디에 앉아서 물고기를 잡으면 좋을까요?
- 다른 친구들을 위해 다시 물고기를 낚시터에 놓아 주어요.

④ 블록으로 낚시터를 구성한다.

(3) 마무리 및 평가

낚시놀이를 마친 후 정리한다.

- 낚시터를 만들고 물고기도 잡았나요?
- 낚시놀이의 어떤 점이 재미있었나요?
- 다음에는 바깥놀이로 나가서 낚시터를 구성해 보아요.

6) 우리 동네 퍼즐

[1] 대상 연령 : 만 3세

[2] 활동 목표

- 우리 동네에 관심을 갖는다.
- 동네의 다양한 건물에 관심을 갖고 이름을 알아본다.

[3] 활동 자료 : 동네 퍼즐 두 종류

[4] 활동 방법

(1) 도입

동네에 무엇이 있는지 이야기한다.

- 동네에는 무엇이 있나요?
- 어떤 병원이 있나요? 백화점은 있나요?
- 큰 마트로는 무엇이 있나요?
- 동네에 있는 학교에 가본 적이 있나요?

(2) 전개

① 우리 동네 퍼즐을 보여 준다.
  - 이 상점의 이름은 무엇일까요?
  - 이 그림은 무엇을 하는 곳일까요?

② 퍼즐을 맞춘다.
  - 퍼즐 조각을 꺼내 볼까요?
  - 어떤 조각부터 맞출까요?

(3) 마무리 및 평가

퍼즐을 모두 완성한 후 정리한다.

- 퍼즐을 완성하니 기분이 어떤가요?

• 퍼즐이 너무 쉽거나 어려운 점은 없었나요?

7) 가족이 사용하는 물건 짝짓기

[1] 대상 연령 : 만 3세

[2] 활동 목표

- 가족이 사용하는 물건을 파악하고 이해한다.
- 물건을 통해 가족의 역할을 이해한다.

[3] 활동 자료 : 가족의 물건 그림 카드, 가족 구성원 그림, 분류통

[4] 활동 방법

(1) 도입

가족의 구성원과 사용하는 물건에 대해 이야기한다.

• 가족이 모두 몇 명인가요?

• 가족이 자주 사용하는 물건들이 있나요?

(2) 전개

① 가족의 물건 그림을 보여 주면서 이름과 용도를 알아본다.

• 그림을 보고 어떤 물건인지 맞춰 볼까요?

• 누가 주로 사용하는 것일까요?

② 물건 그림 카드를 한 바구니에 넣고 가족 구성원 분류통을 나눠 가진 후 순서대로 그림 카드를 꺼내 각각 알맞은 통에 넣는다.

• 그림 카드를 가족 구성원의 분류통에 넣어 볼까요?

• 통에 넣은 물건 그림과 사용하는 가족 구성원이 서로 맞는지 꺼내서 확인해 볼까요?

(3) 마무리 및 평가

물건 그림 카드를 다 넣으면 가족 구성원과 맞는지 꺼내서 확인하고 정리한다.

- 분류통에 물건 그림 카드를 다 넣었나요?
- 그림 카드와 가족 구성원이 모두 잘 연결되었나요?
- 가족 구성원마다 사용하는 물건이 다르다는 것을 알게 되었나요?

8) 도미노놀이

[1] 대상 연령 : 만 3세

[2] 활동 목표

- 도미노놀이의 규칙을 이해한다.
- 집중력을 기르고 성취감을 느낀다.
- 도미노가 차례대로 넘어지는 모습을 보며 신 나는 기분을 느낀다.

[3] 활동 자료 : 도미노

[4] 활동 방법

(1) 도입

도미노에 대해 알아보고 사진을 보여 주면서 대화를 나눈다.

- 도미노란 무엇인가요?
- 도미노놀이는 어떻게 하는 활동일까요?

(2) 전개

① 원하는 모양을 구상한 후 도미노를 차례대로 꺼내 놓는다.

② 도미노를 모두 세운 후 첫 번째 도미노를 밀어서 넘어지는 현상을 관찰한다.

- 세워 놓은 도미노가 어떻게 되었나요?
- 어떤 모양으로 쓰러졌나요?
- 여러 개의 도미노를 차례대로 세워 보아요.

③ 도미노를 자유롭게 배열하고 넘어뜨리는 활동을 반복한다.

(3) 마무리 및 평가

도미노를 정리하며 느낀 점을 이야기한다.

- 도미노놀이의 어떤 점이 재미있었나요?
- 도미노를 세우는 일은 힘들었지만 나중에 멋지게 쓰러지는 모습을 보니 기분이 어떤가요?
- 다른 친구들이 놀이를 할 수 있도록 제자리에 정리해 두어요.

9) 해달별 패턴놀이

[1] 대상 연령 : 만 3세

[2] 활동 목표

- 카드 배열에 따른 배열의 규칙을 이해한다.
- 유아의 놀이 활동에 참여함으로써 친밀감을 형성한다.

[3] 활동 자료 : 해, 달, 별 패턴 그림 카드

[4] 활동 방법

(1) 도입

해, 달, 별의 모양에 대해 이야기한다.

(2) 전개

① 패턴판 그림 자료를 코팅한다.
- 해, 달, 별 그림 카드를 코팅한 후 뒷면에 찍찍이를 붙인다.
- 기본 판을 코팅한 후 뒷면에 우드락을 덧대고 앞면에 보들이를 붙인다.

② 카드를 붙여 놓은 패턴판을 보여 주면서 대화를 나눈다.

③ 패턴판을 보면서 기본 판에 해, 달, 별 그림 카드를 배치해 본다.
- 패턴판에 어떤 순서로 그림이 있나요?
- 순서대로 기본 판에 놓았나요?

④ 패턴판의 중간에 있는 그림 카드를 뺀 후 어떤 그림 카드를 놓아야 하는지 이야기한다.
- 어떤 모양의 그림 카드를 빼볼까요?
- 그림 카드를 뺀 후에 어떤 것들이 남았나요?
- 패턴대로 그림 카드가 맞았는지 확인해 볼까요?

(3) 마무리 및 평가

순서대로 놀이를 한 후 정리한다.
- 패턴놀이의 어떤 점이 재미있었나요?
- 그림 카드가 순서에 잘 맞았나요?

10) 항공교통과 육상교통

[1] 대상 연령 : 만 4세

[2] 활동 목표

- 여러 종류의 교통수단을 이해한다.
- 항공교통과 육상교통을 분류할 수 있다.

[3] 활동 자료

하늘 그림판, 땅 그림판, 하늘을 나는 교통수단 그림 카드, 땅 위를 다니는 교통수단 그림 카드

[4] 활동 방법

(1) 도입

항공교통과 육상교통에 대해 이야기한다.

- 하늘을 나는 교통수단에는 무엇이 있을까요?
- 땅 위를 다니는 교통수단에는 무엇이 있을까요?

(2) 전개

하늘을 나는 교통수단은 하늘 그림에, 땅 위를 다니는 교통수단은 땅 그림에 각각 분류하여 붙인다.

- 하늘을 나는 탈것을 모아 볼까요?
- 땅 위를 다니는 탈것을 모아 볼까요?
- 분류하여 판 위에 붙여 보아요.

(3) 마무리 및 평가

판 위에 분류한 그림 카드를 읽어 본 후 정리한다.

[5] 기타 사항

여러 명의 친구들이 나와 비행기, 자동차, 기차, 제트기가 되어 가장 빠른 순서대로 도착점에 도착할 수 있도록 신체 표현 활동으로 확장할 수 있다.

11) 고유 음식 상차리기

[1] 대상 연령 : 만 4세

[2] 활동 목표

- 우리나라의 음식 문화에 관심을 갖는다.
- 규칙을 지켜 게임에 참여하면서 사회성을 기른다.

[3] 활동 자료 : 밥상 차리기용 음식 그림

[4] 활동 방법

(1) 도입

밥상 그림에 있거나 평소에 먹는 우리나라 음식들에 대해 이야기한다.

- 엄마가 차려 주시는 음식의 종류로는 무엇이 있나요?
- 좋아하는 음식이나 반찬은 무엇인가요?
- 우리나라 고유의 음식과 외국에서 들어온 음식에 대해 알아볼까요?

(2) 전개

① 밥상 차리기 게임판을 보며 대화를 나눈다.
- 반찬의 종류가 몇 가지인가요?
- 상차리기놀이는 어떻게 하는 활동일까요?

② 밥상 그림을 하나씩 나눠 갖는다.
- 우리나라 고유의 음식과 외국의 음식을 구별할 수 있나요?

③ 순서를 정하고 돌림판을 돌린다.
④ 돌림판을 돌려 우리나라 음식이 나왔을 때만 밥상에 음식을 올릴 수 있다.
⑤ 준비된 우리나라 음식을 모두 다 올려 밥상을 차린 유아가 이긴다.

(3) 마무리 및 평가

상차리기 활동을 마친 후 자리를 정리한다.

• 우리가 먹는 밥상에는 어떤 고유의 음식들이 있었나요?
• 친구들이 좋아하는 음식들은 무엇인가요?

12) 곡식옮기기놀이

[1] 대상 연령 : 만 4세

[2] 활동 목표

- 옮기는 활동을 통해 눈과 손의 협응력을 기른다.
- 손가락의 조작을 통해 소근육이 발달한다.
- 집중력과 지각력이 발달한다.

[3] 활동 자료

플라스틱 접시 두 개, 옮길 재료(검정콩 · 은행 · 쌀 · 공깃돌), 숟가락, 젓가락

[4] 활동 방법

(1) 도입

준비된 재료에 대해 이야기한다.

- 곡식의 이름을 알아볼까요?
- 콩, 은행, 쌀을 본 적이 있나요?

(2) 전개

① 친구들과 활동에 필요한 재료들을 살펴본다.

② 교사가 숟가락과 젓가락을 사용하여 왼쪽 접시에 있는 콩을 오른쪽 접시로 옮기는 시범을 보인다.

- 선생님이 시범을 보여 줄게요.
- 숟가락과 젓가락으로 접시의 콩을 옮겨 볼까요?

③ 유아들이 숟가락과 젓가락을 사용하여 접시에 있는 재료를 다른 접시로 옮기도록 한다.

④ 먼저 숟가락으로 크기가 작은 재료부터 옮긴다(쌀 ⇨ 검정콩 ⇨ 은행 ⇨ 공깃돌).

⑤ 숟가락으로 모든 재료를 옮긴 유아는 젓가락을 사용하여 이번에는 크기가 큰 재료부터 옮긴다(공깃돌 ⇨ 은행 ⇨ 검정콩 ⇨ 쌀).

(3) 마무리 및 평가

숟가락과 젓가락을 잘 사용한 후 곡식을 제자리에 정리한다.

13) 곤충 그림 패턴판

[1] 대상 연령 : 만 5세

[2] 활동 목표

패턴을 이해하고 다음 순서를 예측하여 그림을 맞춘다.

[3] 활동 자료 : 패턴판, 곤충 그림

[4] 활동 방법

(1) 도입

다양한 곤충 그림을 보여 주면서 대화를 나눈다.

- 그림 중에 알고 있는 곤충이 있나요?
- 그림 속 곤충의 생김새와 특징을 이야기해 볼까요?

(2) 전개

① 곤충 그림이 그려진 패턴판을 보며 패턴을 익힌다.

② 비어 있는 패턴판에 다음으로 올 곤충 그림을 예측하여 붙인다.

③ 그림과 글자가 같이 맞았는지 확인한다.

④ 곤충의 먹이와 곤충이 사는 곳을 이야기하며 맞춰 본다.

(3) 마무리 및 평가

곤충 그림 패턴판을 완성한 후 정리한다.

- 곤충의 그림과 글자가 맞는지 확인했나요?
- 그림 속 생김새로 먹이가 연상되는 곤충이 있나요?

Chapter 11

물놀이와 모래놀이

1 | 물놀이 · 모래놀이의 교육적 가치
2 | 물놀이 · 모래놀이의 발달 특징
3 | 교사의 역할과 지도 시 유의점
4 | 실제 활동

CHAPTER 11

물놀이와 모래놀이

물과 모래는 유동적이고 융통성이 있는 재료로서 비구조적이며 형태가 정해져 있지 않고 독특한 감촉을 느낄 수 있는 자연물이다. 그러한 특징으로 인해 영유아들이 긴장을 풀고 마음이 안정되며, 실수에 대한 스트레스를 느끼지 않아 놀이 시 큰 만족감을 느끼는 이상적인 놀잇감이다. 특히 물은 무정형의 성질로 마음대로 변형시키며 실험할 수 있고 비우기, 채우기, 붓기, 쏟기 등의 활동으로 만족감을 얻을 수 있다. 모래 역시 쌓고, 파고, 붓고, 쏟는 자유로운 탐색 활동을 통해 영유아의 신체를 발달시키고 정서를 이완하며 수학적 · 과학적 개념을 형성하여 전인 발달을 증진시키는 이상적인 재료다(오연주 외, 2007).

1. 물놀이 · 모래놀이의 교육적 가치

물은 다양한 연령층의 영유아가 언제 어디서나 쉽게 다룰 수 있고 놀이에 이용할 수 있는 매력적인 매체다. 모래 또한 물과 함께 영유아에게 가장 친숙하고 인기 있는 놀이 중의 하나다. 영유아는 손으로 모래를 만지고 쌓으면서 창의적으로 다양한 구성놀이를 할 수 있다. 특히 물과 함께 제공될 때 놀이의 내용과 방법은 훨씬 더 확장될 수 있다. 물놀이 · 모래놀이의 교육적 가치는 다음과 같다.

(1) 정서적 안정

물놀이 · 모래놀이는 부담 없이 활동에 몰두할 수 있어 위축되거나 소심한 영유아에게 정서적 안정감을 주며, 불안 · 불만 · 긴장 · 공격성 등이 해소되면서 성취감과 만족감을 느껴 자유롭게 감정을 표현할 수 있다.

(2) 수학적 · 과학적 원리와 개념 습득

여러 종류의 용기에 물을 붓고 옮기는 과정에서 물의 성질 및 이동을 이해하고 보존 및 측정 능력이 증진된다. 모래를 담아 형태를 인지하고 젖은 모래와 마른 모래의 성질, 무게, 촉감의 차이를 느껴 보는 활동을 통해 수학적 · 과학적 원리와 개념도 발달한다.

(3) 창의성과 문제 해결 능력 촉진

마음대로 변형할 수 있는 물과 모래의 고유한 특성으로 인해 영유아는 자유롭게 다양한 자신만의 놀이를 창안할 수 있다. 이러한 놀이를 반복함으로써 창의성이 증진된다. 또 놀이 과정에서 겪는 수많은 시행착오를 통해 융통성이 발달하고 이를 통해 문제 해결 능력이 향상된다.

(4) 사회성 발달

물놀이 · 모래놀이는 혼자 해도 신 나고 즐겁지만 다른 친구들과 협동할 때 놀이가 더 재미있게 확장되고 전개될 수 있다. 이렇게 또래와 함께 놀이를 하면서 주제와 전략도 의논하게 되고, 친구들과 오랫동안 잘 놀기 위해 안전 규칙을 지키게 되므로 사회적 기술이 발달한다.

(5) 대소 근육 발달

물을 이곳저곳으로 옮기고 붓고 휘저으며, 삽으로 모래를 푸고 옮겨 담고 모래 틀로 찍는 등의 놀이를 통해 눈과 손의 협응력 및 대소 근육이 발달한다.

2. 물놀이 · 모래놀이의 발달 특징

1) 연령별 발달 특징

표 11-1 물놀이 · 모래놀이의 연령별 발달 특징

연령	물놀이 · 모래놀이의 내용과 자료 제공
1~2세	• 함께 어울리기보다는 혼자놀이를 하는 시기이므로 개인용 물놀이대, 물통, 모래놀이대를 준비한다. • 물을 많이 흘리고 튀길 수 있기 때문에 놀이대 밑에 수건을 깔아 놓는다.
3세	• 만 3세를 위한 물놀이대와 모래놀이대의 높이는 50~55cm가 적당하다. 개인용 놀이대를 준비하면 좋다. • 탐색놀이를 좋아하는 시기이므로 가능하면 여러 모양의 그릇, 국자, 체, 삽, 모양틀을 다양하게 제공한다. • 물놀이 시 고무 인형, 고무공 등 놀이에 적합한 놀잇감을 제공한다.
4세	• 만 4세를 위한 물놀이대와 모래놀이대의 높이는 55~60cm가 적당하며, 또래와 함께 사용할 수 있도록 제작한다. • 물의 양을 측정할 수 있는 도구, 물줄기의 변화를 볼 수 있는 구멍 뚫린 플라스틱 통, 뜨고 가라앉는 원리를 이해할 수 있는 물건 등을 제공한다. • 모래놀이에 필요한 나무 인형, 소꿉놀이 세트, 음식 모형, 플라스틱 블록 등을 제공하여 역할놀이를 함께 해볼 수 있도록 지원한다.
5세	• 만 5세를 위한 물놀이대와 모래놀이대의 높이는 60~65cm가 적당하다. • 다양한 실험 도구를 준비하여 물 보존의 차이, 물에 녹는 것과 녹지 않는 것, 부력 알기 등 물을 이용한 실험을 해본다. • 물과 모래 영역에서 낚시놀이, 돛단배놀이, 물컵 전달하기, 모래 운반하기, 수로놀이 등을 할 수 있도록 게임 자료를 제공한다.

2) 놀잇감의 종류

물놀이 · 모래놀이는 실내와 실외에서 모두 가능하다. 고정적이기보다는 교육 과정의 활동과 날씨 변화 등에 따라 다양하게 놀잇감을 준비할 수 있다. 실내의 경우 모래놀이 영역을 통행이 드문 곳에 배치하고 바닥에 비닐 깔개를 깔아 미끄럼을 방지해야 하며, 실외에서는 모래밭으로 꾸미거나 모래 상자를 사용하여 햇볕이 잘 들

고 배수가 잘되는 장소에 구성한다. 물놀이는 날씨가 더워지면 실외로 나가서 할 수 있으며, 수도가 가깝고 물이 잘 빠지면서 쉽게 마를 수 있는 잔디밭이나 콘크리트 바닥이 적합하다.

물놀이 · 모래놀이의 놀잇감을 선택할 때는 안전성과 내구성을 고려해야 하며 녹슬지 않는 재료로 만든 것을 고른다. 물놀이 · 모래놀이의 기본 장비와 주요 소품은 다음과 같다(박찬옥 외, 2005 ; 김수영 외, 2012).

(1) 물놀이 놀잇감

① 기본 장비

이동식 물놀이대(50~60cm 높이)와 물통(아기 욕조, 수조, 플라스틱 대야), 비닐, 앞치마 또는 방수 가운, 토시

② 놀이 도구

다양한 크기(용량)와 모양의 그릇들(플라스틱 그릇, 물컵, 주전자, 계량컵, 플라스틱 바구니, 바가지, 채 등), 세탁 및 목욕 도구(고무 인형, 손수건, 인형, 옷, 비누, 빨래판, 수세미)

③ 실험 도구

- 물에 뜨거나 가라앉는 물건들 : 스펀지, 나무토막, 돌멩이, 열쇠 등
- 여러 모양의 구멍 뚫린 그릇들 : 군데군데 다양한 크기와 모양으로 구멍이 뚫린 플라스틱 용기, 샴푸통, 케첩통, 샤워기 등
- 색 혼합 및 거품 재료 : 식용 물감, 중성 세제, 거품기, 나무젓가락 등
- 기타 : 바늘 없는 주사기, 플라스틱 또는 고무 스포이트, 물총, 페인트용 붓, 압축기, 물레방아 등

(2) 모래놀이 놀잇감

① 기본 장비

모래 상자, 모래 책상, 깨끗한 모래, 모래놀이 기구 보관용 상자

② 측정용 자료

저울, 계량컵, 주걱, 큰 숟가락, 깔때기

③ 탐색용 자료

돋보기, 자석, 물뿌리개, 모래 체, 모래 삽

④ 건설용 자료

포클레인, 덤프트럭, 운반차, 삽, 유아용 괭이와 양동이, 갈퀴, 펌프기, PVC 호스, 다양한 크기와 길이의 PVC 파이프(L자형 · T자형 · I자형), 대형 비닐 호스

⑤ 소꿉놀이 자료

여러 가지 부엌용품(냄비 · 컵 · 접시 등), 여러 가지 모양 틀과 모양 컵, 다양한 크기(용량)와 모양의 통

⑥ 교통놀이 자료

작은 배와 작은 자동차, 트럭

⑦ 기타

나뭇가지, 나뭇잎, 돌, 떨어진 꽃잎 등 자연물

3. 교사의 역할과 지도 시 유의점

1) 교사의 역할

물놀이 · 모래놀이를 할 때는 사고의 위험을 방지하기 위해 영유아에게 안전 수칙을 충분히 설명한 후 놀이에 참여할 수 있도록 지도해야 한다.

(1) 욕구 발산의 기회 제공

물놀이 · 모래놀이를 통해 영유아가 자신의 욕구를 자연스럽게 발산할 수 있는 기회를 제공한다. 물과 모래라는 재료는 특별히 정해진 형태가 없기 때문에 영유아도 정형화된 틀에서 벗어나 자신이 놀고 싶은 방법대로 놀이를 주도하며 자유롭게 즐길 수 있다. 특히 고정된 형태의 놀잇감은 결과적인 측면이 강조되지만 무형의 물과 모래는 과정적인 측면이 강조되므로 영유아가 놀이 활동 그 자체에 몰입하게 된다. 더욱이 물과 모래의 특성상 실수나 실패를 바로 수정하고 변경할 수 있기 때문에 영유아는 스트레스를 받지 않으면서 자신의 욕구를 충분히 발산할 수 있다. 그러므로 교사는 영유아가 개별적인 흥미와 관심에 따라 물놀이 · 모래놀이를 주도하도록 지도하고, 이러한 시간을 통해 영유아에게 자연스럽게 욕구를 발산할 수 있는 기회를 제공해야 한다.

(2) 규칙의 설명과 주의 깊은 관찰

놀이의 규칙과 함께 위험한 상황이 발생하지 않도록 안전에 대해 충분히 설명한다. 심하게 물이나 모래를 뿌리며 장난하거나 다치는 일이 없도록 주의를 주고 우발적인 사고에 미리 대처할 수 있도록 놀이 상황을 주의 깊게 관찰해야 한다.

(3) 격려와 대화 유도

놀이가 확장되도록 격려하고 적절한 질문과 대화를 유도한다. '웅덩이를 만들어 무엇을 할 건가요? 여기에 물을 넣으면 어떻게 될까요? 모래가 마르니 무너져 버리네요. 어떻게 하면 좋을까요?' 등의 질문과 대화를 유도하여 영유아가 단계적으로 놀이를 확장할 수 있도록 격려한다.

(4) 놀잇감 정리

놀잇감과 도구들은 영역 안에서만 사용하고 활동이 끝나면 제자리에 정리하도록 지도한다.

2) 지도 시 유의점

① 놀이용품은 적당한 종류와 수만큼 나눠 준다. 교육기관에 비치된 것들을 한꺼번에 배부하지 말고 생활 주제나 영유아의 발달 수준에 맞게 지정하거나 교대로 놀이를 할 수 있도록 조절하여 제공한다.

② 계절에 맞게 실내외 환경을 구성한다. 날씨가 추울 때는 실내에 장소를 마련한 후 따뜻한 물과 함께 아기 욕조나 큰 플라스틱 대야 등을 준비하고 이동용 모래놀이대를 설치하여 물놀이 · 모래놀이를 자유롭게 할 수 있도록 지원한다.

③ 놀이를 시작하기 전에 복장을 준비한다. 옷이 젖거나 젖은 모래가 튀지 않게끔 비닐 앞치마와 장화를 착용하고 소매를 걷어 올리도록 지도한다. 실외에서 물놀이를 할 경우에는 수영복을 입고 자유롭게 놀 수 있도록 미리 옷과 수건 등을 준비한다.

④ 놀이 도구나 소품을 수시로 점검한다. 파손되거나 고장 난 것이 있는지 틈틈이 살펴서 영유아가 다치지 않고 제대로 사용할 수 있도록 주의를 기울인다.

4. 실제 활동

1) 모래로 케이크 만들기

[1] 대상 연령 : 만 1세

[2] 활동 목표

- 소근육이 발달한다.
- 모래와 자연물을 이용하여 케이크를 꾸며 본다.

[3] 활동 자료 : 여러 모양의 그릇, 자연물(나뭇잎과 작은 나뭇가지들)

[4] 활동 방법

(1) 도입

다양한 모양의 케이크 사진들을 보여 주면서 대화를 나눈다.

- 케이크는 언제 보았나요?
- 사진 속의 케이크들은 어떤 모양인가요?

(2) 전개

① 그릇에 모래를 담아 모양 찍기를 한다.
② 여러 모양의 그릇으로 찍어 낸 모래에 자연물을 꽂아 케이크처럼 장식한다.
  - 나뭇잎을 이용하여 케이크를 꾸며 볼까요?
  - 나뭇가지로 초를 만들었군요!
③ 케이크를 완성한 후 친구들과 함께 생일축하놀이, 케이크가게놀이를 한다.

(3) 마무리 및 평가

친구들이 만든 케이크를 허락 없이 부수지 말고 함께 꾸며 본 후 정리한다.
- 모래를 긁어모아 손으로 케이크를 만들어 보니 어떤가요?
- 모래에 물을 뿌리고 통으로 찍는 활동을 통해 케이크를 만들어 보니 어떤 느낌인가요?
- 케이크놀이의 어떤 점이 재미있었나요?

[5] 기타 사항

모래에 물을 뿌려 그릇이나 통에 담아 찍기 활동을 할 때 모양이 잘 나올 수 있도록 도와준다.

2) 자동차놀이

[1] 대상 연령 : 만 2세

[2] 활동 목표

- 트럭 위에 모래를 담고 다른 곳으로 옮겨 본다.
- 창의적인 표현력과 구성력을 기른다.

[3] 활동 자료 : 트럭, 모래, 소품

[4] 활동 방법

(1) 도입

트럭 놀잇감을 주고 탐색해 본다.

- 이 차의 이름은 트럭이라고 해요. 무거운 물건을 나르는 자동차예요.
- 이런 트럭을 본 적이 있나요?
- (짐칸을 가리키며) 물건을 담을 수 있는 넓은 공간도 있네요.

(2) 전개

① 놀잇감에 모래를 담아 움직여 본다.

- 모래가 가득 담겨 트럭이 무거워졌어요.
- 모래가 새어 나와 흐르지 않도록 천천히 밀어 볼까요?

② 다른 도구를 사용하여 트럭에 모래를 담아 본다.

- 삽으로 모래를 담아 볼까요?
- 어때요? 잘 담기나요?
- 누구의 자동차에 모래가 많이 담겼나요?

③ 트럭에 모래를 담고 이동해 보면서 즐겁게 놀이를 한다.

(3) 마무리 및 평가

자동차놀이를 마친 후 소품을 제자리에 정리한다.

- 자동차에 모래를 얼마나 담았나요?
- 자동차에 모래를 담고 놀아 보니 어떤가요? 재미있나요?
- 다음에는 돌멩이도 준비하여 함께 담아 놀이를 해보아요.

3) 화단에 물을 줘요!

[1] 대상 연령 : 만 2세

[2] 활동 목표

- 식물에 관심을 갖는다.
- 물의 흐름을 이해하고 특성을 탐색한다.

[3] 활동 자료 : 물, 분무기, 물뿌리개

[4] 활동 방법

(1) 도입

실외 활동을 하기 전에 화단에 물을 주는 이유에 대해 이야기한다.

- 친구들은 목이 마를 때 어떻게 하나요?
- 밖에서 햇볕을 받고 있는 꽃과 나무를 시원하게 해주는 방법은 무엇이 있을까요?

• 화단에 물을 주려면 무엇이 필요할까요?

(2) 전개

① 꽃과 나무 등 식물에 물을 준다.

• 물뿌리개에 물을 담았나요?

• 꽃에 물을 주고 있군요!

• 나무에도 물을 줄까요?

② 물을 준 후의 느낌을 표현해 본다.

• 물을 마신 꽃의 기분이 어떨까요?

• 꽃과 나무가 정말 시원하겠어요!

• 꽃과 나무에 물을 주니 기분이 어떤가요?

(3) 마무리 및 평가

옷이 젖지 않도록 조심하면서 화단에 물을 주고 빠진 곳이 없는지 둘러본 후 정리한다.

[5] 주의 사항

물을 따라 줄 때 신발이 젖지 않도록 주의하고, 도움이 필요한 경우 교사가 함께 활동한다.

4) 모래담기놀이

[1] 대상 연령 : 만 2세

[2] 활동 목표

- 모래의 특성을 감각으로 느끼고 탐색한다.
- 소근육 운동 능력이 발달한다.

[3] 활동 자료 : 모래를 담을 다양한 소품, 숟가락, 작은 삽

[4] 활동 방법

(1) 도입

실외 환경을 탐색하며 모래 위를 걸어 보고 모래를 쌓아 본다.

(2) 전개

① 모래를 손으로 만지고 쥐어 보거나, 숟가락 또는 작은 삽으로 파고 뜨면서 자유롭게 탐색한다.
  • 손으로 모래를 만져 보니 느낌이 어떤가요?
  • 부드럽게 느껴지나요? 까끌까끌하기도 한가요?

② 영아가 자신의 방법대로 반복해서 몰두할 수 있도록 도구를 충분히 준비해 준다.
  • 모래를 숟가락으로 떠서 그릇에 담으려 하는군요!
  • 모래를 그릇에 담으니 그릇의 모양에 따라 여러 가지 형태가 되는군요!
  • 무엇을 만들고 있나요?

③ 여러 가지 모양의 소품들에 모래를 담아 보고, 젖은 모래도 사용해 본다.

④ 모래를 삽질하여 뜨거나 통에 담아 본다.

(3) 마무리 및 평가

놀이를 마친 후 소품들을 제자리에 정리한다.

- 교실로 들어갈 때 옷을 잘 털고 놀이 도구들을 제자리에 정리해요.
- 모래를 재미있게 통에 잘 담았나요?
- 통을 뒤집으니 어떤 모양이 만들어졌나요?
- 눈이나 옷에 모래가 튀지 않도록 조심해요.

[5] 기타 사항

모래를 만져 본 적이 없는 영아는 처음에 거부감을 느낄 수 있으므로 먼저 시범을 보여 자연스럽게 접근할 수 있도록 지도한다.

5) 두꺼비집 만들기

[1] 대상 연령 : 만 3세

[2] 활동 목표

- 모래의 성질을 탐색하고 이해한다.
- 모래로 하는 놀이에 즐겁게 참여한다.

[3] 활동 자료 : 모래, 물, 자연물

[4] 활동 방법

(1) 도입

두꺼비집 노래를 배워서 불러 본다.

(2) 전개

① 모래를 만지면서 느낌을 탐색하고 마른 모래와 촉촉한 모래의 달라진 느낌을 이야기한다.

- 모래를 손으로 만져 보니 어떤 느낌인가요?
- 모래에 물을 부었더니 마른 모래와 어떤 점이 달라졌나요?

② 교사가 전래 동요 '두껍아 두껍아'를 부르며 두꺼비집을 만드는 시범을 보인다.

- 두꺼비집을 튼튼하게 만들려면 어떻게 해야 할까요?

③ 모래가 충분히 단단해지면 모래 속에 넣었던 손을 뺀다.

- 손을 빼니 모래 밑에 무엇이 생겼나요?

④ 유아들과 함께 두꺼비집을 짓는다.

- 모래가 무너지지 않게 조심하면서 두꺼비집을 만들어 보아요.

(3) 마무리 및 평가

두꺼비집을 지은 후 모래가 묻지 않도록 옷을 점검하고 손을 깨끗이 씻는다.

- 어떻게 하면 두꺼비집을 튼튼하고 깊게 팔 수 있을까요?

[5] 기타 사항

전래 동요를 친숙하게 접할 수 있도록 놀이 활동 시간에 교실에서 배경 음악으로 틀어 준다.

6) 마요네즈통 물총놀이

[1] 대상 연령 : 만 3세

[2] 활동 목표

- 소근육 운동 능력이 발달한다.
- 욕구 조절 능력이 발달한다.

[3] 활동 자료

튜브(마요네즈나 케첩 빈 통), 유성 매직, 송곳, 물통(대야), 신 나는 음악

[4] 활동 방법

(1) 도입

미리 가정에 연락하여 마요네즈 등의 빈 통을 깨끗이 씻어서 가져오도록 전달한다.

• 준비한 빈 용기에 매직으로 자유롭게 그림을 그려 볼까요?

(2) 전개

① 마당에 큰 물통을 준비하여 물을 가득 담아 놓는다.

② 물로 놀이를 하기 때문에 바닥이 미끄러워 다칠 수 있으므로 물놀이에 대한 안전 수칙을 설명한다.

• 친구의 얼굴에 물을 뿌리면 다칠 수 있으니 조심해요.

• 마당이 물로 인해 미끄러울 수 있으니 넘어지지 않도록 조심해요.

③ 마요네즈통에 작은 구멍을 여러 개 뚫고 물통의 물을 담는다.

• 마요네즈통을 눌렀을 때 물이 어떻게 나오나요?

④ 빈 통을 이용하여 만든 마요네즈 물총으로 신 나게 놀이를 한다.

(3) 마무리 및 평가

옷이 젖을 수 있으므로 여벌의 옷과 수건을 준비하여 정리한다.

- 튜브에서 물이 어떻게 나오나요?
- 세게 눌렀을 때와 약하게 눌렀을 때 물줄기가 어떻게 다른가요?
- 옷이 젖었으면 준비한 옷으로 갈아입고 정리해요.

7) 호수 만들기

[1] 대상 연령 : 만 3세

[2] 활동 목표

- 소근육이 발달한다.
- 물의 성질을 이해한다.
- 호수의 모양을 관찰한다.

[3] 활동 자료 : 모래(흙), 물, 삽, 기타 자연물

[4] 활동 방법

(1) 도입

호수 사진을 보여 주면서 대화를 나눈다.

- 호수를 본 적이 있나요?
- 사진 속의 호수는 어떤 모습인가요?

(2) 전개

① 모래와 물을 준비한다.

- 호수를 만들려면 모래를 어떻게 해야 할까요?
- 모래를 양쪽으로 밀어 올려 가운데 부분을 움푹하게 만들어 볼까요? 움푹한 공간 안에 물을 담아 볼까요?
- 밖으로 흘리지 않도록 조심하면서 물을 부어 볼까요?

② 물을 담아 만든 호수 위에서 다양한 장난감을 가지고 놀이를 즐긴다.

- 호수 주변을 나뭇가지, 나뭇잎, 돌멩이를 이용하여 꾸며 보아요.

(3) 마무리 및 평가

호수에 물을 넣고 다양한 놀이를 한 후 정리한다.

- 호수에 물을 넣으니 어떻게 되었나요?
- 호수를 만드는 놀이의 어떤 점이 재미있었나요?

[5] 기타 사항

서로 교대로 물을 넣어 보고 자연물을 이용하여 호수 주변을 꾸밀 수 있도록 지도한다.

8) 물실로폰놀이

[1] 대상 연령 : 만 4세

[2] 활동 목표

- 컵 속에 담긴 물의 양에 따른 소리의 차이를 안다.
- 눈과 손의 협응력을 기른다.

[3] 활동 자료 : 물, 유리컵, 물감, 붓, 젓가락

[4] 활동 방법

(1) 도입

실로폰 사진을 보여 주면서 대화를 나눈다.

- 실로폰으로 악기놀이를 한 적이 있나요?
- 사진 속의 실로폰은 어떤 모양인가요?

(2) 전개

① 유리컵 여덟 개를 나란히 놓고 물의 양을 달리하여 물실로폰을 만든다. 이때 각각의 유리컵에 서로 다른 색의 물감을 넣는다.

② 어떤 소리가 나는지 젓가락으로 두드려 본다.

- 어떤 소리가 나나요?
- 가장 높은(낮은) 소리는 어떤 컵인가요?
- 물이 점점 많아질수록 소리가 어떻게 변하나요?
- 이 소리는 실로폰에서 어떤 소리와 비슷한가요?

③ 물실로폰을 연주한다.

(3) 마무리 및 평가

실로폰 연주에 쉽게 적용할 수 있도록 색깔 악보를 만들어 준다.

- 물높이에 따라 어떻게 소리가 다른가요?
- 물실로폰놀이의 어떤 점이 재미있었나요?

[5] 주의 사항

유리컵이 깨지지 않도록 조심해서 다룬다.

9) 물장구치기

[1] 대상 연령 : 만 4세

[2] 활동 목표

- 즐겁게 물장구치기를 한다.
- 긴장감을 해소한다.

[3] 활동 자료 : 야외 풀(수영장 세트)

[4] 활동 방법

(1) 도입

수영장에 간 경험에 대해 이야기한다.

- 수영장에 간 적이 있나요? 수영장에서 무엇을 했나요?
- 더운 여름날에는 어떤 놀이를 하면 시원할까요?
- 수영장에서 조심해야 할 안전 수칙은 무엇일까요?
- 미끄러지지 않도록 뛰지 말고 조심해서 다녀요.

(2) 전개

① 수영복으로 갈아입고 물이 담긴 얕은 풀장에 들어간다.

- 풀장에 물을 담아 놓았네요. 함께 물속에 들어가 볼까요?
- 물속에 들어가니 시원한가요? 물속에 앉아 볼까요?

② 물장구를 치며 친구들과 재미있게 물놀이를 한다.

③ 물속으로 들어가 여러 가지 물놀이 도구를 가지고 놀이를 한다(튜브 · 공 등).

(3) 마무리 및 평가

물놀이를 마친 후 옷을 갈아입고 도구들을 정리한다.

• 물놀이의 어떤 점이 재미있었나요?

• 안전 수칙을 잘 지켰나요?

[5] 기타 사항

물놀이 안전 수칙을 잘 설명하여 미끄러지거나 다치지 않도록 지도한다.

10) 내가 만든 온도계

[1] 대상 연령 : 만 5세

[2] 활동 목표

- 온도계 모형을 만들 수 있다.
- 따뜻할 때는 수치가 올라가고 차가울 때는 내려가는 온도계의 원리를 이해한다.

[3] 활동 자료

투명한 작은 병과 빨대를 끼운 마개, 색소(빨간색), 수조 두 개, 찬물, 뜨거운 물, 테이프, 흰색 아크릴판(10×2.5~3cm)

[4] 활동 방법

(1) 도입

온도계의 사진을 보여 주면서 대화를 나눈다.

• 사진 속의 온도계는 어떤 모양인가요?

• 온도계는 왜 필요할까요?

• 온도계의 특징은 무엇일까요?

(2) 전개

① 병 속에 빨간색의 찬물을 적당히 넣고 빨대를 끼운 마개로 병 입구를 꼭 막는다.

② 흰색 아크릴판에 똑같은 간격으로 10등분하여 0, 10, 20, 30과 같이 10 단위로 100까지 쓰고 테이프로 빨대를 고정시킨다.

③ 수조 두 개에 각각 찬물과 뜨거운 물을 준비한다.

④ 위 ②번을 각각의 수조에 바꿔서 넣어 본 후 빨간 물의 위치가 달라지는 것을 관찰한다.

• 찬물 수조에 병을 넣었을 때 빨간 물의 위치가 어떻게 달라지나요?

• 뜨거운 물 수조에 병을 넣었을 때는 어떻게 달라지나요?

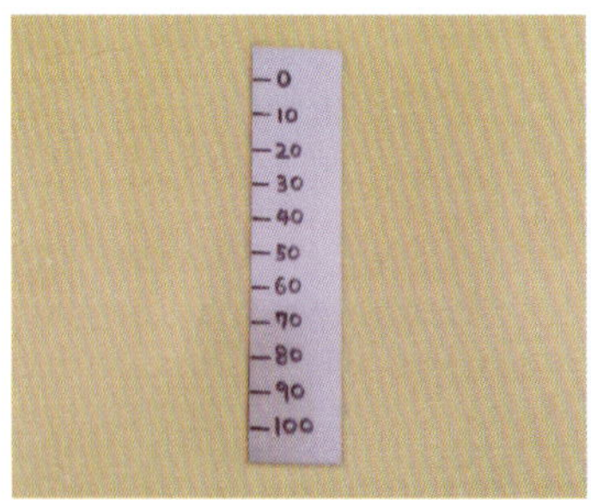

(3) 마무리 및 평가

온도계는 열을 얻으면 액체의 부피가 늘어나기 때문에 병 속의 빨간 물이 위로 올라간다는 원리를 이해한다.

• 물의 온도에 따라 병 속 빨간 물의 위치가 어떻게 달라지나요?
• 온도계 실험놀이의 어떤 점이 재미있었나요?

[5] 주의 사항

• 눈금이 그려진 병은 마개를 이용하여 닫았을 때 꼭 닫혀야 한다.
• 뜨거운 물을 사용할 때 조심할 것을 당부하고 주의를 기울인다.

11) 물에 배 띄우기

[1] 대상 연령 : 만 5세

[2] 활동 목표

■ 빈 우유갑으로 배를 만들어 물놀이를 즐긴다.
■ 입체 구성 능력을 기른다.

[3] 활동 자료 : 물, 빈 우유갑 배

[4] 활동 방법

(1) 도입

실내 활동 시 미리 빈 우유갑을 준비하여 배를 만들어 놓는다.

• 우유갑으로 배를 만들어 볼까요?

(2) 전개

① 물놀이대에 각자 만든 우유갑 배를 띄워 본다.
  • 물놀이대에 우유갑 배를 띄워 볼까요?
  • 우유갑 안에 물이 들어가지 않도록 조심해서 띄워 보아요.
② 우유갑 배를 여러 방향으로 움직여 본다.
  • 손으로 살살 배를 저어서 여러 방향으로 움직여 볼까요?
  • 다른 친구들의 배가 망가지지 않도록 조심해서 저어 보아요.
③ 우유갑 배 안에 물을 가득 담아 본다.

- 배에 물을 담으니 어떻게 되나요?
- 배가 뜨고 가라앉는 이유는 무엇일까요?

(3) 마무리 및 평가

물에서 배들을 꺼내 물기를 제거한 후 차곡차곡 정리한다.

- 어떤 점이 재미있었나요?
- 놀이를 하면서 아쉽거나 불편한 점은 없었나요?
- 다음에는 다른 용기를 이용하여 놀이를 해보아요.

[5] 기타 사항

우유갑 외에도 요구르트 병이나 플라스틱 용기와 같은 다양한 재료(재활용품)를 활용하여 배를 만들어 본다.

Chapter 12

실외놀이

1 | 실외놀이의 교육적 가치
2 | 실외놀이의 발달 특징
3 | 교사의 역할과 지도 시 유의점
4 | 실제 활동

CHAPTER 12

실외놀이

영유아는 실외놀이를 통해 몸과 마음과 영혼이 건강해진다. 답답한 실내 환경에서 벗어나 넓은 공간에서 흙과 물과 돌, 그리고 풀과 벌레들을 벗 삼아 함께 뛰어 놀다 보면 몸도 튼튼해지고 마음과 영혼도 맑아진다. 실외의 자연 속에서 오감을 이용하여 보고, 듣고, 냄새 맡고, 만져 보면서 다양한 감각을 경험하고 학습도 할 수 있다. 각 연령대의 영유아와 같이 어울리면서 여유로운 인간관계를 맺을 수 있다는 점에서 사회성에도 긍정적인 영향을 미친다.

1. 실외놀이의 교육적 가치

실외놀이란 영유아가 활발하게 움직이며 탐색을 하는 놀이 활동으로, 바깥놀이라고도 한다. 실내와 실외의 균형 있는 활동은 영유아에게 보다 풍부한 경험을 제공하고 놀이의 발달 수준을 높일 수 있다.

영유아는 놀이를 하고자 하는 욕구가 생기면 실내외를 구별하지 않고 어느 곳에서나 놀이를 한다. 실외 공간은 생물체나 문화와의 교류가 빈번한 의욕적 학습 공간으로, 영유아가 실외에서 신선한 공기를 마시며 노는 것이 호흡기 감염을 감소시키고 병원균이 퍼지는 것을 억제하며 건강한 면역 체계를 유지하는 데 이롭다고 한다. 이처럼 실외 환경은 흥미 있고 다양한 놀이 기회를 제공하므로 영유아의 창의성과 학습, 그리고 성장 발달에 유익하다. 실외놀이의 교육적 가치는 다음과 같다.

(1) 자유로운 신체 활동

여러 가지 신체 활동을 자유롭게 해볼 수 있다. 실외놀이는 큰 기구들을 이용할 수 있고 좀 더 넓은 공간에서의 놀이가 가능하기 때문에 영유아의 신체 발달, 대근육과 소근육 발달, 친사회적 행동 발달을 도모할 수 있다. 탁 트인 장소, 신선한 공기, 자연과 더불어 여러 가지 놀이 기구에 기어오르고 매달리고 뛰어다니며 게임도 할 수 있는 곳이 실외놀이 공간이다.

(2) 풍부한 감각 경험

영유아에게 다양하고 풍부한 감각 경험을 제공한다. 영유아는 밖에서 놀면서 날씨의 춥고 따뜻함, 바람의 세기와 습도의 높고 낮음 등을 감각적으로 느낄 수 있으며 주변의 자연을 통해 다양한 촉감을 경험할 수 있다. 교실에서는 접하기 힘든 나무, 모래와 물, 돌 등의 자연물을 가지고 놀 수 있으며 소리, 냄새, 촉감 등의 감각적인 자극들을 광범위하게 느낄 수 있다. 이러한 새롭고 다양한 감각 경험은 영유아의 학습을 촉진하는 역할을 한다.

(3) 자연 학습

영유아에게 자연 학습의 기회를 제공한다. 즉 영유아는 실외놀이를 통해 자연을 직접 경험하고 학습한다. 자연은 영유아에게 보물 창고와 같다. 씨앗을 뿌리고 가꾸는 과정을 통해, 그리고 여러 종류의 나무와 꽃을 관찰하면서 식물에 대해 많은 것을 배운다. 꽃에 날아오르는 나비와 벌, 땅 위로 기어 다니는 개미와 지렁이, 여러 소리로 울어 대는 새들과 매미, 교육기관에서 사육하는 닭 · 오리 등 날짐승을 살펴보면서 곤충과 동물에 대해서도 학습한다. 계절의 변화에 따라 해와 그림자, 구름과 비, 바람과 폭풍우 등 자연 현상도 학습할 수 있으며 거리와 속도의 관계, 부피와 양의 측정 등을 실험할 수 있다.

(4) 다양한 사회관계 형성

실외에서는 영유아 간에 다양한 사회관계가 형성된다. 놀이 기구나 시설물을 함께 사용하기 위해 차례를 지켜야 하며, 때로는 놀잇감을 나눠 쓰기도 한다. 그네, 정글짐, 미끄럼틀에서는 서로 손을 잡아 주거나 밀어 주는 등 협동적인 놀이 경험을 한다. 영유아의 사회적 경험은 역할놀이를 통해 더욱 확대될 수 있다. 비좁은 실내에서와는 다른 종류의 확장된 역할놀이를 실외에서 하게 되며 이러한 놀이 경험을 통해 사회관계를 이해하게 된다.

(5) 휴식 제공

실외놀이 영역에는 영유아가 휴식을 취하고 싶을 때 쉴 수 있도록 왕래가 많지 않은 조용한 장소에 의자나 돗자리를 준비해 두어야 한다. 활발한 운동놀이를 한 뒤 자연 속에서 취하는 휴식은 영유아의 정서나 신체 발달에 꼭 필요하다.

(6) 즐거움 제공

실외놀이의 중요한 역할 가운데 하나는 영유아가 즐거움을 느끼게 하는 것이다. 실외놀이 환경은 자유를 누릴 수 있는 공간, 희망에 따라 다양한 탐색과 도전을 시도할 수 있는 공간, 발견의 기쁨을 제공하는 공간, 안전을 보장하는 공간이 되어야 그 속에서 영유아가 진정한 기쁨을 누리게 될 것이다.

2. 실외놀이의 발달 특징

1) 연령별 운동 능력의 발달 특징

(1) 영아기

영아는 움직이면서 배우고 성장한다. 머리를 드는 운동을 하면서 발달이 시작되는데, 이는 가르쳐서 되는 것이 아니라 목 근육이 강화되면서 이루어지는 것이다. 이러한 목 들기가 수행되면서 다음 단계인 윗몸을 들어 올리는 기술이 가능해진다. 영아는 이전 단계의 기술을 완전히 성취해야 다른 하나의 행동을 할 수가 있다. 보통 서기 전에 앉는 행동이 이루어지며, 걷기 전에 서는 행동이, 뛰기 전에 걷는 행동이 먼저 완성된다. 뛰어오르고 던지는 것과 같은 구체적인 기술들은 다양한 하위 단계의 능력을 거쳐 성숙한 신체적 능력들로 발전한다.

① 대근육 발달

대근육 활동은 몸통이나 팔다리를 움직이는 활동으로, 첫 한 해 동안 새로운 대근육 운동 기술들이 빠르게 발달한다. 대근육의 발달은 순서는 일정하나 시기는 2~4개월의 개인차가 있다.

대근육 운동 기술은 영아로 하여금 새로운 환경을 적극적으로 탐색하고 학습하는 여러 방식을 제시한다. 생후 1~2개월에는 턱을 들고 머리를 기댄 채 똑바로 버티기 시작하는데, 이때 똑바로 또는 옆으로 눕히거나 엎드리게 하는 등 다양한 자세를 취해 주면 발달이 촉진된다. 팔을 자극하면 '잡기 반사'를 보인다. 이때는 눈과 손의 협응이 이루어지고 한 물체에 초점을 맞출 수 있다. 청각은 보다 예민해지고 소리를 구별할 수 있다. 최초의 이동은 배를 밑으로 대고 엎드려 회전하는 것이다.

3개월이 되면 가슴을 똑바로 들고 체중을 팔꿈치로 지탱하며, 뒤집기를 한다. 발로 방바닥을 차고 몸이 머리 쪽으로 이동해 나간다. 눈으로 물체를 추적하고, 다른 물체로 시선을 옮길 수 있다. 소리에 반응하며, 음악 딸랑이를 즐긴다. 손을 가지고 놀며, 가까이 있는 물건을 집으면서 즐거워한다.

6개월이 되면 혼자 앉고 뒤집을 수 있다. 우유병도 혼자 쥘 수 있지만 아직까지는 수유 시에 잡아 주고 껴안아 줄 필요가 있다.

9개월이 되면 기어 다닐 수 있다. 자기 몸을 당겨 튼튼한 물건을 잡고 일어설 수도 있다. 손을 뻗치고 집어 올리기를 즐기며 팔의 움직임을 조절한다. 장난감놀이를 하며 눈과 손의 협응을 연습한다.

생후 12개월에는 걷기 시작하며, 세 개의 블록을 쌓아 올릴 수 있다.

18개월에는 앞으로, 뒤로, 옆으로 걸어 다닌다. 두 발로 점프하고, 기어오르고, 자주 쉬었다가 출발하면서 뛰고, 공을 서둘러 차고, 던지기를 할 수 있다. 리듬에 맞춰 손뼉 치기, 스카프나 리본 등을 이용하는 활동을 할 수도 있다. 블록 쌓기, 쏟기, 놀잇감 모아 놓기, 아무렇게나 그리기, 파기 등의 활동을 통해 소근육 기능이 발달하기 시작한다. 벗기, 지퍼 올리고 내리기와 같은 자조 기술도 배운다. 따라서 입고 벗기 쉬운 옷은 성취감을 준다.

걸음마기에 들어서면 더욱더 자기 마음대로 할 수 있다. 대근육은 이전보다 더 뚜렷하고 유연해지며, 소근육의 통제가 시작된다. 한 번에 몇 페이지씩 책장을 넘길 수 있고, 크레용으로 종이 위에 갈겨 쓸 수 있으며, 가위질을 할 수 있다.

24개월의 영아는 뛸 수 있지만 갑자기 방향을 바꿀 때 넘어진다. 한 발로 잠시 설 수 있고, 한 칸에 두 발을 모두 디디면서 계단을 오르내릴 수 있으며, 물건을 잡을 때 손목을 굽힐 수 있다. 월령별 대근육 발달의 특징은 다음과 같다.

표 12-1 월령별 대근육 발달 특징

월령	대근육 발달 내용
1개월	엎드린 자세로 턱을 들어 올린다.
2개월	머리를 약간 들어 올린다.
3개월	엎드린 자세에서 가슴을 든다.
4개월	붙잡아 주면 앉을 수 있다.
5개월	• 완전히 고개를 가눈다. • 놀잇감으로 탁자를 두드리거나 숟가락을 잡는다.
6개월	의자에 앉아 흔들리는 물건을 잡는다.
7개월	물건을 한 손에서 다른 손으로 옮겨 쥔다.
8개월	• 몸을 옮기고 싶은 욕구로 인해 무릎과 엉덩이를 이용하여 이동한다. • 손바닥으로 잘 잡는다.
9개월	손을 잡아 주면 설 수 있고 혼자 앉을 수 있다.
10개월	• 기어 다니기 시작한다. • 혼자 힘으로 앉을 수 있다.
11개월	물건을 쉽게 잡을 수 있어서 물건을 집어넣고 꺼내는 놀이를 반복한다.
12개월	가구를 잡고 옆으로 걸을 수 있으며, 양손을 잡아 주면 앞으로도 걸을 수 있다.
13개월	집게손가락으로 잘 잡는다.
14개월	혼자 설 수 있다.
15개월	혼자 걸을 수 있다.
16개월	• 손으로 짚지 않고 무릎을 굽힐 수 있다. • 뛰기 시작한다.
18개월	• 낮은 장애물을 내려올 수 있다. • 책장을 넘길 수 있다. • 컵으로 음료수를 마실 수 있다. • 장애물 위에서 두 발을 모아 뛰어내릴 수 있다.
20개월	도움을 받아 계단을 오를 수 있다.
24개월	• 공에 대한 동작을 시도하지만 실제로 공을 차지는 못한다. • 혼자 계단을 오를 수 있다(한 계단에 두 발을 모았다가 다음 계단으로 이동).

② 소근육 발달

소근육의 기능이 향상되면서 작은 물건 가득 담기, 쏟기, 비틀기, 집어 올리기를 즐긴다. 자조 기술로는 숟가락 사용하기, 배변 훈련 시작하기, 이 닦기 등이 포함된다.

생후 30개월의 유아는 멈추고, 다시 출발하고, 방향을 바꾸면서 유연하게 걷고 뛸 수 있다. 이 시기에는 유치가 모두 난다. 한 손으로 컵을 잡을 수 있고, 목욕할 때 스스로 씻기 시작한다. 이제는 치아 건강과 충분한 영양 상태를 배울 수 있다. 월령별 소근육 발달의 특징은 다음과 같다.

표 12-2 월령별 소근육 발달 특징

월령	소근육 발달 내용
1개월	눈에 보이는 사물을 응시하지만 손을 뻗어서 잡으려는 시도는 하지 않는다.
2개월	주먹을 쥘 수 있으며, 손 안에 있는 물체를 잠시 동안 쥘 수 있다.
3개월	• 손을 폈다가 주먹을 쥐곤 한다. • 사물을 보고 손을 뻗는다.
4~5개월	물건을 어설프게 쥔다.
6~7개월	• 물건을 쥐고 손목을 돌린다. • 딸랑이를 흔들고 응시한다.
8개월	손가락을 사용하여 물체를 잡는다.
9개월	서툴지만 엄지손가락과 집게손가락을 주로 사용하여 물체를 잡는다.
12개월	• 엄지손가락과 집게손가락 끝으로 물체를 잡을 수 있다. • 양말이나 모자를 벗을 수 있다.
16개월	공을 던진다.
18개월	• 컵에 입을 대고 물을 마실 수 있다. • 2~3개의 작은 블록을 쌓을 수 있다.
24개월	• 숟가락을 사용한다. • 옷을 벗을 수 있다. • 다섯 개의 작은 블록을 쌓을 수 있다. • 수평선과 수직선을 모방한다. • 큰 공을 손으로 잡을 수 있다.

(2) 유아기

유아기의 운동 발달은 전신 발달 수준을 반영한다. 영아기로 내려갈수록 양자 간의 상관관계는 더욱 높아지며, 운동 능력은 유아가 사회생활을 익혀 나가는 데도 도움이 된다. 공놀이, 수영, 줄넘기 등을 매개로 함께 게임을 즐기며, 한 팀의 성원으로 활동할 수 있다. 따라서 운동 능력의 발달은 그 자체로 중요한 의미가 있을 뿐만 아니라 정신적인 발달을 예상할 수 있다는 차원에서도 매우 중요하다.

유아기는 운동 능력이 급속도로 향상하는 시기다. 이때의 운동 발달의 특성은 세 가지 관점에서 볼 수 있다. 첫째, 유아기는 신체적 안정성이 발달하는 시기다. 안정성이란 신체의 각 부분을 효율적으로 움직이고 바른 자세를 형성하며, 균형을 유지할 수 있는 능력을 뜻한다. 둘째, 유아기는 이동 능력이 발달하는 시기다. 공간적으로 다양하게 몸을 이동할 수 있으며 걷기, 뛰기, 뛰어오르기, 미끄러지기 등의 운동 능력도 월등해진다. 따라서 유아기는 운동 능력이 발달하는 결정적인 시기라고 할 수 있으며, 이후의 더욱 정교하고 복합적인 이동 능력 발달의 기초를 형성한다. 셋째, 유아기는 조작적 능력이 발달하는 시기다. 유아는 주변의 여러 사물을 접하면서 각각의 특성에 따라 다양한 조절 방법을 배우게 된다.

① 대근육 발달

유아기에는 달리고 구르고 기어오르고 뛰어오르는 등 다양한 대근육 운동 능력이 크게 발달한다. 3세에는 단순히 움직이는 것을 좋아하게 되고 뛰기, 오르기, 앞과 뒤로 달리기 등의 반복적인 활동을 통해 많은 기쁨을 얻고 자랑스러워하며 스스로 성취감을 느낀다. 4세에는 호기심과 모험심이 더욱 강해지면서 정글짐에 오르거나 다양한 방식으로 놀이 기구를 이용한다. 5세에는 더욱 능숙하고 균형 잡힌 자세로 놀이 활동을 할 수 있으며, 보다 대담한 놀이에 참여하고, 빠르게 뛰며 겨루기를 좋아해서 부모나 또래들과 경주를 즐기기도 한다.

② 소근육 발달

유아의 소근육 운동이란 말 그대로 작은 근육을 사용하는 운동을 뜻한다. 주로 손가락의 협응을 통한 운동을 말하는데, 이 시기에는 소근육 운동 기술이 발달하면서 블록 쌓기, 종이 접고 자르기, 그림 그리기, 쓰기 등 사물의 조작이 가능해진다.

3세경에는 열 개 정도의 블록을 쌓을 수 있고 점차적으로 블록 쌓기의 속도, 정교성, 정확성이 더욱 발달한다. 이때는 눈과 손의 협응과 소근육의 통제도 급속히 발달하기 때문에 손의 사용이 점점 정교해져서 종이를 한두 번쯤 접는 것이 가능하고, 가위를 사용하여 종이를 자르기도 한다. 엄지손가락과 집게손가락으로 숟가락을 잘 잡으며, 서서히 포크로 음식을 먹을 수 있다. 포크보다 쥐기 어려운 젓가락은 4세부터 사용하며, 6세 이후에는 능숙해진다.

표 12-3 연령별 대소 근육 발달 특징

연령	대근육 발달	소근육 발달
3세	• 튕겨 오는 공을 잡을 수 있다. • 발자국 모양을 따라 걸을 수 있다. • 바닥에서 위로 점프를 한다. • 도움을 받아 앞으로 공중제비를 돈다. • 큰 공을 잡을 수 있다. • 세발자전거를 탈 수 있다. • 공을 던질 때 팔 아래쪽으로 던진다.	• 주전자의 물을 흘리지 않고 따를 수 있다. • 인형의 옷을 벗기고 입힐 수 있다. • +를 그릴 수 있다. • 여덟 개의 블록으로 탑 쌓기를 한다. • 검지를 이용하여 풀칠을 한다. • 종이를 가위로 자를 수 있다. • 원에 가깝게 그림을 그릴 수 있다.
4세	• 한 발로 깡충 뛰기를 할 수 있다. • 던져 주는 공을 잡을 수 있다. • 목표점을 향해 공을 발로 찰 수 있다. • 달리다가 멈출 수 있다. • 공을 튕기고 받을 수 있다.	• 세모나 네모, X 모양, 숫자, 철자를 보고 베낀다. • 선을 따라 가위로 자를 수 있다. • 빨래집게를 벌릴 수 있다. • 열 개의 구슬을 실에 꿸 수 있다. • 신발 끈을 꿰고 묶을 수 있다.
5세	• 줄넘기를 할 수 있다. • 양발을 번갈아 가면서 깡충 뛰기를 할 수 있다. • 보조 바퀴가 달린 두발자전거를 탄다. • 목표점을 맞추기 위해 공을 굴린다. • 롤러스케이트를 탄다. • 굴러오는 공을 발로 찬다. • 유연한 자세로 공을 던진다.	• 양손 중 한쪽 손을 선호하게 된다. • 두 개의 짧은 단어를 따라 쓸 수 있다. • 원, 직사각형, 정사각형, 삼각형을 그릴 수 있다. • 손바닥을 바닥에 대고 윤곽을 따라 그릴 수 있다. • 종이를 반으로 접고 또 반으로 접을 수 있다.

2) 놀잇감의 종류

실외놀이를 위한 놀잇감의 종류는 6장의 실외 환경과 놀잇감에 대한 내용에서 설명한 바와 같다. 6장에서 다루지 않은 목공놀이와 그 영역에 대해 살펴보면 다음과 같다.

목공놀이는 소근육이 발달하고 눈과 손의 협응력을 기를 수 있어 영유아에게 매우 중요한 활동이다. 톱질과 망치질을 하고 모래 종이로 문지르면서 대근육도 발달되며, 놀이 활동에 몰두하면서 주의 집중력을 기를 수 있다.

이러한 목공놀이 영역은 영유아가 여러 가지 경험을 토대로 새로운 아이디어를 만들어 보는 창의적 활동이 이루어지는 놀이 공간이다. 이 영역의 놀잇감으로는 망치(310~370g), 가로로 켜는 톱(340~450g), 대패, 못(머리가 크고 넓적한 것과 길이가 다양한 것), 자석, 송곳(교사의 관리 필수), 다양한 질감의 모래 종이, 다양한 크기와 질감의 나뭇조각, 본드 또는 아교, 수성 페인트, 니스, 자와 B연필, 여러 가지 폐품 등이 있다.

3. 교사의 역할과 지도 시 유의점

1) 교사의 역할

실외놀이 시간에 놀이지도가 효율적으로 이루어지려면 교사는 영유아가 유익하고 흥미로운 놀이를 할 수 있도록 사전에 철저히 계획을 세워야 하며, 놀이를 확장하기 위해 적절한 시기에 개입해야 한다. 영유아의 놀이를 주의 깊게 관찰하여 놀이지도를 위한 자료로 활용하며, 놀이를 위한 실외 환경을 잘 관리하여 영유아가 쾌적하고 안전한 환경에서 놀이를 할 수 있도록 준비해야 한다. 더욱이 영유아의 실외놀이에 대한 교사의 개입은 놀이를 보다 풍부하게 해주고 영유아의 사회적 · 언어적 · 인지적 발달에 바람직한 영향을 미치므로 놀이지도의 긍정적인 요소로 인식되고 있다. 그러나 교사가 영유아의 놀이를 간섭 · 통제 · 구조화하여 너무 깊이 개입하는 것은 오히려 놀이를 방해하고 창의성을 저해하므로 적절한 수준에서 놀이지도가 이루어져야 한다.

2) 지도 시 유의점

(1) 신체놀이 영역

실외 공간에서는 신체 성장과 운동 능력을 기를 수 있는 놀잇감을 선택하여 놀이를 할 수 있다. 영유아는 야외에서 신체와 운동 기술을 이용하여 여러 가지 놀잇감에 적응하는 능력을 키우며 그에 따른 다양한 놀이 형태가 나타난다. 대표적으로 기어오르는 놀이, 균형 잡는 놀이, 통과하여 빠져나오는 놀이, 공놀이 등 놀잇감을 이용하는 놀이 활동과 자연 속에서 신체와 운동 기술을 마음껏 발휘하며 탐색하는 능동적 놀이 활동이 나타난다. 지도 시 유의점은 다음과 같다.

① 놀이 전에 놀이 기구의 안전도를 점검한다.
② 영유아가 놀이 기구를 안전하게 사용하도록 사전에 철저히 설명하고 진행 중에도 안전에 특히 유의하여 지도한다.
③ 실외 바닥의 재료를 모래 · 자갈 · 흙 · 시멘트 · 잔디 등으로 다양하게 구성하고, 영유아가 놀이 기구를 이용하지 않고도 자유롭게 움직일 수 있는 빈 공간을 전체 유원장의 3분의 1에서 2분의 1 정도로 확보하여 신체 활동과 탐색 활동이 원활하게 이루어지도록 한다.
④ 시멘트 길에서 자전거를 타고 마음껏 달리는 기회를 주는 등 자유로운 활동을 적극 지원하는 가운데 다른 영역에는 방해가 되지 않도록 전체 영역의 구성을 잘 계획한다.
⑤ 놀이 기구를 사용할 때 생기는 문제 상황을 해결하기 위해 차례 지키기, 양보하기, 타협하기, 필요한 약속 정하기, 서로 돕기 등과 같은 건설적인 방법과 사회적인 기술을 익힐 수 있도록 지도한다.
⑥ 영유아가 신체 조절 능력을 기를 수 있도록 알맞은 놀잇감과 조직화된 놀이 활동을 제공하는 등 여러 가지 자극을 준다.

(2) 목공놀이 영역

목공놀이 영역에서 영유아는 나뭇조각들을 만지거나 두드리고 냄새를 맡아 보면서 무엇을 만들지 계획하고 가장 적절한 자료들을 선택하여 완성하는 놀이를 집중적으로 진행한다. 이러한 실행 과정에서 생기는 문제를 스스로 해결하는 경험을 하고 성취의 기쁨을 느끼면서 놀이 활동을 이어 간다. 또래들과 함께 만들어 보는 활동을 전개하는 과정에서 서로 협동하여 과제를 해결하는 기회도 얻는다. 지도 시 유의점은 다음과 같다.

① 목공놀이 영역은 영유아의 연령, 발달 수준, 시기 등을 고려하여 구성한다. 즉 초기에는 나무보다 스티로폼 조각에 못을 망치질하거나 플라스틱 목공 연장을 이용하여 쉽게 놀이를 하도록 도와준다.
② 목공놀이 영역은 특히 다른 영역에 방해가 되지 않도록 배치하고, 교사는 어디에서나 볼 수 있어 언제든지 개입할 수 있는 장소에 활동 영역을 마련한다.
③ 다양한 놀잇감을 이용하여 영유아가 스스로 문제를 해결할 수 있는 기회를 제공하고, 놀이를 하면서 성취감을 느낄 수 있도록 도와준다.
④ 교사는 영유아의 활동 계획과 관련지어 적절하게 놀잇감(나뭇조각 · 못 · 본드와 여러 가지 폐품 등)을 선택했는지 영유아와 함께 평가해 보고, 활동 결과가 기대에 미치지 못했을 경우에는 원인을 찾아보도록 유도한다.
⑤ 영유아가 최대한 집중하여 놀이 활동을 하도록 지도하며, 새로운 아이디어로 창의적 활동이 나타날 수 있도록 적절한 제안을 하고 자극을 준다.
⑥ 목공놀이에 사용되는 연장들은 위험하므로 올바른 사용법을 설명하고 반드시 교사나 보조교사가 있어 영유아의 활동을 지도하고 감독해야 한다.
⑦ 영유아에게는 최대한 안전한 연장을 제공한다. 크기는 성인이 사용하는 것보다 작으면서 조작하기 쉬운 것으로 준비한다.
⑧ 연장을 잘 보관할 수 있는 장소를 마련하거나 벽면을 이용하여 걸 수 있도록 조치한다.

(3) 동물 기르기 영역

영유아는 책이나 이야기를 통해 얻은 동물에 대한 '지식'과 동물을 직접 기르는 '실제 경험'을 연결하여 인지 구조를 발달시켜 나간다. 동물이 뛰거나 움직이는 모습을 관찰하여 신체적으로 흉내를 내는 창의적 표현놀이도 할 수 있다. 동물을 관찰 및 탐색하기 위해 기어 다니고, 뛰고, 쫓아다니면서 대근육 활동을 하기도 하고 먹이를 주기 위해 자기의 신체를 조절하는 등의 운동놀이를 할 수도 있다. 이러한 놀이를 통해 영유아는 자연 현상에 대한 보다 자연스럽고 구체적인 학습의 기회를 제공 받는다. 지도 시 유의점은 다음과 같다.

① 사육장 앞면에 동물의 이름과 먹이를 글씨와 그림으로 기록하여 붙인다.
② 영유아와 함께 동물 먹이의 종류와 주는 방법에 대해 이야기를 나누고, 먹이 당번을 정하여 책임 있게 수행하도록 지도한다.
③ 동물을 기르면서 필요한 규칙을 영유아와 함께 정하고 스스로 지키는 경험을 할 수 있도록 지도한다. 규칙으로는 동물을 괴롭히지 않기, 먹이 외에 다른 것을 주지 않기 등이 있다.
④ 동물 사육장은 바람이 잘 통하고 배수가 잘되는 장소에 마련하고 항상 주위를 청결하게 유지한다.

(4) 식물 기르기 영역

식물 기르기 영역에서는 여러 가지 식물을 재배하는 경험을 통해 구체적인 자연 학습의 기회를 얻는다. 씨앗의 크기 · 색깔 · 형태를 비교하고 수를 세어 보면서 논리적 · 수리적 개념을 형성하며, 씨앗을 뿌린 후 성장 과정을 관찰하기 위해 적극적인 탐구 활동을 펼치기도 한다. 이야기, 책, 가정과 주변에서 얻은 과거 경험을 토대로 문제의 가설을 세우고 검증하는 실험 활동에 참여할 수도 있다. 그러므로 영유아의 흥미와 호기심을 가장 짧은 시간 내에 충족시키기 위해 성장 속도가 빠르고 변화 양상도 확연하게 나타나는 식물을 선택하면 영유아의 과학적 탐구놀이가 보다 촉진될 수 있다. 지도 시 유의점은 다음과 같다.

① 햇볕이 잘 들고 영유아의 눈에 잘 띄는 곳으로 배치한다.
② 실내에서도 영유아가 가져온 씨앗을 뿌리고 관찰 및 기록할 수 있는 기회를 제공한다.
③ 식물이 잘 성장하기 위해 필요한 요소와 씨앗을 뿌리는 단계부터 성장 과정의 순서를 그림으로 표시하여 이해를 돕고 구체적 경험과 연결 짓도록 도와준다.
④ 식물을 재배하는 과정에서 필요한 규칙을 정한다. 규칙으로는 물 주는 당번 정

하기, 물을 주는 횟수와 양 정하기 등이 있다.

⑤ 영유아가 재배한 채소나 열매를 직접 따서 먹어 보는 기회를 마련하여 성취감과 즐거움을 느끼게 한다.

(5) 정적놀이 영역

실외 공간에서의 놀이 활동은 실내에서보다 훨씬 활발하며 그로 인해 놀이의 최고조에 달할 수 있다. 그래서 영유아는 쉽게 피로를 느끼고 휴식을 필요로 하는데, 영유아에게는 조용한 놀이가 곧 휴식이 될 수 있다. 즉 음악을 감상하고 동화책을 읽고 그림을 그리는 활동을 하면서 동시에 휴식을 얻을 수 있으므로 이러한 놀이 영역은 실내에서 필요로 하는 공간 이상으로 중요하다.

또래들과 어울려 놀다가 혼자 있기를 원하는 영유아에게는 다른 놀이 공간으로부터 방해 받지 않는 조용한 놀이 영역을 제공한다. 그리고 신체적으로 이완되고 편안한 자세로 쉴 수 있도록 텐트, 놀이집, 긴 의자, 담요 등을 구비하면 휴식에 많은 도움이 된다. 지도 시 유의점은 다음과 같다.

① 영유아가 조용하게 쉴 수 있는 공간으로서 그늘진 곳을 선택하여 배치한다.

② 바닥에는 돗자리나 담요를 깔아 휴식을 취하면서 정적놀이가 이루어지도록 준비한다.

③ 교사는 영유아가 조용한 영역에 머무는 동안 교사 자신과 영유아, 영유아와 영유아 간에 대화가 이루어지도록 유도해야 한다. 이때 교사는 개별 영유아를 관찰하고 지도할 수 있는 기회를 포착하여 활용한다.

④ 혼자 있기를 원하는 영유아의 경우 다른 영역이나 주변의 또래로부터 방해 받지 않도록 세심한 주의를 기울인다.

4. 실제 활동

1) 물을 채워 주세요!

[1] 대상 연령 : 만 1세

[2] 활동 목표

- 신체 조절 능력을 기른다.
- 보존의 개념을 이해한다.

[3] 활동 자료 : 주전자, 책상, 물컵 다섯 개

[4] 활동 방법

(1) 도입

해당 활동의 진행 방법을 설명한다.

- 여기에 주전자와 물컵이 있어요.
- 주전자에 물을 담아 가지고 가서 책상에 놓인 물컵에 물을 따르고 돌아오는 놀이예요.

(2) 전개

① 주전자에 물을 담는다.

② 주전자를 들고 책상으로 가서 물컵에 물을 따른다.

- 저기 앞의 책상에 물컵 다섯 개가 있어요.
- 물이 담긴 주전자를 줄 테니 책상 위의 물컵 다섯 개에 차례대로 물을 붓고 다시 돌아오면 돼요(교사가 시범을 보인다).

(3) 마무리 및 평가

놀이를 마친 후 정리를 하고 본 활동을 평가한다.

- 물컵에 물을 따르는 놀이를 해보니 어떤가요?

• 어떤 점이 재미있었나요?

• 힘든 점은 없었나요?

[5] 기타 사항

■ 영아들의 안전에 유의한다.

■ 활동에 잘 참여하지 못하는 영아들은 개별적으로 교사와 함께 활동한다.

■ 주전자의 물은 너무 무겁지 않도록 넘치지 않게 적당히 담아 준다.

2) 트럭으로 모래 운반하기

[1] 대상 연령 : 만 1세

[2] 활동 목표

■ 도구와 기계의 사용 방법을 이해한다.

■ 감각 기관의 협응력을 기른다.

[3] 활동 자료 : 트럭, 모래놀이 모종삽, 도착점 표시판

[4] 활동 방법

(1) 도입

해당 활동의 진행 방법을 설명한다.

• 여기에 트럭과 모래가 있어요.

• 트럭에 모래를 담아 앞에 있는 도착점 표시판으로 가서 그 옆에 모래를 붓고 돌아오는 놀이예요.

(2) 전개

① 모종삽으로 트럭에 모래를 담는다.

• 삽으로 모래를 퍼서 트럭에 담아 볼까요?(교사가 시범을 보인다)

② 트럭으로 모래를 운반하여 도착점 옆에 부은 후 돌아온다.

• 트럭을 끌고 가서 도착점 옆에 모래를 붓고 다시 출발점으로 돌아오면 돼요.

(3) 마무리 및 평가

놀이를 마친 후 정리를 하고 본 활동을 평가한다.

- 트럭으로 모래를 운반하는 놀이를 해보니 어떤가요?
- 어떤 점이 재미있었나요?
- 힘든 점은 없었나요?

[5] 기타 사항

- 영아들의 안전에 유의한다.
- 활동에 잘 참여하지 못하는 영아들은 개별적으로 교사와 함께 활동한다.

3) 토끼 기르기

[1] 대상 연령 : 만 2세

[2] 활동 목표

- 관찰력을 기른다.
- 정성껏 돌보는 자세를 기른다.
- 생명의 소중함을 깨닫고 생태계의 순환을 이해한다.

[3] 활동 자료 : 토끼, 토끼장, 토끼 먹이

[4] 활동 방법

(1) 도입

토끼장의 토끼를 관찰한다.

- 이 동물의 이름은 토끼라고 해요.
- 토끼의 생김새가 어떤가요?
- 토끼의 행동을 관찰해 볼까요?

(2) 전개

① 교사가 토끼에게 먹이를 준다.

• 선생님이 먼저 토끼에게 먹이를 줄 테니 잘 보아요.

② 영아가 토끼에게 먹이를 준다.

• 이제 여러분이 토끼에게 직접 먹이를 줄까요?

③ 토끼의 먹는 모습을 관찰한다.

• 토끼들이 먹이를 어떻게 먹나요?

④ 당번을 정하여 매일 먹이를 준다.

(3) 마무리 및 평가

놀이를 마친 후 정리를 하고 본 활동을 평가한다.

• 토끼에게 먹이를 주고 관찰해 보니 어떤가요?

• 어떤 점이 재미있었나요?

• 힘든 점은 없었나요?

[5] 기타 사항

모든 유아가 돌아가면서 토끼에게 먹이를 줄 수 있도록 지도한다.

4) 콩벌레 찾기

[1] 대상 연령 : 만 2세

[2] 활동 목표

■ 관찰력과 집중력을 기른다.

■ 생명에 대해 배려하는 마음을 갖는다.

[3] 활동 자료 : 막대, 그릇

[4] 활동 방법

(1) 도입

영아들과 함께 콩벌레가 있을 만한 습하고 그늘진 곳으로 간다.

• 여기에 땅을 파보면 벌레가 살고 있어요.

- 그 벌레의 이름은 '콩벌레' 예요. 크기가 콩만큼 작아서 그렇게 부른다고 해요.
- 땅을 파서 콩벌레를 찾아볼까요?

(2) 전개

① 땅을 파고 콩벌레를 찾아본다.
- 선생님이 먼저 콩벌레를 찾아볼게요.
- 이렇게 막대로 흙을 파면 콩벌레를 찾을 수 있어요.

② 콩벌레를 잡아 그릇에 담는다.
- 콩벌레를 찾으면 준비한 그릇에 담아요.

③ 잡은 콩벌레를 관찰한다.
- 콩벌레를 관찰해 볼까요?
- 땅에서 나온 콩벌레들이 몸을 둥글게 말고 있네요.

④ 콩벌레를 관찰한 후 제자리로 돌려보낸다.
- 콩벌레를 원래 있던 곳으로 돌려보내도록 해요.

(3) 마무리 및 평가

놀이를 마친 후 정리를 하고 본 활동을 평가한다.
- 땅속에 사는 콩벌레를 잡아 보니 어떤가요?
- 어떤 점이 재미있었나요?
- 힘든 점은 없었나요?

[5] 기타 사항

영아들의 관심이 일회적으로 끝나지 않도록 정보 탐색과 학습으로 연결시킨다.

5) 퐁당퐁당 돌을 던지자

[1] 대상 연령 : 만 3세

[2] 활동 목표

- 위치 조절 감각을 기른다.
- 대근육 운동 능력이 발달한다.
- 수의 개념과 숫자를 배운다.

[3] 활동 자료 : 훌라후프 두 개, 팥 주머니 스무 개

[4] 활동 방법

(1) 도입

해당 활동의 진행 방법을 설명한다.

- 팥 주머니를 하나씩 나눠 줄게요.
- 앞쪽에 있는 훌라후프까지 달려가서 '퐁당퐁당'을 외치며 팥 주머니를 훌라후프 속으로 던지는 놀이에요.

(2) 전개

① 출발선 안에 선다.
- 모두 출발선 안쪽에 서볼까요?

② 출발 신호와 함께 훌라후프를 향해 달린다.
- 선생님이 출발을 외치면 넘어지지 않게 조심해서 한 명씩 출발해요.

③ 훌라후프 앞에 도착하면 '퐁당퐁당'을 외치며 팥 주머니를 훌라후프 속으로 던진다.
- 훌라후프 앞에서 '퐁당퐁당'을 외쳐 볼까요?
- 팥 주머니를 훌라후프 속으로 던져 볼까요?

(3) 마무리 및 평가

놀이를 마친 후 정리를 하고 본 활동을 평가한다.

- 퐁당퐁당놀이를 해보니 어떤가요?
- 어떤 점이 재미있었나요?

- 힘든 점은 없었나요?

[5] 기타 사항

놀이에 참여한 모든 유아가 함께 활동 규칙을 정한다.

6) 내가 도형이라면?

[1] 대상 연령 : 만 3세

[2] 활동 목표

- 도형에 대한 개념을 이해하고 몸으로 표현한다.
- 협동심과 사회성이 발달한다.
- 신체 근육이 발달한다.

[3] 활동 자료 : 삼각형, 사각형, 원, 기타 도형이 그려진 그림판, 카세트테이프

[4] 활동 방법

(1) 도입

여러 가지 도형의 종류와 모양을 살펴본다.

- 여기에 삼각형, 사각형, 원의 도형들이 있어요.
- 여러분이 직접 도형이 되어 보는 놀이예요.

(2) 전개

① 여러 가지 도형을 몸으로 표현한다.

- 첫 번째 도형으로 삼각형이 되어 볼까요?
- 이번에는 사각형이 되어 보아요.
- 원도 되어 볼까요?

② 친구들과 함께 도형놀이를 한다.

- 옆에 있는 친구들과 함께 삼각형, 사각형, 원을 만들어 보아요.

(3) 마무리 및 평가

놀이를 마친 후 정리를 하고 본 활동을 평가한다.

- 여러 가지 도형이 되어 보니 어떤가요?
- 어떤 도형들이 되어 보았나요?
- 삼각형 도형이 되었을 때 어떤 기분이었나요?
- 사각형 도형이 되었을 때는 어떤 기분이었나요?
- 원이 되었을 때는 어땠나요?
- 친구들과 함께 도형 만들기를 할 때는 어땠나요?
- 어떤 점이 재미있었나요?
- 힘든 점은 없었나요?

[5] 기타 사항

몸으로 도형을 표현할 때 유아들 간에 적당한 간격을 유지하도록 지도한다.

7) 깡통볼링놀이

[1] 대상 연령 : 만 3세

[2] 활동 목표

- 공의 속성(구르는 성질)을 이해한다.
- 물리적 지식이 발달한다.
- 운동 기능이 발달한다.

[3] 활동 자료 : 깡통 볼링핀 열 개, 고무공

[4] 활동 방법

(1) 도입

공의 속성에 대해 이야기한다.

- 이것은 공이예요. 공은 안이 비어 있어 가벼워요.
- 공은 모양이 동그래서 잘 굴러가요.

(2) 전개

① 해당 활동의 진행 방법을 설명한다.

- 공을 굴려서 앞에 있는 깡통 볼링핀을 넘어뜨리는 놀이예요.

② 깡통 볼링핀을 적당한 위치에 세운다.

- 열 개의 깡통 볼링핀을 잘 세워 볼까요?
- 어떻게 하면 깡통 볼링핀을 쓰러지지 않게 잘 세울 수 있을까요?
- 다양한 방법으로 깡통 볼링핀을 세워 보아요.

③ 깡통 볼링핀을 향해 공을 굴린다.

- 세워 놓은 깡통 볼링핀을 향해 공을 굴려 볼까요?
- 넘어진 깡통 볼링핀의 수를 세어 볼까요?

(3) 마무리 및 평가

놀이를 마친 후 정리를 하고 본 활동을 평가한다.

- 깡통볼링놀이를 해보니 어떤가요?
- 어떤 점이 재미있었나요?
- 힘든 점은 없었나요?

[5] 기타 사항

- 놀이의 규칙과 유의 사항을 충분히 설명한다.
- 다양한 방법으로 깡통 볼링핀을 세울 수 있도록 격려한다.

8) 굴려라 바퀴통!

[1] 대상 연령 : 만 4세

[2] 활동 목표

- 바퀴의 모양과 특징을 이해한다.
- 신체 근육이 발달한다.

[3] 활동 자료

바퀴 모양의 큰 종이통 두 개, 바퀴 그림 한 개, 삼각대, 호루라기, 색테이프

[4] 활동 방법

(1) 도입

바퀴 그림을 보여 주면서 대화를 나눈다.

- 바퀴의 모양과 특징을 살펴볼까요?
- 이 바퀴 모양의 종이통을 발에 신고 달리는 놀이예요.

(2) 전개

① 종이통을 신발처럼 신는다.

- 바퀴 모양의 종이통을 신어 볼까요?

② 앞에 세워 둔 삼각대까지 달려갔다가 다시 출발점으로 돌아온다.

- 넘어지지 않도록 조심해서 삼각대까지 달려 볼까요?
- 삼각대까지 갔다가 다시 이곳으로 돌아오면 돼요.

(3) 마무리 및 평가

놀이를 마친 후 정리를 하고 본 활동을 평가한다.

- 바퀴를 달고 달려 보니 어떤가요?
- 어떤 점이 재미있었나요?
- 힘든 점은 없었나요?

[5] 기타 사항

- 신고 달려도 찢어지지 않도록 바퀴 모양의 종이통을 견고하게 제작한다.
- 종이통을 신고 달리는 것이 익숙해지면 그룹 게임 활동으로 확장시킨다.

9) 풍선 안고 달리는 캥거루

[1] 대상 연령 : 만 4세

[2] 활동 목표

- 동물의 특징을 이해한다.
- 운동 기능이 발달한다.

[3] 활동 자료 : 풍선 약 열 개, 목표물(깃발 · 의자 등)

[4] 활동 방법

(1) 도입

캥거루 사진을 보여 주면서 대화를 나눈다.

• 이 동물의 이름은 캥거루라고 해요.

• 캥거루가 어떻게 하고 있나요? 네, 맞아요. 뛰고 있어요.

(2) 전개

① 해당 활동의 진행 방법을 설명한다.

• 캥거루가 되어 뛰어 보는 놀이예요.

• 사진 속의 캥거루는 두 발을 모으고 뛰는 모습이네요.

② 무릎에 풍선을 끼고 출발선에 선다.

• 선생님이 시범을 보여 줄 테니 잘 보아요.

③ 풍선을 무릎 사이에 끼고 캥거루처럼 두 발을 모아서 반환점까지 뛰어간 후 다시 출발점으로 돌아온다.

④ 한 명이 돌아오면 다음 사람이 출발하여 똑같이 반환점을 돌아 제자리로 온다.

(3) 마무리 및 평가

놀이를 마친 후 정리를 하고 본 활동을 평가한다.

• 캥거루가 되어 달려 보니 어떤가요?

• 어떤 점이 재미있었나요?
• 힘든 점은 없었나요?

[5] 주의 사항

풍선에 공기를 너무 많이 넣지 않는다.

10) 비행기를 날리자

[1] 대상 연령 : 만 4세

[2] 활동 목표

- 집중력을 기른다.
- 대소 근육이 발달한다.

[3] 활동 자료

유아들이 만든 종이비행기, 팔찌(모루나 색테이프 사용)

[4] 활동 방법

(1) 도입

종이비행기를 접어서 만든다.

• 종이비행기를 만들어 날리는 놀이를 할 거예요.
• 색종이로 종이비행기를 만들어 볼까요?

(2) 전개

① 각자 만든 종이비행기에 자신의 이름을 적는다.
  • 종이비행기에 이름을 적어 볼까요?
  • 도움이 필요하면 선생님이 도와줄게요.
② 바닥에 선을 긋고 1, 2, 3을 표시하여 숫자 칸을 만든다.
  • 바닥에 써놓은 숫자가 보이나요?
  • 그곳을 향해 종이비행기를 날리면 돼요.

③ 신호와 함께 종이비행기를 날린다.

- 호루라기를 불면 종이비행기를 힘껏 날려 보아요.

④ 종이비행기가 떨어진 칸의 숫자를 적는다.

⑤ 1이면 팔찌 한 개, 2이면 두 개, 3이면 세 개를 손목에 채워 준다.

- 팔찌를 많이 받고 싶으면 큰 숫자를 향해 종이비행기를 날려 보아요.

(3) 마무리 및 평가

놀이를 마친 후 정리를 하고 본 활동을 평가한다.

- 종이비행기를 직접 만들어 날려 보니 어떤가요?
- 어떤 점이 재미있었나요?
- 힘든 점은 없었나요?

[5] 기타 사항

- 종이비행기를 만들 때 어려워하지 않도록 그룹 지도와 개별 지도를 적절히 병행한다.
- 팔찌의 개수에 관계없이 모든 유아를 칭찬한다.

11) 그림자 만들기

[1] 대상 연령 : 만 4세

[2] 활동 목표

- 그림자의 특성을 이해한다.
- 다양한 표현력을 기른다.

[3] 활동 자료 : 없음

[4] 활동 방법

(1) 도입

그림자에 대해 이야기한다.

• 지금 해가 어디에 떠 있는지 찾아볼까요?
• 바로 위 하늘에 해가 떠 있네요.
• 지금부터 바닥을 보면서 자유롭게 움직여 볼까요?
• 움직이는 모습대로 바닥도 똑같이 따라 하고 있죠?
• 이것을 그림자라고 해요.

(2) 전개

① 손을 이용하여 원하는 그림자를 만들어 본다.
  • 무엇을 이용하여 그림자를 만들까요? 손을 움직여 볼까요?
② 몸을 이용하여 원하는 그림자를 만들어 본다.
  • 손을 이용하는 방법 외에 또 어떤 방법이 있을까요?
  • 이번에는 몸 전체를 움직여 그림자를 만들어 볼까요?
③ 한 명이 나와서 그림자를 만들면 나머지 유아들이 어떤 모습인지 알아맞히는 놀이를 한다.
  • 그림자를 알아맞히는 놀이를 해볼까요?
  • 친구들이 만드는 그림자가 어떤 모습인지 알아맞혀 볼까요?

(3) 마무리 및 평가

그림자의 개념을 다시 정리하고 본 활동을 평가한다.
• 그림자는 해가 있어야만 생겨요.
• 해가 떠 있는 곳에 따라 그림자가 생기는 방향이 달라져요.
• 그림자를 만들어 보니 어떤가요?
• 어떤 점이 재미있었나요?
• 힘든 점은 없었나요?
• 다음에는 그림자를 이용하여 어떤 실외놀이를 해볼까요?

[5] 기타 사항

그림자를 만드는 과정에서 서로 부딪치거나 공간 다툼을 할 경우에 대비하여 놀이를 하기 전에 규칙을 정하거나 안전에 유의하도록 지도한다.

12) 성화봉송놀이

[1] 대상 연령 : 만 5세

[2] 활동 목표

- 집중력과 신속함을 기른다.
- 물리적 지식을 학습한다.
- 수의 개념을 이해한다.

[3] 활동 자료 : 유아 한 명당 신문지 한 장, 탁구공

[4] 활동 방법

(1) 도입

해당 활동의 진행 방법을 설명한다.

- 신문지와 탁구공으로 성화봉을 만들어 볼까요?
- 신문지를 동그랗게 말아서 성화봉을 만들고 그 위에 탁구공을 올려 성화를 봉송하는 놀이예요.

(2) 전개

① 신문지를 말아서 성화봉을 만든다.

② 여러 명의 유아를 두 팀으로 나눈다.

- 똑같은 수로 나눠 팀을 정해 볼까요?
- 각 팀의 이름을 정해 볼까요?

③ 놀이를 시작하기 전에 규칙을 정한다.

- 즐거운 시간을 보내려면 어떤 규칙이 있어야 할지 함께 생각하고 정해 볼까요?

④ 탁구공을 올린 성화봉을 들고 반환점을 돌아와서 다음 사람의 성화봉 위로 탁구공을 전달한다.

- 탁구공이 떨어지지 않도록 조심해서 반환점을 돌아오도록 해요.

⑤ 마지막 주자가 바구니에 탁구공을 담는다. 먼저 바구니에 탁구공을 담는 팀이

이긴다.

(3) 마무리 및 평가

놀이를 마친 후 정리를 하고 본 활동을 평가한다.

- 직접 만든 성화를 봉송해 보니 어떤가요?
- 어떤 점이 재미있었나요?
- 힘든 점은 없었나요?

[5] 기타 사항

- 놀이에 참여한 모든 유아가 함께 활동 규칙을 정한다.
- 탁구공이 떨어지지 않도록 조심할 것을 당부한다.

13) 무궁화 꽃이 피었습니다

[1] 대상 연령 : 만 5세

[2] 활동 목표

- 민첩성을 기른다.
- 운동 능력을 기른다.

[3] 활동 자료 : 없음

[4] 활동 방법

(1) 도입

해당 활동의 진행 방법을 설명한다.

- 술래를 정하여 '무궁화 꽃이 피었습니다' 놀이를 해볼까요?

(2) 전개

① 놀이를 시작하기 전에 규칙을 정한다.

- 즐거운 시간을 보내려면 어떤 규칙이 있어야 할지 함께 생각하고 정해 볼까요?

② 술래를 정한 후 나머지 유아는 출발선 안쪽에 선다. 술래는 등을 보이고 선다.

- 먼저 술래를 정해야 해요. 어떤 방법으로 정하면 좋을까요?

③ 술래가 눈을 가리고 "무궁화 꽃이 피었습니다."를 외치면 출발선에서 나와 술래 쪽으로 다가간다. 술래가 외칠 때만 다가갈 수 있으며, 술래가 돌아보면 그 자리에 멈춰야 한다.

- 술래 쪽으로 조금씩 다가가 볼까요?
- 술래가 돌아보는지 잘 지켜봐야 해요.

④ 만약 멈추지 못하고 움직이면 술래가 그 유아의 이름을 호명한다. 호명된 유아는 술래 옆으로 가서 손을 잡고 선다.

- 자신의 이름이 호명되었나요?
- 몇 명이 술래와 손을 잡고 있나요?

⑤ 호명된 유아를 제외한 모든 인원이 술래의 뒤로 가까이 다가갔을 때 한 명이 "무궁화 꽃이 피었습니다."를 외치는 술래의 등을 치면 모두 출발선으로 도망친다.

⑥ 술래가 뒤쫓아 가서 잡은 유아가 다음 술래가 된다.

(3) 마무리 및 평가

놀이를 마친 후 본 활동을 평가한다.

- 술래가 되어 보니 어떤가요?
- 어떤 점이 재미있었나요?
- 힘든 점은 없었나요?

[5] 기타 사항

- 놀이에 참여한 모든 유아가 함께 활동 규칙을 정한다.
- 출발선으로 도망칠 때 넘어지거나 다른 유아와 부딪치지 않도록 조심할 것을 당부한다.

14) 꽃찾기놀이

[1] 대상 연령 : 만 5세

[2] 활동 목표

- 공간의 개념을 이해한다.
- 언어가 발달한다.
- 운동 능력이 발달한다.

[3] 활동 자료 : 없음

[4] 활동 방법

(1) 도입

해당 활동의 진행 방법을 설명한다.

• 친구들과 나란히 한 줄 기차를 만들어 다 함께 꽃찾기놀이를 해볼까요?

(2) 전개

① 여러 명의 유아를 두 팀으로 나눈 후 각각 옆으로 나란히 한 줄 기차를 만든다.

② 가위바위보를 해서 진 팀이 먼저 앞으로 걸어가고 반대 팀은 뒷걸음으로 물러난다.

③ 다음과 같이 노래를 부르며 각 팀이 앞으로 나아가고 뒤로 물러나기를 반복한다.

> 우리 집에 왜 왔니, 왜 왔니, 왜 왔니?(가위바위보에서 진 팀이 앞으로)
> 꽃 찾으러 왔단다, 왔단다, 왔단다(이긴 팀이 앞으로)
> 무슨 꽃을 찾으러 왔느냐, 왔느냐?(진 팀이 앞으로)
> ○○(유아의 이름) 꽃을 찾으러 왔단다, 왔단다(이긴 팀이 앞으로)

④ 노래의 마지막에 반대 팀 유아 중 한 명의 이름을 부른다.

⑤ 이름을 부른 유아와 호명된 유아가 나와 가위바위보를 해서 진 사람이 반대 팀

으로 옮겨 간다.

⑥ 다시 놀이를 시작하고 이긴 팀이 꽃(이름)을 지명할 수 있다.

⑦ 한 명도 남지 않고 모두 한 팀이 될 때까지 놀이를 계속한다.

(3) 마무리 및 평가

놀이를 마친 후 본 활동을 평가한다.

- 꽃찾기놀이를 해보니 어떤가요?
- 어떤 점이 재미있었나요?
- 힘든 점은 없었나요?

[5] 기타 사항

- 손을 잡은 상태로 앞으로 나아가고 뒤로 물러설 때 유아들이 보폭을 비슷하게 맞출 수 있도록 지도한다.
- 상대의 이름을 부르고 또 반대로 호명되는 기회가 모든 유아에게 똑같이 주어지도록 미리 정해 놓는다.

Chapter 13

전통놀이

1 전통놀이의 교육적 가치

2 한국 전통놀이의 특징

3 교사의 역할과 지도 시 유의점

4 실제 활동

CHAPTER 13 전통놀이

영유아는 그들이 살고 있는 환경, 즉 문화 속에서 배우고 자란다. 그런 점에서 많은 놀이 유형 중 문화적 가치를 지닌 전통놀이가 계승되고 발전해야 할 것이다. 그러나 현대로 올수록 전통문화에 대한 관심이 낮아지고 외국 문화와 더 친숙해져 전통놀이가 점점 사라지고 있는 실정이다. 그러므로 영유아에게 우리 고유의 문화를 알게 하고 민족의 정체성을 확립하기 위한 전통놀이 교육 프로그램이 개발되어야 할 필요성이 있다.

1. 전통놀이의 교육적 가치

전통놀이란 고대로부터 일반적으로 행해지면서 민간에 의해 전승되고 있는 여러 가지 놀이로서 전통성, 역사성, 고유성, 지속성을 지니고 있다. 전통놀이는 그 사회가 지키고자 한 신념과 가치를 담고 면면히 이어져 발전하는 풍속의 하나로서 민속놀이라고도 한다. 옛날부터 전통문화의 한 부분으로 전해지고 있는 이 전통놀이 속에서 민족의 가치관, 태도, 지식, 개념, 행동 양식을 무의식적으로 터득하고 민족문화에 대한 정체감을 형성하게 된다.

따라서 오늘날 산업화된 생활 방식과 서구화된 교육 과정으로 인해 한국 고유의 놀이 문화를 접할 수 있는 기회가 부족한 영유아에게 현재 그들의 삶의 양식과 조화를 이룬 형태의 전통놀이를 제공하는 것은 문화적으로나 교육적으로 매우 큰 의미가 있다. 전통놀이를 경험하는 것은 영유아의 발달을 촉진할 뿐만 아니라 전통문화를 이해하고 계승 발전시킬 수 있는 가장 효과적인 교육 방법인 것이다. 전통놀이의 교육적 가치는 다음과 같다.

(1) 즐거움과 흥미 제공

현대의 놀이와는 다른 매력적인 내용으로 즐거움과 흥미를 제공한다.

(2) 자아 존중감 발달

정서를 풍요롭게 하고 자아 존중감을 발달시킨다.

(3) 신체 운동 능력 발달

소근육, 공간 지각력, 협응력 등 신체 운동 능력을 발달시켜 건강한 생활을 유지할 수 있다.

(4) 사회성 발달

놀이의 규칙을 경험할 수 있으며, 놀이 집단 내에서 또래들과 어울리는 가운데 공동체 의식과 협동심 등 사회성이 발달한다.

(5) 언어 발달

흥을 돋우는 노래나 고유의 언어 및 표현들을 접하면서 어휘, 유머, 리듬감 등이 발달한다.

(6) 인지적 발달

전통놀이를 통해 공간 개념, 수 개념, 시간 개념 등이 형성되고 인지 능력이 발달한다.

(7) 창의성 발달

전통놀이에서는 특별한 놀잇감이 없어도 또래가 있으면 혹은 주변에서 쉽게 구할 수 있는 자연물이 있으면 함께 놀이의 용도에 맞게 이용하거나 자신의 생각대로 만들어 활용함으로써 창의성이 발달한다.

(8) 민족 정체성 확립

민족적 정체성 확립에 기여할 수 있다. 전통놀이에는 그 문화의 관습, 믿음, 가치관, 정서가 포함되어 있으므로 놀이를 통해 문화적 정체감을 내면화할 수 있다.

(9) 자연물과의 친숙함 발달

실외 환경과 자연물을 이용한 놀잇감을 통해 자연과 친숙해질 수 있는 기회를 제공한다.

2. 한국 전통놀이의 특징

1) 일반적 특징

(1) 시기별 특징

영아기 놀이와 아동기 놀이에 비해 유아기 놀이가 적으며, 아동기 놀이의 경우 다양한 연령대의 사람들이 함께 참여하여 즐긴다.

1~2세 영아가 즐길 수 있는 전통놀이로는 도리도리, 고네고네, 곤지곤지, 따로따로, 불무불무, 죔죔 등이 있는데, 주로 놀이 명칭이 단순하고 쉽게 발음되어 알아듣기 편한 반복적 구절로 되어 있으며, 근육 운동 기능의 훈련을 위한 목적에서 고안된 놀이가 많다. 이 시기의 놀이들은 대체로 성인이 이끌어 주거나 놀이 상대가 되어 준다.

3~5세의 유아를 위한 놀이는 다른 시기의 놀이에 비해 상대적으로 적다. 자장가, 약손, 까치야 까치야, 목말타기, 꼬부랑 할머니 등이 있는데, 이 중 목말타기는 신체

놀이이고 나머지는 모두 노래놀이다. 아마도 이 시기에는 나이 많은 아동과 성인의 놀이를 지켜보거나 흉내 내며 놀았을 것으로 보인다.

7~13세 아동을 위한 놀이는 소년, 소녀, 성인 남녀가 함께 참여할 수 있는 형태가 많다. 예를 들어 과녁 맞추기, 투호, 팔씨름, 활쏘기, 씨름, 연날리기, 자치기 등은 성인 남자들과 청년들이 주로 했던 놀이지만 7~13세 남아들이 함께 참여하여 즐겼던 것으로 추측된다. 그네뛰기, 널뛰기, 덕석몰이, 기와밟기, 청어엮기놀이 등도 한가윗날이나 대보름날에 처녀들이 주로 즐겼던 놀이지만 여아들이 옆에서 보면서 함께 참여했던 것 같다.

(2) 성별 특징

영유아기에는 성에 따른 놀이의 분화가 뚜렷하지는 않은 편이지만 연령이 높아짐에 따라 남아의 놀이가 여아의 놀이보다 많아진다. 그러나 칠교놀이, 윷놀이, 산가지놀이는 남녀 영유아가 모두 즐겼던 것으로 추정된다.

(3) 집단놀이 형태

대부분의 전통놀이는 규칙 있는 게임으로 집단놀이다. 영유아기의 놀이를 제외한 많은 전통놀이들은 두 명 이상의 인원이 함께 어울려 할 수 있는 집단놀이 형태다.

(4) 실내놀이와 실외놀이

실내놀이에 비해 실외놀이가 많다. 실내에서 할 수 있는 대표적인 놀이로는 그림자놀이, 남승도놀이, 따로따로, 산가지놀이, 달강달강, 승경도놀이, 약손, 이거래 저거래, 칠교놀이 등이 있다.

(5) 계절과 절기

전통놀이들은 풍속의 하나로 존재해 왔기에 계절이나 절기와 관련된 경우가 많다. 전통 아동놀이 중 정월에 했던 놀이로 널뛰기, 돈치기, 연날리기, 윷놀이, 이거래 저거래, 자치기, 팽이치기, 제기차기 등이 있으며, 정월 보름날에 했던 놀이로는 달따기, 달맞이, 달집사르기(달집태우기), 쥐불놀이, 줄다리기, 청어엮기놀이, 팔랑

개비 돌리기 등이 있다. 격구 · 그네뛰기 · 줄다리기 · 씨름 등은 오월 단오에, 줄다리기 · 기마전 · 씨름 등은 추석 한가위에 주로 했다. 계절과 관련해서는 눈싸움 · 자치기 · 연날리기는 겨울에, 풀각시놀이는 여름에 행해졌다.

(6) 지역별 다양성

많은 전통놀이가 전국적으로 행해지면서 지역별로 그 명칭과 방법이 다양성을 띠고 있다. 예를 들면 '비석치기'의 경우 '비사치기', '팔방치기', '깨끔뛰기' 등의 명칭으로 불리며 놀이 방법도 매우 다양하다. 개성 지방에서는 약 5m 거리에 선을 그어 한편에 돌을 세워 놓고 먼저 시작하는 사람이 그 돌을 맞히되 손으로 던져서, 발로 차서, 발등에 돌을 얹고 걸어가서, 무릎 사이, 가슴 위, 어깨 위, 팔에 얹은 순서로 놀이를 진행한다. 반면 전남 지방에서는 걸러 맞추기, 한 발걸이, 두 발걸이, 세 발걸이, 재기, 왼발오른발, 토끼, 물팍, 딸 낳고 아들 낳기, 고드름, 깽깽바, 깽바 등 다양하고 복잡한 순서로 진행한다. 그러나 이름이나 방법은 다를지라도 세워 놓은 돌을 정확히 맞춘다는 점은 공통적으로 같다.

2) 연령별 발달 특징

표 13-1 전통놀이의 연령별 발달 특징

연령	발달 특징
출생~2세	• 놀이 명칭이 단순하고 발음이 쉬우며 반복적이다. • 성인이 시범을 보이고 영아가 따라 하는 전통놀이가 대부분이다. 이러한 놀이로 인해 영아는 시각을 통한 변별 능력이 발달하고 시각적 기억력도 증진된다. • 조부모, 부모, 형제 등 여러 사람과 함께 놀이를 하면서 대인 관계의 폭을 넓힌다. • 도리도리, 짝짜꿍, 곤지곤지, 죔죔, 따로따로, 목말타기 등이 있다.
3~5세	• 놀이의 흥을 돋우는 노래가 수반된다. • 언어 중심의 놀이가 대부분이어서 언어 발달을 촉진한다. • 두껍아 두껍아, 깨끔뛰기, 목말타기 등이 있다.

5~7세	• 놀이와 노래가 분리되기 시작한다. • 대부분 규칙 있는 게임의 형식으로 진행된다. • 운동 능력과 인지 능력의 발달을 기본 전제로 하는 놀이가 대부분이다. • 집단놀이가 이루어진다. • 성별 차이가 나타난다. • 놀이에서 성인 협조자가 사라지고 대부분 놀이 도구를 사용한다. • 술래잡기, 공기받기, 윷놀이, 자치기, 팽이치기, 과녁 맞추기, 연날리기, 그네타기, 널뛰기 등이 있다.

3) 놀잇감의 종류

전통놀이를 위한 놀잇감으로는 주로 집 근처의 논밭, 시냇물, 산과 들에서 구하기 쉬운 나무토막, 나뭇가지, 풀, 돌멩이, 짚 등이 사용되었다. 이러한 자연물들은 가공되지 않은 채 자연 그대로 사용되거나 공기놀이, 산가지놀이, 돌차기, 제기차기, 풀각시놀이 등과 같이 약간의 가공을 거쳐 사용된 경우도 있다. 반면 죽마놀이, 널뛰기, 그네타기, 연날리기, 썰매타기, 팽이치기처럼 놀잇감을 제작해야만 놀이가 가능한 것들도 있다.

3. 교사의 역할과 지도 시 유의점

1) 교사의 역할

전통놀이를 교육 현장에 뿌리내리게 하기 위해서는 교사의 역할이 중요하다. 교사는 다음과 같은 역할을 수행해야 한다.

(1) 스스로 즐겁게 참여하는 본보기

교사가 즐겁게 놀아야 한다. 영유아에게 전통놀이의 방법을 가르친다고 생각하지 말고 스스로 즐겁게 놀이를 시작하면 영유아는 어깨너머로 자연스럽게 보면서 따라하게 된다.

(2) 전통놀이의 개선과 활용

융통성을 발휘하여 전통놀이의 방법과 도구를 현대 사회에 적합하게, 규칙은 영유아와 의논하여 다양하게 변형하고 놀이의 특성에 따라 각 영역의 교구를 활용 및 응용함으로써 놀이의 즐거움을 자연스럽게 전달할 수 있다. 이를 통해 영유아가 전통놀이에 익숙해지면 쉽게 참여도를 높일 수 있다.

(3) 전통놀이의 일상화

전통놀이를 일상생활 속에서 지속적으로 경험할 수 있는 기회를 제공한다. 대부분의 교육기관이 '우리나라' 혹은 '명절'이라는 생활 주제를 전개할 때만 전통놀이를 실시하는 것으로 나타났다. 이렇게 전통놀이를 특정 시기나 주제에 맞춰 일회적으로 혹은 행사용으로 실시하는 것은 전통놀이가 지니는 본질적인 개념을 벗어난 것이다. 따라서 때와 장소를 의식하지 않고 항상 즐겼던 예전의 놀이처럼 영유아의 전통놀이도 일상적으로 자연스럽게 자리 잡을 수 있도록 힘써야 한다.

(4) 자료와 공간 제공

딱지치기, 비석치기, 팽이치기, 제기차기, 공기놀이, 고무줄놀이와 같이 비교적 간단한 전통놀이는 주제와는 상관없이 일상적으로 항상 놀 수 있도록 적절한 자료와 공간을 마련해 주어 자연스럽게 익힐 수 있도록 한다.

(5) 전통놀이와 교육 활동의 통합

전통놀이를 역할놀이, 수, 과학, 문학, 음악, 미술 등 교육 활동과 통합하여 실시한다. 이를 통해 영유아가 전통놀이에 대한 이해를 넓히고 친숙해지면서 자긍심을 갖게 된다.

2) 지도 시 유의점

교사는 자유 선택 활동 시간이나 산책 시간 등 적절한 때에 전통놀이를 소개하여 영유아가 관심을 갖고 익숙해지도록 지도해야 한다. 민속의 날 또는 민속의 달을 정하여 가끔 한 번씩 시행하는 이벤트식의 접근이 아닌 영유아의 일상이 되도록 노력할 필요가 있다. 그러기 위해서는 교사가 전통놀이의 방법, 규칙, 놀이 도구 등에 대해 더 많은 관심을 가져야 할 것이다. 지도 시 유의점은 다음과 같다.

① 영유아의 발달 수준이나 연령 수준에 맞는 놀이를 제공한다. 3세 미만의 영유아에게는 방법이나 규칙이 단순한 전통놀이를 소개한다. 노래를 부르며 주로 몸을 이용하는 신체놀이가 적합하다. 또한 교사는 영유아의 놀이에 참여하여 놀이 상대가 돼주어야 한다. 3세 이상의 유아는 규칙이 있는 게임 형식의 전통놀이가 신체적 · 인지적 발달 수준에 적합하며, 매력적인 게임 도구를 제공하여 흥미를 돋우는 것이 좋다.

② 전통놀이는 승부의 결과보다는 현대 놀이와 다른 전통적인 놀잇감을 사용하여 색다른 방법으로 진행하는 독특성을 즐기도록 지도한다.

③ 영유아와 함께 의논하여 전통놀이의 방법, 규칙, 놀잇감 등을 흥미, 계절, 상황 등에 맞춰 다양하게 변형하고 확장한다.

④ 전통놀이를 위한 환경을 조성한다. 먼저 전통놀이 영역을 실내와 실외에 고정적으로 배치하여 영유아가 지속적으로 놀이를 하거나 운동놀이 영역, 개방된 공간 등에서 놀이를 할 수 있도록 적당한 장소를 마련한다. 아울러 전통놀이에서 사용되는 도구나 놀잇감 중에 영유아의 발달 수준에 적합하지 않은 것들의 난이도를 조절하여 적합한 형태로 제공한다.

4. 실제 활동

1) 풀각시놀이

[1] 대상 연령 : 만 2세

[2] 활동 목표

- 정서 조절 능력이 발달한다.
- 사회성이 발달한다.

[3] 활동 자료

약 15cm의 나뭇가지 또는 수수깡, 산기슭에 자라는 풀 또는 부추, 여러 색의 헝겊

[4] 활동 방법

(1) 도입

해당 활동의 진행 방법을 설명한다.

- 풀과 나뭇가지로 각시(인형)를 만들어 풀각시놀이를 해볼까요?

(2) 전개

① 풀을 15cm 정도의 나뭇가지나 수수깡에 묶은 후 다시 뒤집어 머리카락처럼 둥글게 만든다(머리를 땋거나 쪽머리로 만들 수 있다).

- 각자 풀각시를 만들어 볼까요?
- 나뭇가지가 몸이 되고 풀은 머리카락이 되도록 만들어 보아요.

② 여러 색의 헝겊으로 저고리와 치마를 만들어 입힌다.

- 각시의 모습이 마음에 드나요?

③ 만든 각시를 이용하여 신랑신부놀이나 기타 인형놀이의 시범을 보인다.

- 풀각시로 어떤 인형놀이를 할 수 있을까요?

(3) 마무리 및 평가

놀이를 마친 후 정리를 하고 본 활동을 평가한다.

- 풀각시놀이를 해보니 어떤가요?
- 어떤 점이 재미있었나요?
- 힘든 점은 없었나요?

[5] 기타 사항

- 인형을 만들 때 어려움이 없도록 개별적으로 지도한다.
- 또래 간에 전통 인형을 이용하여 충분한 상호작용이 일어날 수 있도록 지도

한다.

놀이의 유래

풀각시놀이란 여자아이들이 풀로 각시를 만들어 놀았던 것에서 비롯된 말로, 일반적으로 각시놀이라고도 한다. 푸른 풀을 뜯어다가 머리채를 만들고 나무를 깎아 붙인 다음 붉은 치마를 입히는데 이를 각시라 한다. 이부자리와 머리맡 병풍을 펴놓고 놀이를 하기도 했다.
풀을 가지고 하는 또 다른 놀이로 풀싸움이 있다. 풀싸움은 주로 봄철에 하지만 풀이나 나무가 자라지 않는 겨울을 제외하고는 언제든지 할 수 있다. 여러 가지 풀잎을 뜯어 와서 비교하여 양이 많은 사람이 이긴다. 풀의 줄기를 서로 엇갈리게 걸고 자기 쪽으로 잡아당겨 상대방의 풀을 끊으면 이기는 놀이 방법도 있다. 잎이 많이 달린 풀을 놓고 가위바위보를 하여 이긴 사람이 한 잎씩 뜯어내서 먼저 잎을 떼어 내면 이기는 방법으로 놀이를 하기도 한다.

2) 투호

[1] 대상 연령 : 만 2세

[2] 활동 목표

- 대소 근육이 발달한다.
- 민첩성과 정확성을 기른다.

[3] 활동 자료 : 화살, 투호병

[4] 활동 방법

(1) 도입

해당 활동의 진행 방법을 설명한다.
- 병 속으로 화살을 던져 넣는 투호를 해볼까요?

(2) 전개

① 일정한 거리(약 1m)에 투호병을 둔다.
- 앞에 투호병이 보이나요?

- 이제 화살을 던져 볼까요?

② 한 명씩 앞으로 나와서 앞에 있는 투호병 속으로 화살을 던진다. 교사가 먼저 시범을 보인다.

- 투호병에 들어간 화살의 수가 점수가 되는 거예요.

(3) 마무리 및 평가

놀이를 마친 후 정리를 하고 본 활동을 평가한다.

- 투호를 해보니 어떤가요?
- 어떤 점이 재미있었나요?
- 힘든 점은 없었나요?

[5] 기타 사항

활동에 잘 참여하지 못하는 영아들은 개별적으로 교사와 함께 활동한다.

놀이의 유래

투호는 본래 중국 당나라에서 성행했던 것으로, 일정한 거리에 놓인 병 속에 화살을 더 많이 던져 넣는 편이 이기는 놀이다. 우리나라에도 일찍부터 전래되었는데, 조선 시대에 와서 궁중과 조정의 고관들이 잔치 때 여흥으로 즐겼다고 한다. 전통 투호는 『예기禮記』에도 기록된 바와 같이 투호살의 투입법에 있어서도 투이법, 삼투법, 기투법 등 각각 그 법칙과 격식이 정해져 있고 투호살이 꽂히는 데도 특유의 명칭이 있으며 의례가 엄격하고 다양했다고 전해진다. 투호병의 크기는 한 자 정도이고 병 속은 팥으로 채운다. 병과 던지는 사람의 거리는 두 살 반(여섯 자) 정도 두고 두 자 네 치 정도 되는 투호살 열두 개를 던진다.

3) 닭살이

[1] 대상 연령 : 만 3세

[2] 활동 목표

- 대근육 조절 능력이 발달한다.
- 순발력과 민첩성을 기른다.

[3] 활동 자료 : 없음

[4] 활동 방법

(1) 도입

해당 활동의 진행 방법을 설명한다.

- 닭과 살쾡이를 정해서 닭살이를 해볼까요?

(2) 전개

① 손을 잡고 둥글게 원을 만든 후 닭이 된 유아는 원 안에 있고 살쾡이(너구리) 역은 원 밖에 선다.

- 양옆의 친구들과 손을 잡고 빙 둘러서서 원을 만들어 볼까요?
- 누가 먼저 닭과 살쾡이 역할을 해볼까요?

② 살쾡이가 "달걀 하나 주면 안 잡아먹지!"라고 외치면 닭은 살쾡이에게 잡히지 않도록 도망친다.

- 살쾡이가 쫓아오기 전에 어서 도망쳐요!

③ 닭이 도망치기 시작하면 살쾡이도 쫓아간다.

④ 닭이 원 밖으로 도망칠 때는 손을 잡은 유아들이 팔을 들어 길을 열어 주고 살쾡이가 통과할 때는 팔을 내리거나 쪼그리고 앉아 닭을 쫓아가지 못하도록 방해한다.

⑤ 살쾡이에게 잡힌 닭이 다음 살쾡이가 되고 다른 유아들 중에서 닭 역할을 정하여 놀이를 이어 간다.

(3) 마무리 및 평가

놀이를 마친 후 본 활동을 평가한다.

- 닭살이를 해보니 어떤가요?
- 어떤 점이 재미있었나요?
- 힘든 점은 없었나요?

[5] 기타 사항

- 안전사고가 발생하지 않도록 조심할 것을 충분히 설명한다.
- 활동에 잘 참여하지 못하는 유아들은 개별적으로 교사와 함께 활동한다.

놀이의 유래

여자아이들이 많이 하는 놀이다. 닭살이라는 놀이의 이름은 살쾡이(너구리)가 닭을 잡아간다는 데서 유래한다. 옛 농가에서는 가축을 잡아먹는 짐승들이 큰 걱정이었기 때문에 이를 쫓는 일이 중요했다. 힘을 모아 닭 등의 가축을 지키려 한 농가의 사정이 반영된 놀이라 할 수 있다. 놀이의 명칭은 전남에서는 '닭살이', 경남에서는 '통닭', 충북에서는 '닭잡기'라고 부른다. 이 놀이는 현재 '쥐와 고양이'라는 놀이로 변형되어 행해지고 있다.

4) 꼬리잡기

[1] 대상 연령 : 만 4세

[2] 활동 목표

- 대근육 조절 능력이 발달한다.
- 협동성을 기른다.

[3] 활동 자료 : 없음

[4] 활동 방법

(1) 도입

해당 활동의 진행 방법을 설명한다.

- 두 팀으로 나눠서 꼬리잡기를 해볼까요?

(2) 전개

① 같은 인원수로 두 팀을 만든다.

- 두 명씩 가위바위보를 하여 이긴 유아들이 한 팀이 되고 진 유아들이 다른

팀이 되는 방법이 있는데 어떤가요?

- 윗동네와 아랫동네를 기준으로 나누는 방법도 있어요.

② 각 팀별로 '편장' 이라고 하는 놀이의 대장을 정한다.

- 편장이 정해졌나요?

③ 편장의 뒤에 키 순서대로 일렬로 서서 앞사람의 허리를 잡고 길게 늘어선다.

④ 먼저 상대 팀의 꼬리를 잡는 팀이 승리한다.

- 상대 팀의 꼬리를 잡아 볼까요?
- 넘어지거나 친구를 밀지 않도록 조심해야 해요.

(3) 마무리 및 평가

놀이를 마친 후 본 활동을 평가한다.

- 꼬리잡기를 해보니 어떤가요?
- 어떤 점이 재미있었나요?
- 힘든 점은 없었나요?

[5] 기타 사항

- 안전사고가 발생하지 않도록 조심할 것을 충분히 설명한다.
- 승패에 연연하지 않고 놀이를 즐기도록 지도한다.

놀이의 유래

꼬리잡기는 중부 이남 지방에서는 '꼬리따기' 라고 불렀으며 제주도에서는 '기러기놀이' 라고도 했다. 꼬리따기라 함은 대열의 맨 뒤에 있는 사람을 붙잡아 떼어 낸다는 뜻이며 기러기놀이라는 명칭은 마치 기러기 떼처럼 길게 늘어선 모습에서 붙은 이름이다. 전라남도에서는 일렬로 논둑과 밭둑을 기어가는 들쥐 행렬의 맨 끝에 있는 쥐를 잡아뗀다는 의미에서 '쥐새끼놀이' 라고 한다.

5) 팽이치기

[1] 대상 연령 : 만 4세

[2] 활동 목표

- 소근육이 발달한다.
- 민첩성과 순발력을 기른다.

[3] 활동 자료 : 팽이, 팽이채

[4] 활동 방법

(1) 도입

해당 활동의 진행 방법을 설명한다.

- 팽이채로 팽이를 돌리는 팽이치기를 해볼까요?
- 팽이치기는 오래 도는 팽이가 이기는 놀이에요.

(2) 전개

① 팽이채로 팽이를 돌리는 방법을 알려 준다(시범을 보인다).

- 한 손에 팽이를 쥐고 다른 손으로 팽이채를 든다.
- 팽이채의 끈으로 팽이의 허리를 감아 바닥에 세운 후 팽이채를 힘차게 빼면서 팽이를 돌린다.
- 팽이채로 팽이의 허리를 쳐서 오래 도는 팽이가 이긴다.

② 줄을 감아 던져 돌리는 방법을 알려 준다(시범을 보인다).

- 팽이의 위쪽 쇠에 한 번 줄을 감아 내려와 아래쪽 쇠를 감아 올라가되 줄을 끝에서 약간 남긴다.
- 한 손에 팽이를 들고 새끼손가락 사이에 줄을 끼워 말아 수평이 되게 하였다가 땅바닥에 힘차게 던져서 가장 오래 도는 팽이가 이긴다.

③ 돌고 있는 팽이끼리 맞부딪쳐 쓰러뜨리는 방법도 있다.

④ 시범을 보인 두 가지 방법으로 팽이치기를 한다.

(3) 마무리 및 평가

놀이를 마친 후 정리를 하고 본 활동을 평가한다.

- 팽이치기를 해보니 어떤가요?
- 어떤 점이 재미있었나요?
- 힘든 점은 없었나요?

[5] 기타 사항

- 안전사고가 발생하지 않도록 조심할 것을 충분히 설명한다.
- 승패에 연연하지 않고 놀이를 즐기도록 지도한다.

놀이의 유래

신라의 성덕왕 19년(720)에 쓰인 『일본서기日本書紀』에 팽이가 전래되었다는 기록을 통해 이미 삼국 시대부터 팽이치기가 행해졌음을 추측할 수 있다. 팽이는 먼 옛날 도토리나 상수리처럼 둥글고 길쭉한 물체를 돌리기 시작한 데서 유래되었다고 한다. 고대 문헌들에서는 '핑이'라는 명칭으로 기록된 것을 볼 수 있는데, 18세기 말까지도 이 용어가 사용되었다고 한다.

옛날 시골에서는 아이들이 나무로 팽이를 직접 깎아 만들어 겨울에 강가, 연못, 논바닥 등의 얼음 위에서 팽이치기를 즐겼다. 팽이채는 50cm 정도 되는 새끼손가락만 한 굵기의 나무 끝에 명주실로 꼰 노끈을 매서 만들었다. 울릉도에서는 해변에서 팽이와 비슷한 돌을 주워 돌팽이를 돌렸다고 하며, 기와집의 굵은 기둥 크기의 나무를 잘라 커다란 동네 팽이를 만들었다고도 한다. 동네 팽이의 풍습은 승부가 중요한 것이 아니라 이웃들이 함께 모여 놀이를 하면서 재미를 느끼고 친목을 도모하는 데 의미가 있었다.

6) 딱지치기

[1] 대상 연령 : 만 4세

[2] 활동 목표

- 대소 근육이 발달한다.
- 민첩성과 정확성을 기른다.

[3] 활동 자료 : 딱지

[4] 활동 방법

(1) 도입

해당 활동의 진행 방법을 설명한다.

• 다양한 방법으로 친구들과 함께 딱지치기를 해볼까요?

(2) 전개

① 첫 번째 딱지치기 방법으로 '뒤집기'를 설명한다.

- 가위바위보로 순서를 정하여 선이 된 유아를 제외한 다른 유아들이 딱지 한 장씩을 바닥에 놓는다.
- 선이 된 유아가 자기 딱지로 바닥의 딱지를 쳐서 뒤집는다.
- 딱지를 넘기면 그 딱지로 계속 놀이를 할 수 있으며 실패하면 자기 딱지를 그 자리에 두고 다음 사람에게 기회를 넘긴다.

② 두 번째 딱지치기 방법으로 '쳐내기'를 설명한다.

- 원을 그린 다음 가운데에 선을 제외한 다른 유아들이 딱지 한 장씩을 바닥에 놓는다.
- 선이 된 유아는 자기 딱지로 원 안에 있는 딱지를 쳐서 쳐내기를 한다.
- 상대방의 딱지가 원 밖으로 나가면 그 상대방이 다른 딱지를 다시 바닥에 대주고, 선이 쳐내기에 실패하면 자기 딱지를 그 자리에 두고 다음 사람에게 기회를 넘긴다.

③ 세 번째 딱지치기 방법으로 '벽치기'를 설명한다.

- 자기 딱지를 벽에 힘껏 때려 벽에서 가장 멀리 튕겨 나간 사람이 나머지 딱지를 모두 갖는다.

④ 네 번째 딱지치기 방법으로 '날리기'를 설명한다.

- 딱지를 던져 가장 멀리 날아간 사람이 나머지 딱지를 모두 갖는다.

⑤ 네 명씩 소그룹으로 나눠 딱지치기를 한다.

(3) 마무리 및 평가

놀이를 마친 후 정리를 하고 본 활동을 평가한다.

- 딱지치기를 해보니 어떤가요?
- 어떤 점이 재미있었나요?
- 힘든 점은 없었나요?

[5] 기타 사항

- 활동에 잘 참여하지 못하는 유아들은 개별적으로 교사와 함께 활동한다.
- 승패에 연연하지 않고 놀이를 즐기도록 지도한다.

놀이의 유래

농촌 지역에서 주로 겨울철에 나무껍질이나 종이로 딱지를 만들어 2~3명의 유아들이 양지 바른 곳에서 즐겨 하던 민속놀이로 지역에 따라 때기치기, 양지치기, 표치기라고도 하며 놀이 방법도 약간씩 다르다.

7) 땅따먹기

[1] 대상 연령 : 만 4세

[2] 활동 목표

- 대소 근육이 발달한다.
- 수학적 개념이 발달한다.

[3] 활동 자료 : 없음

[4] 활동 방법

(1) 도입

해당 활동의 진행 방법을 설명한다.

- 세 명씩 조를 짜서 땅따먹기를 해볼까요?

(2) 전개

① 땅에 큰 원이나 큰 사각형을 그린 후 구석 중에 한 귀퉁이를 각자 정하여 맡는다.

② 가위바위보를 하여 이긴 유아가 한 뼘씩 땅을 차지하면서 영역을 계속 넓혀 나간다. 가장 넓은 면적을 차지하는 사람이 이긴다.

③ 소그룹으로 놀이를 진행한다.

(3) 마무리 및 평가

놀이를 마친 후 본 활동을 평가한다.

- 땅따먹기를 해보니 어떤가요?
- 어떤 점이 재미있었나요?
- 힘든 점은 없었나요?

[5] 기타 사항

활동에 잘 참여하지 못하는 유아들은 개별적으로 교사와 함께 활동한다.

놀이의 유래

우리의 전통놀이 중에는 땅과 관련된 놀이들이 많다. 땅은 예나 지금이나 변함없는 삶의 터전이기 때문이다. 농경 사회에서 땅은 농민에게 곧 생산을 상징한다. 더 넓은 땅은 더 많은 곡식과 풍요를 의미하는 것이다. 그러나 봉건적 토지 제도 아래서 농민들의 농토는 매우 적거나 아예 없었다. 그들이 보다 넓은 땅, 보다 넓은 터전을 원했던 것은 당연한 일이다. 땅따먹기는 그러한 농민들의 바람이 반영된 놀이다. 아이들은 땅따먹기를 하면서 흙과 친숙해지고 땅의 소중함을 배울 수 있었다. 그러면서 땅을 넓혀야 한다는 생각을 은연중에 갖게 되었을 것이다. 농민들의 간절한 바람과 진취적인 욕구가 다른 어떤 놀이보다 짙게 배여 있으며 그들의 애환과 건강한 정신이 깃든 놀이라 하겠다.

『조선 향토오락朝鮮 鄕土娛樂』 문헌에는 '땅뺏기'라는 명칭으로 기록되어 있으며 '꼭꼬락치기', '꼬락치기', '땅따먹기', '땅빼앗기', '땅재먹기'로도 불린다. 뼘, 즉 손으로 재는 단위를 이용하여 땅을 재먹는 놀이라 하여 '땅재먹기'라 하며 '꼭꼬락치기'와 '꼬락치기'는 손가락으로 작은 돌을 튕겨 하는 놀이라 하여 유래한 이름이다.

8) 공기놀이

[1] 대상 연령 : 만 5세

[2] 활동 목표

- 소근육 조절 능력이 발달한다.
- 수세기 능력이 발달한다.

[3] 활동 자료 : 공깃돌(공기 알) 다섯 개

[4] 활동 방법

(1) 도입

해당 활동의 진행 방법을 설명한다.

- 공깃돌을 가지고 공기놀이를 해볼까요?
- 이 알들은 공깃돌이라고 해요. 예전에는 주변에서 쉽게 볼 수 있는 작은 돌들을 주워서 놀이에 사용했다고 해요.

(2) 전개

① 공깃돌 다섯 개를 바닥에 흩뿌린다.

② 한 알 집기부터 꺾기까지 시범을 보인다.

- '한 알 집기' 는 다섯 알 중 한 알을 위로 던져 놓고 바닥에서 한 알을 집은 다음 떨어지는 공깃돌을 받는 것이다. 이렇게 나머지 네 알을 차례대로 받는다.
- '두 알 집기' 는 한 알을 위로 던져 놓고 네 알 중 두 알씩 두 번 집어서 받는다.
- '세 알 집기' 는 한 알을 위로 던져 놓고 네 알 중 세 알이나 한 알을 두 번 집어서 받는다.
- '네 알 집기' 는 공깃돌을 손안에 모두 쥐고 한 알을 위로 던진 다음 네 알을 바닥에 내려놓고 내려오는 한 알을 받은 뒤 다시 위로 한 알을 던지고 바닥의 네 알을 집은 후 한 알을 받아야 한다.

■ 마지막 '꺾기'는 다섯 알을 위로 던져 두 알 이상을 손등으로 받은 다음 다시 위로 던져 손바닥으로 잡는다.

③ 활동 규칙을 설명한다.

■ 잡으려는 공깃돌 외에 다른 공깃돌을 건드리면 기회를 잃는다.
■ 던져 올린 공깃돌을 받지 못하면 기회를 잃는다.
■ 손등에 올린 공깃돌을 모두 잡아내지 못하면 기회를 잃는다.
■ 위의 규칙들을 지키지 못하면 다음 사람에게 기회가 넘어간다.
■ 꺾기까지 실수 없이 모두 끝내서 2년(두 알) 이상을 얻으면 다시 한 알 집기부터 시작하여 연수를 더해 간다.

(3) 마무리 및 평가

놀이를 마친 후 정리를 하고 본 활동을 평가한다.

• 공기놀이를 해보니 어떤가요?
• 어떤 점이 재미있었나요?
• 힘든 점은 없었나요?

[5] 기타 사항

활동에 잘 참여하지 못하는 유아들은 개별적으로 교사와 함께 활동한다.

놀이의 유래

공기놀이는 삼국 시대에 이미 널리 보급되었다고 한다. 여자 유아들이 작은 돌을 던져서 잡거나 놓는 등 여러 가지 방법으로 재주를 겨루는 놀이다. 조선 헌종 때 이규경의 『오주연문장전산고五洲衍文長箋散稿』에 아이들이 둥근 돌을 갖고 노는 놀이가 있어 '공기'라고 한다는 기록이 있다. 공깃돌을 바닥에 흩뿌렸다가 던져 올린 공깃돌 하나를 다시 집는 동안 바닥에 있는 한 알부터 네 알까지를 규칙에 맞춰 차례로 집어 올리는 민첩한 손동작이 필요하다. 옛날에는 깨진 기왓장이나 돌을 사용했으나 요즘은 플라스틱 제품을 손쉽게 구할 수 있다.

9) 윷놀이

[1] 대상 연령 : 만 5세

[2] 활동 목표

- 소근육이 발달한다.
- 민첩성과 순발력을 기른다.
- 협동성을 기른다.

[3] 활동 자료 : 윷가락(윷짝) 네 개, 윷판, 말

[4] 활동 방법

(1) 도입

① 해당 활동의 진행 방법을 설명한다.

- 두 팀으로 나눠 윷놀이를 해볼까요?
- 윷을 던지는 순서를 정해 볼까요?

(2) 전개

① 윷가락 네 개를 세워서 잡고 동시에 던진다. 이때 던진 윷가락이 윷판의 밖으로 나가면 무효가 되어 상대 팀으로 기회가 넘어간다.

② 윷가락을 던져서 나온 결과에 따라 판에 말을 표시하는데, 다음과 같이 다섯 가지 사위가 있다.

- 도(돼지) : 한 칸 진행 – 윷가락의 평평한 앞면이 한 개인 경우
- 개(개) : 두 칸 진행 – 앞면이 두 개인 경우
- 걸(양) : 세 칸 진행 – 앞면이 세 개인 경우
- 윷(소) : 네 칸 진행 – 앞면이 네 개인 경우
- 모(말) : 다섯 칸 진행 – 모두 볼록한 뒷면인 경우

③ 활동 규칙을 설명한다.

- 윷판에서 도는 1밭, 개는 2밭, 걸은 3밭, 윷은 4밭, 모는 5밭만큼 앞으로 나간다. 윷가락이 나오는 사위대로 말을 이동시켜 한 바퀴를 돌면 내보낸다.

말이 한 바퀴를 돌면 한 동, 두 바퀴를 돌면 두 동이 되는데, 넉 동을 먼저 도는 팀이 이긴다.

- 앞에 가는 상대방의 말을 잡을 수 있으며 이럴 경우 한 번 더 윷가락을 던질 수 있다. 윷이나 모가 나와도 한 번 더 던진다.

(3) 마무리 및 평가

놀이를 마친 후 정리를 하고 본 활동을 평가한다.

- 윷놀이를 해보니 어떤가요?
- 어떤 점이 재미있었나요?
- 힘든 점은 없었나요?

[5] 기타 사항

승패에 연연하지 않고 놀이를 즐기도록 지도한다.

놀이의 유래

삼국 시대 이전부터 전해 오는 민속놀이로 대개 정월 초하루부터 보름날까지 즐긴다. 부여족이 다섯 가지 가축을 다섯 부락에 나눠 주고 그 가축들을 경쟁적으로 번식시킬 목적에서 유래한 놀이다. '도'는 돼지, '개'는 개, '걸'은 양, '윷'은 소, '모'는 말에 비유한다. 도는 한 밭, 개는 두 밭, 걸은 세 밭, 윷은 네 밭, 모는 다섯 밭을 가는데 이는 각 가축의 체구와 걷는 속도를 응용한 것이다.
그 옛날 윷놀이는 새해가 되면 풍년과 흉년을 점치는 놀이이기도 했다. 그래서 윷말 이름도 농사와 관계가 깊은 가축 이름을 따서 지었다고 한다. 윷판은 29개의 동그라미로 되어 있는데 바깥 원은 하늘을, 안의 직선 부분은 땅을 본떠 우주 만물을 상징하도록 만들었다. 윷판은 하늘이 땅바닥까지 둘러싼 것을 뜻하며 말의 진행 방향은 봄, 여름, 가을, 겨울의 사계절에 대한 변화를 나타낸다. 즉 윷놀이는 우주 전체를 말판으로 삼아 만물을 움직이는 놀이다.
윷은 지역에 따라 다양하지만 크게 가락윷(채윷)과 밤윷의 두 가지가 있다. 가락윷은 박달나무 · 통싸리나무 · 밤나무 같은 단단한 나무로 만드는데 주로 남자들이 많이 쓰는 밤나무윷은 크고 무겁게 만들며, 여자들이 쓰는 박달나무윷은 작고 예쁘게 다듬어 만든다. 밤윷은 세로로 쪼갠 작은 밤알 크기의 나뭇조각 네 짝을 갖춰 조그만 간장 종지 등에 담아 손바닥으로 덮어 쥐고 흔들다가 바닥에 던진다. 밤윷은 영남 지방에서 많이 사용하며 북부 지방에서는 큰 팥이나 콩을 반으로 쪼갠 팥윷과 콩윷으로도 놀이를 즐겼다.

10) 연날리기

[1] 대상 연령 : 만 5세

[2] 활동 목표

- 대소 근육이 발달한다.
- 협응력을 기른다.

[3] 활동 자료 : 대나무, 창호지, 풀, 실

[4] 활동 방법

(1) 도입

해당 활동의 진행 방법을 설명한다.

- 대나무와 창호지로 연을 만들어 연날리기를 해볼까요?

(2) 전개

① 대나무, 창호지, 풀, 실을 이용하여 연을 만든다.
- 원하는 모양으로 잘 만들어졌나요?

② 만든 연을 가지고 실외로 이동한다.
- 이제 밖으로 나가서 연을 날려 볼까요?

③ 연줄을 잡고 앞으로 달리면 바람에 의해 연이 하늘로 올라가 날게 된다.
- 연이 잘 날고 있나요?
- 다른 연줄과 꼬이지 않도록 조심하도록 해요.

④ 개별 활동으로 진행한다.

(3) 마무리 및 평가

놀이를 마친 후 정리를 하고 본 활동을 평가한다.

- 연날리기를 해보니 어떤가요?
- 어떤 점이 재미있었나요?

• 힘든 점은 없었나요?

[5] 기타 사항

활동에 잘 참여하지 못하는 유아들은 개별적으로 교사와 함께 활동한다.

놀이의 유래

연은 창호지에 댓가지를 붙이고 실로 벌이줄을 매어 공중에 날리는 것으로 풍연이라고도 한다. 신라의 진덕 여왕 즉위 원년에 비담과 염종의 반란이 있어 김유신은 풍연을 만들어 남몰래 불을 붙여 하늘에 높이 띄우고 백성들에게 별이 다시 하늘로 올라갔으니 여왕이 크게 승전할 것이라고 호언했다. 이로 인해 민심이 수습되고 군사들은 사기가 충전하여 싸움에 크게 이겼다고 한다.

연에 관한 이야기는 고려 말에도 있다. 명장 최영 장군은 몽골 인들의 반란을 평정했던 제주도 정벌 때 연에 불을 매달아 성에 침입함으로써 적을 이길 수 있었다고 전해진다. 조선 시대에는 이순신 장군의 난중일기에 왜군과의 해전에서 가까운 성의 아군과 통신하는 신호등으로 연을 사용했으나 이후에는 무기로 사용했다고 기록되어 있다. 영조는 손수 연날리기를 즐겼으며 전국적으로 연날리기를 장려하여 많은 백성이 이를 따랐다고 한다. 특히 여러 지방에서 정월 보름날에 연날리기가 성행하는 것은 사계절 중 이때가 연날리기에 가장 적당한 북서풍이 불기 때문이다.

참고문헌

고문숙, 이혜주, 임영심, 황정숙(2001). 어린이 놀이지도. 정민사.

고현, 유시덕, 이정남, 이연희, 백현옥, 이창호, 정선주(2008). 미술 교육과 미술 치료. 창지사.

권영례(2006). 교과교육론. 양서원.

권지윤(1994). 운동놀이 프로그램이 아동의 운동 능력 및 사회적 행동 변화에 미치는 영향. 명지대학교 대학원 석사학위 논문.

김광웅(2001). 유아교육심리학. 창지사.

김광웅, 유미숙, 박영애, 유가효, 최영희, 방은령(2003). 놀이와 아동발달. 시그마프레스.

김광웅, 유미숙, 유재령(2004). 놀이치료학. 학지사.

김나영, 김성원, 김정희, 석은조, 이순복(2008). 놀이지도. 양서원.

김미숙, 박숙영, 최민숙, 최은미 역(2006). 놀이의 이해와 지도 : 출생에서 8세까지. 박학사.

김민정(2003). 유치원생의 놀이 프로그램 참여가 사회성 발달에 미치는 영향. 전주대학교 교육대학원 석사학위 논문.

김성민(2001). 유아의 기질, 성 및 형제 유무에 따른 놀이 행동 연구. 서원대학교 대학원 석사학위 논문.

김송이, 정지나, 최혜영, 민성혜(2011). 영유아 관찰 및 실습. 양서원.

김수영, 김수임, 김현아, 정금자(2002). 유아놀이의 이론과 실제. 양서원.

김수영, 김수임, 김현아, 정정희(2009). 놀이지도 개정판. 양서원.

김아영(2000). 관찰연구법. 교육과학사.

김연진(2000). 유치원 전통놀이 교육에 대한 현황 연구. 이화여자대학교 교육대학원 석사학위 청구논문.
김영애(1992). 극화놀이가 유아의 자아 개념에 미치는 영향. 한국교육대학교 교육대학원 석사학위 논문.
김윤호(2000). 조선의 민속전통, 민속놀이. 대산출판사.
김익균, 구현아, 김경림, 김영희, 윤정란, 장문규, 정혜숙, 채소희(2010). 보육 과정. 파워북.
김정준, 김정화, 신유림(1999). 유아에게 적합한 125가지 놀잇감. 창지사.
김지은(2008). 영아 관찰 및 행동 연구. 학현사.
김지은, 김진숙(2006). 유아 관찰 및 평가. 양서원.
김진희(2010). 시각적 사고를 적용한 창의력 향상 놀이 시설에 관한 연구. 서울시립대학교 디자인대학원 석사학위 논문.
김청자(2009). 교육심리학의 이해. 동문사.
김춘경(2004). 아동상담－이론과 실제. 학지사.
김현아(2005). 유아의 자기통제, 사려성 및 사회성 향상을 위한 동화와 게임의 통합 프로그램 개발과 적용. 영남대학교 대학원 박사학위 논문.
김현지, 오현주(1997). 유아를 위한 체육 활동 이론과 실제. 양서원.
남현숙(1992). 한국 유아원 아동 어머니의 놀이와 일의 개념 : 질적인 접근. 아동학회지, 13(2).
노수자(2002). 협동적 집단놀이 활동이 유아의 역할 수용 능력에 미치는 영향. 한국교원대학교 교육대학원 석사학위 논문.
류진순(2003). 실외 놀이터의 질적 수준에 따른 유아의 실외 상상놀이에 관한 연구. 덕성여자대학교 교육대학원 석사학위 논문.
류희주(2007). 상징놀이의 시각적 표현. 이화여자대학교 대학원 석사학위 논문.
박찬옥, 김영중, 정남미, 임경애(2002). 유아놀이지도. 학문사.
박혜원, 김말경, 김태경, 류기자, 민선영, 박초아, 원영미, 최지현(2008). 표준 보육 과정의 이해와 적용. 양서원.
배성현(2005). 소집단 협동놀이가 통합된 발달지체 유아의 사회적 기술에 미치는 영향. 단국대학교 대학원 석사학위 논문.
배인자(1999). 사회극놀이에서 또래 집단 구성 유형과 교사 개입이 사회적 놀이 행동과 의사소통 기술에 미치는 효과. 서울여자대학교 대학원 박사학위 논문.
백청일(2005). 유아 교육 과정. 북타운.
보건복지가족부(2008). 보육 프로그램 총론. 육아정책개발센터.
서명원, 안연옥 역(2012). 숨겨진 보물－아이의 내적 자기로 안내하는 지도. 시그마프레스.
서은주(2009). 유아 교육기관에서의 유아 평가에 대한 교사의 인식 및 실태. 경성대학교 교육대학원 석사학위 논문.
손희경(2011). 유아 교육기관에서 실시되는 유아 평가에 대한 연구. 성결대학교 교육대학원 석사학위 논문.
송기숙(2004). 놀이를 통한 음악지도 연구. 제주대학교 교육대학원 석사학위 논문.
송명자(1995). 발달심리학. 학지사.
송승연(2005). 친사회적 협동놀이가 유아의 자아 존중감 발달에 미치는 효과. 한양대학교 교육대학원 석사학위 논문.
송영혜, 이승희 역(2000). 놀이 치료 이론과 실제. 시그마프레스.
신나리, 박경자(1996). 놀잇감의 구조성이 아동의 상상놀이에 미치는 영향. 연세대 생활과학논집, 10.
신동주(1997). 유치원 실외놀이 환경의 질에 관한 연구. 영유아보육학회, 8(12).
신유림(1995). 유아의 상상놀이에서 주도적-추동적 놀이 스타일에 대한 연구. 유아교육연구, 15(2).
신유림, 김선영, 김숙이, 나종혜, 문혁준(2007). 놀이지도. 창지사.
신은수, 김은정, 유영의, 박현경, 백경순(2011). 놀이와 유아 교육. 학지사.
신혜경(2009). 어머니의 놀이 신념이 유아의 또래놀이 상호작용에 미치는 영향. 덕성여자대학교 교육대학원 석사학위 논문.
어주경(1990). 유치원의 흥미 영역과 아동의 놀이 행동과의 관계 : 소꿉, 적목, 작업 영역을 중심으로. 연세대학교 대학원 석사학위 논문.
오연주, 박진옥, 박애순(2007). 자연친화적 놀이지도. 창지사.
오은순(1993). 블록의 유형과 수에 따른 유아의 사회적 행동에 관한 연구. 이화여자대학교 대학원 박사학위 논문.
오은순(1996). 블록놀이 시간 경과에 따른 유아의 사회적 행동 변화에 관한 연구. 유아교육연구, 16(1).
유미숙, 이영미, 장미경 역(1999). 놀이 치료-아동 중심적 접근. 상조사.
유애열(1994). 유아의 상상놀이와 교사 개입에 관한 연구. 연세대학교 대학원 박사학위 논문.
유여진(2000). 유아의 인지 양식에 따른 놀이 유형. 연세대학교 교육대학원 석사학위 논문.
유효순(2000). 아동발달. 창지사.
윤애희, 박정민(1999). 유아 교육의 이론과 실제. 창지사.

이귀숙, 이성한, 하진희(2009). 놀이지도. 동문사.
이기숙(1994). 유아 교육 과정. 교문사.
이기숙, 이은화, 이영자, 이숙재(1995). 유아 발달에 적합한 유치원 실내 교육 환경. 교육부.
이봉선(1998). 어린이집 실외 놀이터 질적 수준에 따른 유아의 놀이 행동 비교. 성신여자대학교 대학원 석사학위 논문.
이사임(1994). 유아의 또래 간 인기도에 따른 놀이 형태 및 놀이 행동. 이화여자대학교 대학원 석사학위 논문.
이숙재(2004). 유아놀이 활동. 창지사.
이숙재(2008). 유아를 위한 놀이의 이론과 실제. 창지사.
이영석, 권대도, 김경중(1985). 유아교육개론. 형설출판사.
이원영(1981). 유아를 위한 교재 및 놀이감. 새세대육영회.
이윤경, 김여경(2000). 사회극놀이에서 교사 개입이 유아의 사회극화놀이 수준, 사회적 기술 및 언어 능력에 미치는 효과. 아동학회지, 21(4).
이은화(2000). 한국의 전통 아동놀이. 어린이와 환경, 안전. 삼성복지재단 어린이개발센터 2000년 제8회 국제학술대회, 189-225.
이은화, 김영옥(1993). 유아 사회 교육. 양서원.
이재훈 역(1998). 그림놀이를 통한 어린이 심리 치료. 한국심리치료연구소.
이정금, 김영란, 강효정, 한미라, 임부연(2007). 산책 활동 경험이 이끌어 주는 유아의 몸과 마음의 세계. 열린유아교육연구, 12(1), 51-74.
이정환, 김희진(2012). 영유아 교육의 교수 학습 방법. 파란마음.
이정환, 박은혜(1995). 교사들을 위한 유아 관찰 워크북. 한국어린이육영회.
이정환, 박은혜(1995). 교사들을 위한 유아 관찰 지침서. 한국어린이육영회.
이종희(1995). 놀이와 교육 : 구성놀이에 대한 재고. 유아교육연구, 15(2).
이진희, 손원경, 안효진, 유연옥 역(2006). 놀이, 발달, 유아 교육. 아카데미프레스.
이한별(2008). 부모의 유아놀이 신념에 따른 유아의 놀이성과 의사소통 능력. 연세대학교 대학원 석사학위 논문.
이향숙, 박성옥, 정영선, 류진아, 황미영, 이기영, 서명원, 강은주(2010). 아동 상담-이론과 기법. 양서원.
임재택, 하정연, 김은주, 박명숙, 최윤정, 박채숙(2006). 얘들아! 산책 가자. 양서원.
장선철(2000). 유아 사회 교육. 동문사.
장은주(1998). 유아의 성별 및 어머니의 양육 태도에 따른 유아놀이와의 관계. 인제대학교 교육대학원 석사학위 논문.

장혜순(2008). 유아놀이의 이론과 실제. 학지사.
전남련, 권경미, 김덕일(2011). 유아 관찰 평가의 이론과 실제. 양서원.
전남련, 김재환, 권경미(2009). 보육 과정. 양서원.
정진, 성원경(2008). 유아놀이지도 이론과 실제. 학지사.
정현숙(1985). 도시와 농촌의 집단 게임 양상에 관한 조사 연구. 이화여자대학교 대학원 석사학위 논문.
정현희(2006). 실제 적용 중심의 미술 치료. 학지사.
조건덕, 유경량, 민광미, 현정희(2011). 보육 과정. 정민사.
조미령(2007). 협동 게임이 유아의 언어 능력과 또래 상호작용의 질에 미치는 효과. 전남대학교 교육대학원 석사학위 논문.
조부경, 고영미, 남옥자(2007). 예비 교사와 현직 교사를 위한 유아 과학 교육. 양서원.
조윤경(2001). 3·4·5세 유아의 레고 구성에 관한 연구. 성신여자대학교 교육대학원 석사학위 논문.
조채영, 임재택(2006). 생태 유아 교육기관에서의 유아들의 놀이에 관한 문화기술적 연구. 열린유아교육연구, 11(3), 145-168.
주리애(2000). 미술 치료는 마술 치료. 학지사.
주리애(2010). 미술치료학. 학지사.
중앙보육정보센터(2009). 조력 프로그램. 육아정책개발센터.
지성애(1992). 도시와 농어촌 남녀 유아들의 사회놀이 행동에 관한 비교 연구. 유아교육연구, 14(1).
지성애(1996). 연령, 성, 활동 영역이 유아의 사회인지적 놀이에 미치는 효과에 관한 연구. 유아교육연구, 16(1).
최미숙(1992). 유아놀이 행동에 관한 연구. 전남대학교 대학원 박사학위 논문.
최소라(2008). 협동놀이가 만 3세 유아의 자기조절 능력 및 정서 인식 능력에 미치는 효과. 숙명여자대학교 교육대학원 석사학위 논문.
최양미, 김길숙, 김혜윤(2009). 놀이지도. 파란마음.
최인숙, 조채영(2004). 동물 형상에 기초한 유아 몸짓놀이 프로그램 개발. 생태유아교육연구, 3(1), 43-69.
하정연, 좌승화, 조채영(2008). 유아놀이지도. 공동체
한국정신문화연구원(1985). 한국인의 학동기 사회화 연구 과정. 한국정신문화연구원.
홍수경(2010). 유아의 놀이에 관한 부모의 인식. 숙명여자대학교 대학원 석사학위

논문.
황해익(2000). 유아 교사를 위한 포트폴리오 평가. 양서원.
황해익(2006). 유아 교육 평가. 양서원.
황해익, 송연숙, 정혜영(2004). 유아 행동 관찰법. 양서원.
황혜정, 김경희, 이혜경, 어주경, 나유미(2003). 아동과 환경. 학지사.

중앙보육정보센터 http://www.educare.or.kr
한국 브리태니커 온라인 http://preview.britannica.co.kr.

Axline, V.(1947). Play Therapy. New York : Ballantine.
Bell, D. R. & Low, R. M.(1977). Observing and recording children's behavior. Richland, WA : performance Associates.
Berk, L. E.(2001). Awakening children's mind : How parents and teachers can make a difference. NY : Oxford University Press.
Berk, L.(2002). Infant, Children, and adolescents(4th ed.). Boston : Allyn & Bacon.
Bretherton, I.(1984). Representing the social world in symbolic play : Reality and fantasy In I. Bretherton(Ed.), Symbolic play : The development of social understanding.
Bretherton, I.(1989). Pretense : The form and function of make-believe play. Developmental Review, 9.
Brewer, J. A.(2006). Early Childhood Education(5th ed.). Needham Heights, MA : Simon & Schaster CO.
Christtie, J. f. & Johnsen, E. P.(1987). Reconceptualizing constructive play : A review of the empirical literature. Merrill-Palmer Quarterly, 33.
Coplan, R. J. F. & Rubin, K. H.(1998). Exploring and assessing non-social play in the preschool : The development and validation of the Preschool Play Behavior Scale. Social Development, 7.
Dewey, J.(1913). Play. In P. Monroe(Ed.), A cyclopedia of education. New York : Macmillan.
Freud, S.(1922). Beyond the pleasure principle. London and Vienna International Psychoanalytical Press.
Fromberg, D. P.(2002). Play and Meaning in Early Childhood Education.

Boston : Allyn & Bacon.

Frost, J, l. & Klein, B. L.(1979). Children's Play and Play-grounds. Boston : Allyn & Bacon.

Garaigordobil, M. & Echebarria, A.(1995). Assesment of a peer-helping game program on children's development. Journal of Research in Children Education, 10(1).

Garvey, C.(1990). Play. Cambridge, MA : Harvard University Press.

Ginsburg, K.(2007). The Importance of play in promoting healthy child development and maintaining strong parent-child bonds. Pediatrics, 119(1).

Hughes, F. P.(1995). Children, Play and Development. Boston : Allyn & Bacon.

Huizinga, J.(1955). Homo ludens : A study of the play-element in culture. Boston : Beacon.

Hutt, C.(1971). Exploration and play in children. In R. E. Herron and B. Sutton-Smith(Eds.). Child's Play. New York : John Wiley & Sons, 231-251.

Johnson, J. E., Chistie, J. F. & Wardle, F.(2005). Play development and early education. New York : Pearson, Allyn & Bacon.

McGinnis, J. R.(2002). Enriching the outdoor environment. Young Children, 57(3), May, 28-30. NAEYC.

Parten, M. B.(1932). Social participation among preschool children. Journal of Abnormal and Social Psychology, 27.

Perlmutter, J. C.(1995). Learning through 'play' as well as 'work' in the primary grades. Young Children, 50(5).

Piaget, J.(1962). Play, Dream and Imitational Childhood. Translated Gattegno. C & Hodgson, F. M.(New York : W. W. Norton & Co).

Ruff, H. A. & Capozzoli, M. C.(2003). Development of attention and distractibility in the first 4 years of life. Developmental Psychology, 39.

Sander, S. W.(2002). Active for life : Developmentally appropriate movement programs for young children. NAEYC.

Saracho, O. N.(1996). Preschool children's cognitive and play behaviors. Child Study Journal, 26(2).

Scanzoni, J. & Arnett, C.(1987). Policy implications derived from a study of rural and urban marriage. Family Relations, 36.

Schaefer, C. E.(1993). What is play and why is therapeutic? In C. E. Schaefer(Ed.), The therapeutic powers of play(1–16). Northwale, NJ : Jason Aronson.

Smilansky, S. & Shefatya, L.(1990). Facilitating play : A medium for promoting cognitive, socio-emotional, and academic development. Gaithersburg, MD : Psychosocial and Educational Publications.

Smilansky, S.(1968). The effects of sociodramatic play on disadvantaged preschool children. New York : Wiley.

Steinberg, L. & Belsky, J.(1991). Infancy, Childhood, and adolescence. New York : McGraw–Hill.

Sutton–Smith, B.(1967). Play and learning. New York : Gardner Press.

찾아보기

ㄱ

가락윷 340
가슴근육 65
가작화 요소 25
각성조절 이론 35
감각운동기 40
감각운동놀이 74
감각적 자극 159
감독자 87
감정이입 68
감정표현 21
개입 161
거시 영역 놀이 32
결속성 43
계획자 207
고네고네 320
고전적 놀이 이론 27
곤지곤지 320
공간 개념 66
공기놀이 337
공동놀이자 91
과묵 행동 50
과정 지향성 25
과학 영역 140
과학적 탐구놀이 79
관찰 계획 105
관찰 목적 105
관찰 장면 106
관찰 행동 표집 105
관찰자 86
교구장 127
교사 60
교사지원연속모형 93
구성놀이 42
구조 160
구체적 조작기 41
규칙 있는 게임 47
그리기 도구 134
극놀이 41
근접 발달 지대 34
긍정적 놀이 신념 57
긍정적 정서 24
기능놀이 41
기본자세 65
기와밟기 321
꼬리잡기 330

ㄴ

남승도놀이 321
내적 동기화 23
내적 지원 99
널뛰기 321
놀이 공간 58
놀이 관찰 89
놀이 단절 57
놀이 리더 92
놀이 방해 57
놀이 세계 26
놀이 자료 88
놀이 자원 87
놀이 치료 151
놀이 틀 36
놀이 환경 126
놀이 환경 제공자 181
놀이관찰 104
놀이교수 99
놀이실의 밀도 58
놀이와 일 17
놀이와 탐색 18
놀이의 정의 19
놀이지도 84
놀잇감 58
능동적 참여 26
능력 요인 153

ㄷ

다양성 43
다중적 도식놀이 44

단독놀이 50
단순병행놀이 57
단일 도식 조합 44
달집사르기 321
닭살이 328
대근육 발달 287
대근육 활동 143
대근육놀이 74
덕석몰이 321
도리도리 320
도전 161
동기화 18
동물 단계 30
동식물 기르기 영역 145
동화 33
듣기 자료 129
딱지치기 333
땅따먹기 335
또래 59

ㄹ

라포 152
리듬악기류 136

ㅁ

만들기 도구 134
말하기 자료 129
멜로디악기류 136
모델링 95
모래놀이 260
모래놀이 놀잇감 263
모방놀이 75
목공놀이 292
무대감독자 90
물놀이 260
물놀이 놀잇감 263
물놀이와 모래놀이 영역 144
물리적 개입 96
미술 영역 133
미술 치료 166
미시 영역 놀이 32
민족 정체성 320

ㅂ

바깥놀이 284
바둑 49
박달나무윷 340
반복 이론 30
밤나무윷 340
방관자 90
방관자적 행동 49
병행놀이 50
병행-구성놀이 59
보존 개념 66
보충놀이 51
부정적 놀이 신념 57
부족 단계 30
분류 · 범주화놀이 79
블록 영역 138
비계 설정 86
비놀이 세계 26
비사실성 25
비사회적 성향 50
비석치기 322
비지시적 진술 94
비참여 행동 49
비참여관찰 108
빈도사건표집법 117

ㅅ

사건표집법 115
사전 경험 88
사회관계 67
사회극놀이 45
사회성 발달 67
사회적 기술화 50
사회적 놀이 49
사회적 말놀이 70
사회적 목표 232
산가지놀이 321
상상 요인 155
상위 의사소통 이론 36
상징놀이 44
상호작용 86
생리 기능 65
서술형 107
서열화 개념 66
소근육 게임 48
소근육 발달 289
소산 요인 154
수 · 조작 영역 136
수동적 혼자놀이 50
숙달감 21
스퀴글 게임 167
승경도놀이 321
승화 168
시간성 43
시간표집법 114
식물 기르기 영역 295
신체 발달 65
신체적 목표 232
신체활동 게임 48
실내 환경 126
실외 환경 143
실외놀이 284
심리 치료 167
심상 168
쌓기놀이 176
쓰기 자료 130

ㅇ

안내자 208
안전관리 지도자 180
야만 단계 30

양육 162
양육 태도 56
언어 발달 69
언어 영역 128
역할놀이 204
역할놀이 소품 132
역할놀이 영역 130
연날리기 341
연습 이론 29
연합놀이 51
예술 치료 166
오델로 49
외적 보상 24
외적 지원 99
우레탄 블록 179
운동 능력 65
유능감 21
유니트 블록 178
유목민 단계 30
융통성 발달 35
윷놀이 339
음률 영역 135
응시 94
의사소통 기술 19
의사표현 요인 153
이미지화 169
인계하기 164
인지 능력 55
인지 발달 단계 40
인지발달 이론 33
인지적 놀이 40
인지적 목표 232
인지적 적응 33
일방경 108
일화기록법 113
읽기 자료 129
잉여 에너지 이론 27

ㅈ

자기 세계 32
자기신뢰감 69
자기조절 30
자기중심성 23
자기표현 21
자발적 선택 25
자연 학습 285
자치기 321
잡기 반사 287
장독립성 55
장의존성 55
저항 극복 요인 152
적목놀이 176
전략 게임 49
전략적 사고 자극 238
전인적 발달 20
전조작기 41
전통놀이 318
전통악기류 135
정서 발달 68
정서적 발산 154
정서적 조율 159
정신분석 이론 31
정적놀이 영역 296
정화 요인 154
제기차기 321
조용한 영역 146
조작놀이 232
조절 33
종이 벽돌 블록 179
주사위 게임 49
중재자 180
쥐불놀이 321
지시적 진술 95
지원 시기 101
진화론 27
질문 94
집단놀이 54
집단-기능놀이 59

ㅊ

찬스 게임 49
참여관찰 107
창의성 발달 70
창의적 놀이 79
창조성 169
청어엮기놀이 321
체스 49
체크리스트법 118
추상적 사고 34
측정용 자료 264
치기놀이 30
치료 면담 167
치료놀이 158
치료적 관계 152
치료적 놀이 150
칠교놀이 237

ㅋ

카드 게임 137
카타르시스 32
카프라 블록 179

ㅌ

탈것류 140
탈맥락화 44
탐색 18
탐색용 자료 264
탱그램 237
통제성 56
투사 68
투호 327

ㅍ

판 게임 137
팽이치기 332
퍼즐 234
평가자 87
평정척도법 122
평행놀이 50
표본기록법 112
표상 73
표상화 44
표집법 114
풀각시놀이 325
풀싸움 327
플라스틱 블록 179

ㅎ

학습지도자 92
행동 범주 16
행동목록법 118
행동주의적 학습 35
행동화 20
현대적 놀이 이론 30
현실 대변인 100
협동놀이 51
호모 루덴스 21
혼자놀이 50
휴식 이론 29

| 저자 소개 |

서명원
숙명여자대학교 박사(아동심리치료 전공)
다솜지기 심리상담연구소 소장
신구대학 외래교수
한양대학교 평생교육원 외래교수
저서 : 영유아 수 · 과학 교육의 이론과 실제, 유아 부모 역할을 위한 부모 교육, 아동상담, 숨겨진 보물-아이의 내적 자기로 안내하는 지도

유경량
건국대학교 박사(교육행정경영 전공)
아주대학교 평생교육원 학점은행제 전담교수
한국원격평생교육원 주임교수
인덕대학, 신흥대학, 서일대학 외래교수
저서 : 보육 과정, 영유아 생활지도

채승희
덕성여자대학교 박사 수료(유아교육 전공)
이야기원격평생교육원 주임교수
서울보육교사교육원 전임교수
인덕대학 외래교수
저서 : 아동건강 교육, 현장 중심 상담심리, 영유아 생활지도

권미혜
성신여자대학교 박사 수료(유아교육 전공)
동원대학 아동문헌정보학과 겸임교수
경기동부보육교사교육원 출강

놀이지도

2013년 3월 15일 초판 인쇄
2013년 3월 20일 초판 발행

지은이 | 서명원 · 유경량 · 채승희 · 권미혜
발행인 | 유제구
발행처 | 파워북
주　소 | 서울특별시 마포구 독막로 291-5 대동빌딩 4층
전　화 | (02) 730-1412
F A X | (02) 730-1410
등　록 | 1997. 1. 1 제 300-1997-13
편　집 | 민하디지탈아트(02-3274-1333)

정　가 23,000원
ISBN 978-89-8160-212-3 (93590)